雑誌は見ていた。

戦後ジャーナリズムの興亡

週刊読書人　編集主幹
植田康夫

水曜社

雑誌は見ていた　目次

※本文中の人名は敬称を略させていただきました。

一章

『新生』と青山虎之助

苛酷な時代

二〇〇八（平成二十）年は名のある月刊雑誌の休刊が数多く伝えられ、社会的なニュースにもなった年である。朝日新聞社の『論座』が十月号で休刊し、講談社の『月刊現代』が十二月発売の二〇〇九年一月号で休刊したが、集英社も『月刊PLAYBOY』と『ロードショー』をそれぞれ十一月発売の十二月号で休刊にした。そして年が明けて五月に文藝春秋の『諸君！』も六月号で休刊となった。

このうち、『月刊現代』の編集長・高橋明男は「ご報告とお詫《わ》び」という文書を同誌と関わりのあった人たちに送った。

その文書には、《筆者の皆様のご支援、編集部員たちの頑張りにもかかわらず、雑誌生き残りのための抜本的な解決策をついに見つけることができなかったことは、現場の責任者として痛恨の極みです。そしてまた、歴史と実績のある『現代』の持つ重みと、この貴重な雑誌を次代につなげられないことの責任の大きさを考えると、言葉もありません》とあったが、この言葉に接すると、雑誌にとって、現代がいかに苛酷《かこく》な時代であるかが理解できる。

社団法人全国出版協会・出版科学研究所が発行する『出版指標年報』二〇〇九年版に収められた出版物の推定販売金額は、一九五三（昭和二十八）年から九六（平成八）年まで、連続して右肩上がりの成長を続けていた。ところが、九七年以降は二〇〇四年（前年比〇・七％増）を除き、二〇〇八年まで毎年マイナス成長が続く。

そのため、九六年に書籍・雑誌をあわせた出版物の推定販売金額が二兆六千五百六十三億八千万円だったのが、〇八年には二兆百七十七億四千万円に落ち込んだ。この数字は、一九八九年の二兆三百九十九億四千万円よりも少ない。

このように、出版物の販売金額の伸びが右肩下がりを示す要因となったのは、雑誌の不振である。というのは、書籍の販売金額は二〇〇二年の〇・四%、〇四年の四・一%、〇六年の一・四%というぐあいに、九七年以降もプラス成長をした年が三度もあったのに、雑誌は九七年のプラス〇・一%以外はすべてマイナス成長となっているからだ。

出版界においては、かつて「雑高書低」と言われた時代があり、雑誌の売上げの伸びが書籍の伸びを上まわっていた。ところが今や、書籍が雑誌よりもよい「書高雑低」という言葉が聞かれるようになった。「書高雑低」は〇九年も改められる兆しはなく、出版科学研究所の調べによると、一―八月の累計(前年同期比)で、書籍はマイナス二・五%、雑誌がマイナス四・六%、出版物全体でマイナス三・六%となっている。

このように雑誌が厳しい状況にある時、戦後日本の歴史を彩る雑誌の興亡を検証するこの本の序章として、雑誌というメディアの発生にまつわる逸話をまず紹介する。

明治の『西洋雑誌』

出版科学研究所の調べによると、二〇〇八年の雑誌の発行銘柄数は三千六百十三誌で、これは前年同期比で一・三%減であった。同研究所の統計は取次ルート(弘済会・即売卸売業者を含む)を経由した出版物を対象とし、一部を除き直販ルートの出版物を含んでいないので、実際に発行されている雑誌の点数はもっと多い。

『出版事典』（出版ニュース社）によると、雑誌の起源は十七世紀にフランスの書籍業者が発行した新刊紹介のカタログで、独立した最初の定期刊行物は一六六五年一月にパリで創刊された『ジュルナール・デ・サバン（Journal des Savants）』と、同年ロンドンで刊行されたイギリス学士院の会報である。サバンには学識のある人という意味があり、『ロベール固有名詞大辞典』によれば、『ジュルナール・デ・サバン』はパリ高等法院判事ドニ・ド・サロによって創刊された学術誌である。最初は毎週月曜に発行され、主要書籍の目録や物理・化学の実験結果および学問・芸術上の主要発見、聖俗裁判所の判決や諸大学の検閲に関する報告が掲載された。

雑誌を意味する用語は、フランス語のジュルナール、英語のジャーナル（Journal）以外に英米ではマガジン（Magazine）という言葉が使われる。これは倉庫や貯蔵庫を意味する言葉であったが、後に知識の庫としての雑誌という意味が生じた。『平凡社世界大百科事典』によると、マガジンという言葉を最初に誌名として使ったのは、一七三一年にイギリスの印刷業者エドワード・ケーブが創刊した『ジェントルマンズ・マガジン（Gentleman's Magazine）』という雑誌であったが、十年後の一七四一年にアメリカのフィラデルフィアでA・ベトフォードが『アメリカン・マガジン（American Magazine）』、B・フランクリンが『ジェネラル・マガジン（General Magazine）』を創刊した。

以後、マガジンという言葉が一般化するが、日本ではマガジンを「雑誌」と翻訳して、最初の雑誌『西洋雑誌』が明治の前年である一八六七（慶応三）年、柳河春三《しゅんさん》によって創刊される。この雑誌は、オランダ語に精通した柳河がオランダで発行された雑誌の中から面白い記事を翻訳して掲載したもので、B6判の判型で本文は三四ページ、和紙に木版印刷され、製本は袋綴じで本文と共紙の表紙には「毎月刊行巻一／西洋雑誌／江戸開物社／價弍匁」と印刷されている。江戸開物社とは柳河の自宅だが、彼は巻頭で《西洋諸国には新聞紙局があって、公私の報告や市井の風説を集めて、毎月あるいは毎七日、あるいは毎日これを印刷して発行して新報を得ることを競う》と書いている。そして「西洋諸国近代盛衰の大略」とか「國を富ませるのに先づ学術を開くべきの論」「ギヤマントは天下第一高価の物なる話」という題名でダイヤモンドについての話を紹介したりしている。柳河の死で六号までしか発行されなかったが、雑誌という言葉を誌名に用いた雑誌は、明治六年から二十二年までに二百二十誌発行された。

百万部に達した『キング』

明治六（一八七三）年から二十二年までに「雑誌」という言葉を使った雑誌が二百二十誌あったことを調べたのは、風俗史研究家の宮武外骨である。その調査の中から明治八年までの誌名を紹介してみると、次のような雑誌がある。

▽明治六年
海外雑誌、医事雑誌、文部省雑誌
▽明治七年
教林雑誌、民間雑誌、明六雑誌、法理雑誌、陸軍医事雑誌
▽明治八年
共存雑誌、教門雑誌、医学雑誌、会館雑誌、順天堂医事雑

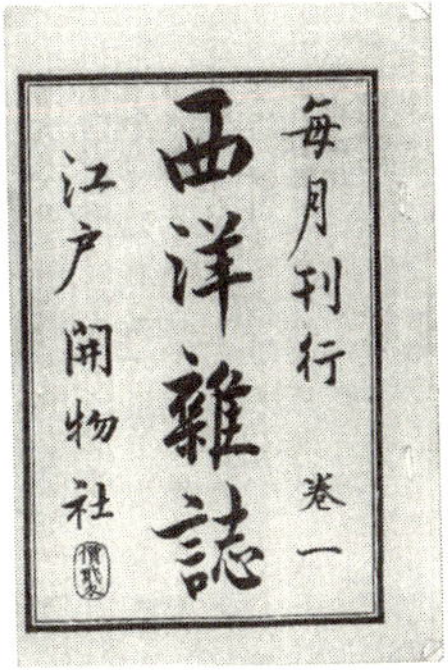

日本最初の雑誌『西洋雑誌』

誌、信教雑誌

このように「○○雑誌」という名前の雑誌が次々と発行されるのは、イギリスで『ジェントルマンズ・マガジン』という雑誌が一七三一年に創刊され、十年後にアメリカで『アメリカン・マガジン』や『ジェネラル・マガジン』という名前の雑誌が登場してくるのと似ている。

宮武外骨が明治七年創刊の雑誌としてあげている『民間雑誌』や『明六雑誌』は、福沢諭吉らが明治という新しい時代にどう対処してゆくべきかを啓蒙《けいもう》するために創刊したもので、どちらも『西洋雑誌』と同じくB６判の袋綴じだが、印刷は活版印刷である。『民間雑誌』は慶応義塾出版社が発行し、『明六雑誌』は明六社が発行し、報知社から発売されており、西周による「洋字ヲ以テ國語ヲ書スルノ論」などが掲載されている。これらの雑誌は時代の転換期が生み出した雑誌と言ってよいが、明治十年くらいまでは、こうした性質の雑誌が多い。しかし、明治十年代後半からは商業的色彩の濃い雑誌も登場してくる。

明治二十年に博文館から創刊された『日本大家論集』はその典型である。この雑誌は、当時発行されていた雑誌の中から面白い記事を集録して発行されたが、一年目で博文館が黒字経営になるほどの売れ行きを示した。そして、この年は京都の西本願寺で青年僧たちが道徳運動の一環として『反省会雑誌』を創刊、これは東京に発行所を移して総合雑誌の『中央公論』となる。また同じ年、徳富蘇峰が『国民之友』を創刊したが、これは総合雑誌のルーツと言ってよい。

こうした形で多様化する雑誌がマスメディアとしての位置を確立するのは、大正十四（一九二五）年に大日本雄辯會講談社から創刊された『キング』である。創刊号は七十四万部を売り尽し、昭和に入って百万部を突破した。しかし、その『キング』も昭和三十年代に消え、この名前を用いた『KING』が平成十八年に創刊されたが、この雑誌も平成二十年に休刊した。

このように、消長の激しい雑誌の興亡を、戦後史に重ねてたどってゆくが、まずは平成二十年に休刊の目立った月刊総合誌のジャンルから始めよう。

戦後雑誌の『新生』

平成二十年に封切られた映画『丘を越えて』は、猪瀬直樹の『こころの王国』（文藝春秋）という作品が原作である。この作品は、『文藝春秋』を創刊した作家、菊池寛と女性秘書、それに朝鮮人の青年編集者が主要人物として描かれ、戦前の文藝春秋社の編集室も舞台の一つとなっている。『文藝春秋三十五年史稿』という社史によると、その編集室は昭和二年九月から二十一年六月まで東京・内幸町の大阪ビルにあった。最初はこのビルの旧館二階にあったが、数年後に隣接した空地に新館が建ち、文藝春秋社は、ある時期には旧館、ある時期には新館の何階というぐあいに利用し、昭和二十年秋から二十一年にかけては新館の六階を使っていた。その頃、文藝春秋社の社員は新館六階の窓から旧館六階の部屋を毎日のように憂鬱《ゆううつ》な気分でながめていた。朝になると、旧館六階の部屋には背中にリュックサックを背負った小売書店主が何人もたむろし、発行されたばかりの雑誌を仕入れていく光景が眼に入るからだ。日によっては、小売書店主は六階から一階まで行列を作り、大阪ビルを一巡することもあった。

旧館の六階の室内は、まことに活気に満ち、たくさんの社員が忙しそうに働いていた。ところが、文藝春秋社の社内は沈滞しきって、戦前の活気は見られなかった。そのため、余計に旧館六階の活気が目立ったのであるが、この出版社の名前は新生社といった。

いかにも、当時の社の雰囲気にふさわしい社名であった。新生社は日本が敗戦して一カ月も経《た》たない昭和二十年九月十日に創業した。創業の日に事務所開きの広告を朝日新聞に出し、一カ月後の十月十日には政治・社会評論家の室伏高信の著書である『新生の書』を出版し、さらに同じ日、総合雑誌『新生』を創刊した。

社名と、最初に出版した書籍、雑誌の題名も「新生」という言葉が用いられ、新興の出版社であることを標榜《ひょうぼう》していた。創刊された『新生』はB5判、三二頁、本文・表紙ともザラ紙で、定価は一円二十銭であった。ところどころにアンカットの頁があるが、これは新聞用の輪転機で印刷されたためである。

創刊号（十一月号）の発行部数は三十六万部。しかし、戦後最初の本格的総合雑誌であったため、発売即日に売り切れた。表紙には『新生』という題名が横書きの太いゴシック体で右から左へと表記され、その上に新生を意味するラテン語の「VITA NOVA」、下に創刊号という文字と目次が印刷されていた。その目次を見ると、当時の一流執筆者が動員されていた。

今日から始まる

敗戦の年の昭和二十年十月十日に創刊された総合雑誌『新生』の目次は、次の通りであった。

新たなる日のために　　室伏高信

木戸内府の責任　岩淵辰雄
新日本への一建言　福本和夫
この戦争と私　尾崎行雄
無産政党の再出発　賀川豊彦
社会党は何を求むるか　水谷長三郎
インフレは果して来るか　三宅晴輝
政治談議　馬場恒吾
忠君愛国の話　小林一三
戦争雑感　青野季吉
文学人の態度　正宗白鳥
新生評論
編輯《へんしゅう》後記

『新生』創刊号

そして編輯後記には、こう書かれていた。

《〈新生〉創刊号を世に送る。

この世紀を劃《かく》する歴史の日の出発に当つて、私達はあまりにも述ぶべき志の多きを思ふのである。やがてそれ等は毎号の成果となつて諸君の前に現らはれるであらう。

思へば久しい戦乱の明け暮れであつた。が、今や眞理は本然の姿へ還へらうとしてゐる。私達は、この機會を逸してはなら

ない。このことの為にこそ、人々の闘ひは今日から始まると銘記すべきである（後略）》

この編輯後記には（青山）という名前が記され、同じ頁の奥付には編輯発行人のところにフルネームがあった。それは青山虎之助となっており、彼は第二号（十二月号）の編輯後記では、こう書いた。《創刊号は圧倒的な支持を受けた。その絶対的な記録は、恐らくこの国の綜合雑誌が持つ、最初の、最高のものであつた》

これに続けて青山は、《本号に永井荷風先生の執筆を得たことは、一段と光彩を添へるものである》と書いているが、確かにこの号には永井荷風の「亜米利加の思出」という文章が見開き二頁で掲載されている。これは荷風が若い頃、アメリカにいた時の思い出を書いたものであるが、こんなぐあいに書き出されていた。

《皆様御存じの通り私は若い頃亜米利加に居た事がありますが、何しろそれは幾十年の昔の事ですから、その時分の事を話してみたからとて、今の世には何の用にもなりますまい。國がいかほど自由民主な國だからと云つて其國に行つて見れば義憤に堪えない事は随分あります》

こうした文章を掲載することによって、『新生』は三十万部以上を売り、さらに新生社は二十一年四月に『女性』、二十二年三月に季刊の文芸美術誌『花』、四月に娯楽誌『東京』などを次々と創刊し、二十一年の七月には、社員総数百八十名となり、六月には日本橋区江戸橋に五階建てのビルを買収して「新生ビル」と称した。このめざましい発展の推進役となった青山虎之助とはどんな人物だったのか。

三十一歳の社主

青山虎之助は大正三（一九一四）年、岡山県に生まれ、新生社を創立したときは、まだ三十一歳の若さであった。彼は十二、三歳の頃、自分でガリ版を切って同人雑誌『童心』を出したことがある。詩や作文を載せたこの雑誌は、青山が原稿を集め、編集したものだが、岡山高商四年のときは、活版印刷で文芸同人誌『世紀』や詩の同人誌『新興詩学』を創刊した。学校を卒業すると、家業を手伝いながら、岡山県出身の詩人の作品を集めた『岡山詩人選集』を季刊で発行し、市販もした。

そして、二十歳になって季刊の文芸同人誌『車』を創刊し、当時、影響を受けていた永井荷風を思わせる小説も発表した。やがて大阪の丸善石油経理課に入り、大阪在住の詩人、北村千秋が出していた『茉莉花』という同人雑誌に参加して小説を発表、昭和十六年に、東京へ転勤して以後も、その雑誌の編集と小説の執筆に打ち込む。執筆者として近松秋江、保田與重郎、古谷綱武、中村地平などに寄稿してもらい、終刊号には中河與一、蓮田善明、宇野浩二、中村光夫、春山行夫、中谷孝雄、浅野晃などが執筆、青山は『茉莉花』終刊後は中河の編集する『文芸世紀』に参加して執筆活動をする。

その頃は、会社を辞めて自分で商売をしていたが、花柳界に耽溺《たんでき》する一方で、作家を料亭に招待し、一緒に食事をした。その顔ぶれは、宇野浩二、久保田万太郎、小島政二郎、川端康成など豪華な顔ぶれであった。

戦時中は、軍需工場に入り、徴兵をまぬがれ、家族は岡山に疎開させ、自分は熱海の旅館に一室を借り、東京へ通った。昭和二十年二月、義兄に紹介された経済評論家の三宅晴輝と共に中央公論社社長の嶋中雄作を訪問する途中、空襲警報で汽車が動かなくなったため、三宅に連れられ、国府津の旅館に泊まっている室伏《むろふし》高信を訪ねた。青山は、その室伏と、初対面にもかかわらず意気投合し、戦争が終わったら新しい雑誌を創刊するので相談にのってほしいと頼んだ。

青山は八月十五日の玉音放送を郷里の岡山で聞き、九月に入ってから家族を残し、百万円の預金通帳を持って上京した。銀座裏の旅館で寝泊まりしながら、雑誌創刊を準備し、室伏と三宅に顧問になってもらい創刊したのが『新生』だった。

破格の原稿料

『新生』という誌名は、室伏高信がつけてくれた。ダンテの詩集「新生」からとったもので、青山虎之助は三宅晴輝の紹介で知った正宗《まさむね》白鳥や師事していた宇野浩二からも協力を得た。

編集スタッフは、青山のほかに、室伏の弟子で元『日本評論』の編集者だった長尾和郎、岡山高商時代の友人、津山厳や数人の女子社員がいた。九月十日の午後、第一回の編集会議が開かれ、その会議には室伏も出席した。

こうして、活動を開始した新生社は、破格の原稿料と貴重な物資で執筆者に原稿を依頼した。昭和二十年当時、一般には四百字詰め原稿用紙一枚三円が相場であったが、『新生』は評論に三十円、小説に五十円を払い、大家には百円を支払った。そのうえ青山は、執筆者を訪問するときは手みやげとして、米、砂糖、酒、西洋タバコなどを持参した。

永井荷風は『罹災日録』で昭和二十年十月十五日、「朝九時新生社々長青山虎之助氏刺を通じて面会を求む、新刊の雑誌を出すにつき来月半頃までに一文を寄せたまへと言ふ。原稿料一枚百円より弐百円までなりとの事なり、物価の暴騰文筆に及ぶ、憂ふ可きなり」と書いており、これ以後も『罹災日録』には青山の名前が登場し、舶来缶詰や炭を贈られたという記述がある。

執筆者を、このように優遇する新生社は、他の出版社にとっては脅威であった。その脅威を感じた出版社の一つに文藝春秋社がある。同社は戦前は昭和十年に芥川賞、直木賞を創設するなど、活発な出版社であったが、戦後は完全に出遅れた形になっていた。戦前よりも、ずっと大きくなった現在の同社からは想像もできないような厳しい状況にあったのである。

その頃のことを、当時社員で、後に社長となる池島信平が『雑誌記者』（中公文庫）という著書に書いている。同書によると、文藝春秋社が出遅れたのは用紙不足が影響していた。ヤミ紙を手に入れなければ雑誌は発行できないのだが、当時の文藝春秋社には、《要するに新しい時代に即応して、猪突猛進する気魄《きはく》が経営陣に、そして、ひいては編集陣にも乏しかった》というのが、池島の意見である。

菊池寛の歎き

社業が沈滞していた時の文藝春秋社について、池島信平は《わたくしなど、どのくらいこのことについて切歯扼腕《せっしやくわん》したかしれない。他の社でやれることを、うちが出来ないわけはない》（『雑誌記者』）と考え、その思いを社長の菊池寛の自邸を訪ねて遠慮をせずに述べたことがある。

その時の菊池は沈痛な表情であった。

《「とにかく時代が悪いよ。うちの社じゃ、もうとてもこの難局面にぶつかって行くような者はいないじゃないか」

といった。これは幹部ばかりでなく、わたくしに対する不満でもあったのだ。

「久米（正雄）なんかもうちの重役だし、社がいまのように辛《つら》い苦しいときには、当然味方になってくれると思ったが、鎌倉の連中と一緒に鎌倉文庫に行ってしまって、文藝春秋と似たような雑誌を出しているんだからなァ」

といって歎《なげ》いた》（同）

菊池の言う鎌倉文庫とは、鎌倉在住の作家たちが、蔵書を持ち寄って作った貸本屋が元になって設立された出版社である。この出版社については、巌谷大四の『戦後・日本文壇史』（朝日新聞社）の第I章「華やかな文学の復興」に書かれている。それによると、久米正雄、川端康成、里見弴、高見順、中山義秀らが参加し、鎌倉の八幡通りにあった「鈴や」という玩具屋を借りうけて、昭和二十年五月一日に発足した。

巌谷の著書には、高見順の日記を引用して、開業一カ月目の六月四日の配当金が紹介されている。筆頭が久米正雄の九百十一円四十四銭、次いで大佛次郎六百五十九円二十銭、高見順四百七十二円三十三銭で、第二十位の小林秀雄は二円八十銭となっているが、これは供出した本の量によって生まれた差である。

この鎌倉文庫が終戦を迎えた時、軍需で儲けた洋紙店から久米正雄に話があり、出版社として株式会社鎌倉文庫が九月十四日に発足した。

仮事務所は中央公論社のあった丸ビル六階に置かれ、専務取締役社長＝久米正雄、常務取締役＝川

端康成、岡沢一夫（洋紙店側）、取締役＝高見順、中山義秀、里見弴、大佛次郎、荒川喜久雄（洋紙店側）、川北警二（印刷会社側）、長谷川隆士（同）らが就任した。

鎌倉文庫は「文士のための文士の出版社」を目指して創立されたが、九月の末、鎌倉へ出かけた巌谷は八幡通りを歩いていて、高見順と出会う。

鎌倉で生まれる

鎌倉の八幡通りで巌谷大四が出会った高見順は、「君、ちょっと、ちょっとこっちへ来てくれよ」と言って、巌谷の腕をつかみ、沿道にあった貸本屋の鎌倉文庫へ連れ込んだ。その時の様子は、こんなぐあいであった。

《奥の座敷に久米正雄氏がいた。

「久米さん、久米さん、こういう男がいましたよ、丁度いいのが……」

と高見順はむりやり私を座敷へおしこんだ。

「ああ、巌谷君か、丁度いいところへ来たね」と、久米氏は、例の鼻の下のひげを三本指でなでおろしながら、にこにこしていた。

「何ですか、一体？」私は狐につままれたような気持で言った。

「いや、出版をやることになったんだよ。紙やさんがついたんでね。『鎌倉文庫』という出版屋をやろうというわけなんだ」》（『戦後・日本文壇史』）

大正四年に巌谷小波の息子として生まれ、早大を卒業して文芸家協会書記となり、戦時中は日本文学報国会事業課長となっていた巌谷は、戦後、失業していたので、その場で入社させてもらうことにした。

鎌倉文庫は、日本橋の白木屋というデパートの二階に編集室を設けたが、巌谷は出版部長となり、五つの双書を発刊した。そのうち『現代文学選』『大衆文学選』の発刊趣旨には、《代表的作家の代表的作品を、鎌倉文庫の責任に於て厳選し、復刻の形を以《も》って何より先に之《これ》を世に送り、一は慰藉《いしゃ》とし、一は渇望に応えんとするのである》と謳《うた》った。

そして、鎌倉文庫は昭和二十一年一月には総合雑誌『人間』を創刊し、さらに『婦人文庫』、巌谷が編集した『文芸往来』なども発行するようになった。編集局長となったのは、戦前、『改造』の編集長を務め、戦時中、言論弾圧事件である横浜事件に連座して逮捕された大森直道である。

文藝春秋社の池島信平は、大森と以前から知り合いだったので、その頃、鎌倉文庫の編集室を訪ねた。大森は生き生きと働いていた。編集室は広くはなかったが、《次々と新雑誌を生み、その編集室のなかは一種異様な活気に溢《あふ》れていた。電話のベルが鳴りつづけ、人は右に左に小走りに走る》(『雑誌記者』)といった感じで、新生社と同じ活気があり、池島は文藝春秋社も鎌倉文庫の半分くらいの社になったらいいな、と思った。

若き日の池島信平

鎌倉文庫に友人の大森直道を訪ねた時に味わった池島信平の悲哀は、戦後という時代に直面して、これまでの栄光が通用しなくなった出版社に働く者が共通に持った悲哀であった。文藝春秋社は編集室の隣の建物に新生社の編集室があったこともあり、池島は二つの新興出版社の台頭を誰よりも強く意識せざるを得なかった。

その池島が東大の西洋史学科を卒業して文藝春秋社に入社したのは、昭和八年のことである。本来なら東大に残って学者の道を選んでよいと教授から期待されていたのに、文藝春秋社を受験したのは、『文藝春秋』を創刊した菊池寛の顔を見たいという気持ちがあったからである。池島は入社すると、『話』という雑誌の編集部に配属された。

この雑誌は、面白い話を持っている人を編集者が訪ねて原稿にまとめて掲載するという形で編集された。池島が入社した頃の文藝春秋社は小説誌の『オール讀物』も発行し、『文藝春秋』は総合雑誌のトップにあり、大正十二年に定価十銭で創刊した当時の同人誌的装いを脱して堂々たる雑誌となっていた。

しかし、その『文藝春秋』は昭和二十年八月の敗戦をさかいに、栄光の座を降りることになる。池島は戦前に一時、満州文藝春秋社に派遣され、戦時中は召集されて兵隊となり、敗戦の日を北海道の千歳で迎えた。除隊後、家族が疎開している新潟に寄って東京に戻り、まっ先に雑司が谷の菊池邸を訪ね、仕事に復帰した。

しかし、池島が編集長となって、戦後、最初に発行した『文藝春秋』の二十年十月号は三二頁であった。池島は編集後記に《人間として恥しくないことだけを雑誌に盛り上げる》と書い

『文藝往来』

たが、戦後になって戦時中に神州不滅とか天皇帰一とか言っていた者が《一夜にして日本を四等国と罵《のの》り、天皇をヒロヒトと呼びすてにしている》ことを《にがにがしいと思った》と、『雑誌記者』で告白している。

それなら、《これからは、保守派でゆきましょうと思った》（同）というが、そのために池島は十二月号では長谷川如是閑の「敗《ま》けに乗じる」というエッセーを掲載し、敗けに乗じて利得を得ることでなく、《終戦直前までの自分たちをかえりみて、（略）世間へも遠慮するのが礼儀であり、良心的であろう》と戒めた。ところが、この編集姿勢は進歩的でないという理由で当時の時代風潮の中では白い眼で見られ、文藝春秋社の経営にも影響するようになった。

文藝春秋社解散す

池島信平の編集姿勢が経営に影響するというのは、具体的には用紙割当委員会によって用紙の配給が低く割り当てられることになったことである。その時の様子は、こんなぐあいであった。

《長い間、『世界』や『中央公論』の割当量の半分か三分の一という時代がつづいていたのである。ヤミの紙を買えば、数倍もするときに、公定価格で割り当てられる用紙がいかに経営上ありがたく、貴重のものであるか、だれが見てもわかることだ。こんな取扱いにあっては、経営が成り立つわけがないのである。わたくしたちは、長い間、歯を食いしばる気持でいた》（『雑誌記者』）

それでも、『文藝春秋』は三二頁で発行され、小説だけを掲載する『別冊文藝春秋』も発行された。しかし、金融緊急措置令の発令で預金封鎖、新円切り換えの措置が実施されると、社の経済事情も急速に悪化し、ヤミの用紙に頼らざるを得なくなる。そのうえ、戦犯追放の動きも顕在化し、菊池寛は文藝春秋社の解散を考える。そして、昭和二十一年の四・五月合併号の『文藝春秋』でこう書いた。

《文藝春秋社も、今回、解散することになった。主な理由は経営が困難であるからである。本社は、数百頁の雑誌を四、五十万部出す機構でやっている。従って一カ月の経費は二万五千円乃至《ないし》三万円を要するが、現在は三十二頁の雑誌を僅《わず》か数万部しか出せない。将来もなんの見透《みとお》しもつかない。本社が多年培った信用も、数十万の読者も、紙がなければ、なんのタシにもならない》(「其心記」)

このように書きながら、菊池は末尾で『文藝春秋』が廉《やす》い定価で《編集技術としての対談会、座談会の開始、芥川賞、直木賞の創設、傾向としては、常に文芸中心の自由主義に終始し、誌上に明朗新鮮な空気を湛《たた》えていたこと》を自負しているが、池島が菊池に《他の社でやれることを、うちが出来ないわけはない》(『雑誌記者』)と訴えても、菊池は《とにかく時代が悪いよ》(同)という一言で、池島の言葉に耳を傾けることはなかった。

『文藝春秋』四・五月合併号

そこで池島は社員だけで何とか雑誌を続けることを考え、菊池から発行権を譲り受け、佐佐木茂索を社長にかつぎ、文藝春秋新社を発足させることにした。だが、そこに至るまでには、多くの難関があり、思いがけない出来事もあった。それは、新生社の青山虎之助が文藝春秋社を買収し、池島を高額の給料でスカウトしようとしたことである。

新社設立……どんな苦労をしても

青山虎之助による文藝春秋社買収は、小島政二郎、舟橋聖一を仲介にしてすすめられ、池島は舟橋の家に呼ばれて、こう言われた。

《菊池さんが辞めたあとの文藝春秋を、君たち編集者だけでやっても自信がないだろう。やはりいい経営者がいなければダメだ。それには新生社の青山君はぼくの友人だが有能だから、君たち全部、青山君のところへ行って、文藝春秋を新しく創《つく》ったらどうだ。君個人に対して青山君はひじょうに好意をもち、いま君がいくら月給を貰《もら》っているか知らないが、千円出すといっているよ》（『雑誌記者』）

池島の当時の月給は二百円くらいであった。《ただ文藝春秋編集長であるというだけで、世間的の実績ももたないわたくしに対して、千円の値段をつけてくれたことに、わたくしはいまでも心のなかで感謝している》（同）と池島は書き、さらにこう続けている。

《青山さんの心の中には、文藝春秋の看板代もその中にはかなり含まれていたことだろう。しかしわたくしや、社に残った同僚の気持は、ほかの社にもって行ってまで文藝春秋を出したくない。なんといっても文藝春秋関係の者だけで、どんな苦労をしても、この古いノレンを守りたてゆきたいという気持であった》

この気持ちが、池島たちの新社設立を促したのである。昭和二十一年三月十二日、鷲尾洋三、澤村三木男、車谷弘、古沢線一らと共に池島は伊東の佐佐木邸を訪れ、新社創設と社長としての出馬を要請した。それに対して、佐佐木は「まあ君たちの仕事を側面から援助するよ」と答えた（同）。

資金面では、旧知の大倉喜七郎から二十万円を援助してもらい、印刷面では当時の凸版印刷専務で後に社長となった山田三郎太から「印刷代は雑誌が売れたあとで、けっこうです」と言われた。

しかし、印刷所によっては、「文藝春秋だけが雑誌社ではありませんからね」と、池島たちの願いに応えてはくれなかった。そのような経緯があったものの、二十一年三月二十三日、大阪ビル内の旧文藝春秋社内に文藝春秋新社が設立された。そして、五月に新社によって『文藝春秋』の復刊第一号（六月号）が発行された。定価は五円で表紙は梅原龍三郎の富士の絵であった。新社発足時の社員は十一人で、全員五百円ずつ、同額の月給だった。戦後の総合雑誌をめぐっては、まだドラマがある。

戦後雑誌の終焉

昭和二十一年五月に、新社によって『文藝春秋』は復刊したものの、難題を抱えていたことである。それは『文藝春秋』の編集が進歩的でないという理由で、出版業者の団体である日本出版協会の用紙割当委員会が用紙の配給を低く割り当てたのである。

塩澤実信『雑誌記者　池島信平』（文春文庫、『文藝春秋編集長』と改題して展望社から再刊）によれば、二十一年四―六月期に割り当てられた用紙量は『改造』『世界』『中央公論』が三万九千ポンド、『展望』が一万四千ポンド、『新生』が六千八百ポンドで、『文藝春秋』は三千六百ポンド（六月、一カ月の割当量）であった。最も用紙の割当量が多い雑誌の中で『改造』『中央公論』は、十九年七月に軍部によって自主廃業に追いこまれ、二十一年一月号から復刊していた。そして、『世界』は二十一年一月号から岩波書店が創刊した新興の総合雑誌である。

これらの雑誌の用紙割当量が多かったのは、『改造』『中央公論』が戦時中に弾圧され、戦後になって復刊したという事情と、『世界』は戦前、良心的な出版姿勢を貫いた出版社によって創刊されたということが影響している。また、四番目に割当量が多かった『展望』も、筑摩書房から二十一年一月号から創刊された。

『展望』は臼井吉見が編集長であったが、彼は『蛙のうた—ある編集者の回想—』(筑摩書房)という著書で、《この雑誌は『新生』に次いで二番目に昭和二十年に創刊された》と書き、創刊号について、こう書いている。

《暮近い二十五日「展望」創刊号が出た。雑誌の創刊号で、これより先に出たのは「新生」であった。これは十一月創刊で、まっさきに名乗をあげた。「展望」は、それにつづいて二番目であった。

目次は次のとおり。

日本今後の哲学　務台　理作
民族の自覚と歴史的意識　西谷　啓治
親鸞　三木　清
喜談日録　柳田　國男
杜少陵月夜詩釈　吉川幸次郎
或る日の対話　豊島与志雄
冬に入る　中野　重治
田山花袋論　中村　光夫

わが信条　E・M・フォースター　中野好夫訳
踊子　永井荷風

目次を眺めて思うことは、なんという、おだやかで、お静かであるかということだ。考えてもみるがいい。戦争に敗けて降服し、全国を占領されてしまった。政治犯三千人の釈放、男女同権、労組結成の奨励、経済機関民主化、治安維持法廃止、餓死対策国民大会、日本社会党結成、日本自由党結成、ポーレー対日賠償政策声明、農地改革と財閥解体指令、婦人参政新選挙法、国家と神道の分離指令などが相次ぎ、日本中、ひっくりかえるような騒ぎのなかで、だれも彼も右往左往しているというのに。創刊号の目次からは、そんな気配すら感じとることはできない。なんと落着いていることかと見られなくもないが、むしろ驚くばかりの無感動とみるのがあたりまえかもしれない。

国と社会の歴史的な激動を、いくらかでも反映しているのは、中野重治の一文ぐらいだろう。これは、石川達三と河上徹太郎の最近の発言を反駁したものであった。

石川氏の発言というのはこうである。

「日本に『政府』は無いのだ。少くとも吾々の生存を保証するところの政府は存在しない。これ以上政府を頼つて巷に餓死するものは愚者である。闇をやらずに餓死した大学教授は愚者の典型だ。信ずべからざるものを信じてゐたおろかものである。」

だが、闇をやらずに餓死した大学教授は実際にいたのだ。ゲーテの「エッケルマンとの対話」の訳者、亀尾英四郎教授がそれであった。このことは新聞やラジオで報道されていた。そういう人を愚者

の典型などと呼び捨てることができるか、どうか。中野氏はそれを問いつめていた》

この『展望』に次ぐ用紙の割当量だった『新生』創刊の経緯については、すでに紹介したとおりである。戦後になって復刊されたり、創刊された総合雑誌は『文藝春秋』にとっては、ライバル誌となったが、戦後という新しい時代の到来は、総合雑誌の創刊を促した。福島鑄郎著『戦後雑誌発掘　焦土時代の精神』（日本エディタースクール出版部）に紹介されている二十、二十一年創刊の総合雑誌名を列記してみると、次のようなものがある。

『新時代』『光』『新生活』『人民評論』『民主評論』『太平』『文化』『人民』『人民戦線』『人民会議』『革命』『自由』『自由評論』『時論』『新社会』『潮流』『人間』『民論』『創建』『言論』『新人』『世界評論』『世界文化』『評論』『社会評論』『革新』『朝日評論』『解放』『批判』『新世代』『真日本』『世紀』『進路』

『戦後雑誌発掘』から拾って列記したものだけで三十三誌あるが、これらの雑誌は今はない。戦後創刊の総合雑誌で残っているのは、ここに記されていない『世界』だけである。この雑誌が、なぜ学術出版社である岩波書店から創刊されることになったのだろうか。

二章

岩波書店と文藝春秋

古書店から出発した岩波書店

岩波書店という出版社は、その社名に「書店」という言葉が使われているように、最初から出版社として発足したわけではなく、創業の時は古書店だった。創業者の岩波茂雄が明治四十一（一九〇八）年に東大哲学科を卒業し、最初は女学校の教師となったが、自分は教師に向いていないことを自覚し、神田神保町に創業したのが、岩波書店という古書店だった。

大正二（一九一三）年のことであったが、当時の古書店業界では、一応売値がつけられていても、客が「負けろ」といえば、すぐに売値を安くした。ところが、岩波は正価販売を謳《うた》い、表示した売値を変えないという商法に徹した。これは、岩波が生真面目《きまじめ》な性格で、商売といえども、曲がったことが嫌いだったからである。そういう性格が夏目漱石に愛され、漱石の『こゝろ』を大正三年九月に岩波書店から刊行させてもらえることになり、岩波は出版業に乗り出してゆくのである。

以来、岩波書店は、知識人を対象にした学術書や文学書を刊行し、昭和二（一九二七）年には岩波文庫、十三年に岩波新書などの双書を発刊した。そして岩波茂雄は、二十一年二月に出版人として初めての文化勲章受賞者となるが、その二カ月後に急逝する。

こんな経歴を持つ岩波が、戦後、自戒の念を込めて、新たに拓《ひら》こうとした出版ジャンルがある。それは大衆雑誌である。知識人を対象とした出版社である岩波書店からは想像できないジャンルであるが、これは、第二次大戦を知識人が阻止できなかったことに対する反省から生まれた企画であった。

岩波は、戦前の日本においては、反戦の意識を持った知識人が大衆と遊離したために戦争を阻止できなかったと考えたのである。そのため、彼は「岩波書店も、在来のアカデミックなわくから出て、もっと大衆に結びついた仕事をやる必要がある」と、社内で話していたと、吉野源三郎が『職業としての編集者』（岩波新書）という著書で書いている。

吉野によると、岩波は「大衆の文化を講談社ばかりにまかせておかないで、我々のところでも、総合雑誌にしろ、大衆雑誌にしろ、どんどん出版していこうではないか」と言った。吉野は岩波が「あい変わらず青年のような理想主義を失っていない」ことに共感したが、すぐに「やりましょう」とは言えなかったという。岩波書店としては未知の分野だったからだが、総合雑誌の創刊は、思いもよらず早く実現した。それが『世界』である。

谷川徹三の命名『世界』

岩波書店が『世界』の創刊を早く実現できたのは、岩波茂雄と親しかった安倍能成や志賀直哉、武者小路実篤らがメンバーになっていた同心会というグループで、戦後、総合雑誌を出そうという計画があり、その動きと結びつくことになったからである。

同心会は、戦時中に軍部に迎合しなかったリベラルな文化人のグループで、岩波書店とも深い関係があり、『世界』は安倍が監修にあたり、吉野源三郎が編集長を務めるという形で創刊された。吉野は岩波新書が創刊される前年の昭和十二年に、岩波に請われて岩波書店に入社した。

それまでは山本有三が企画し、新潮社から刊行された「日本少国民文庫」の編集を手伝い、山本がこの双書で執筆することになっていた『君たちはどう生きるか』や『エイブ・リンカーン』などを執筆した。

東大文学部哲学科を卒業し、三省堂に勤めることで出版界に関わるようになった吉野は、本当は教師になるのが希望であった。しかし教師の仕事がなく、友人の松本慎一の紹介で三省堂に入り、英和大辞典の編集を手伝って校正を覚えたが、専門の勉強がしたくて東大図書館の目録掛りとなった。ところが昭和六年に治安維持法に引っかかり、十年の春頃まで失職した。ふたたび松本の紹介で山本有三を知り、「日本少国民文庫」の仕事にたずさわり、編集の仕事に精通した。

そして、岩波書店に入ると、哲学者の三木清や岩波書店の編集者である小林勇らと協力して岩波新書の創刊にあたる。その時、参考にしたのはイギリスのペリカンブックスなどのペーパーバックスであった。

岩波新書は昭和十二年七月に日中戦争が始まり、日本が戦争体制にのめり込んでゆくことを憂えて企画された。神がかりの国粋主義に対する科学的精神、固陋《ころう》な国家主義に対する世界的な視野と文化をこの双書を通じて広めたかったと、吉野は後に語っている（『図書新聞』昭和三十七年一月一日号）が、「岩波新書」という双書名は、同僚の編集部員である長田幹雄が考えたものだった。

こうした意図を持つ岩波新書の創刊にたずさわった吉野は、昭和二十一年一月号から四十一年一月号まで、二十年間にわたって『世界』の編集長を務めることになる。『世界』という誌名は、哲学者の谷川徹三が命名したが、その『世界』が果たした役割とは何であったのか。

金ボタンの秀才雑誌

『世界』の創刊号はＡ５判、一九二頁で、定価は四円であった。創刊号は表紙裏に岩波書店の刊行書籍の広告が載っているだけで、他の頁には一切、広告が載っていない。内容については、目次を一挙に紹介すればよいのだが、論説、創作をあわせると、二十編近くになるので、表紙に記載されているものだけを紹介しておく。

〈論説〉
剛毅《ごうき》と真実と知慧《ちえ》とを　安倍能成
民主主義とわが議会制度　美濃部達吉
直面するインフレーション　大内兵衛
封建思想と神道の教義　和辻哲郎
日本農政の岐路　東畑精一
国際民主生活の原理　横田喜三郎
〈創作〉
灰色の月　志賀直哉
短い糸　里見弴

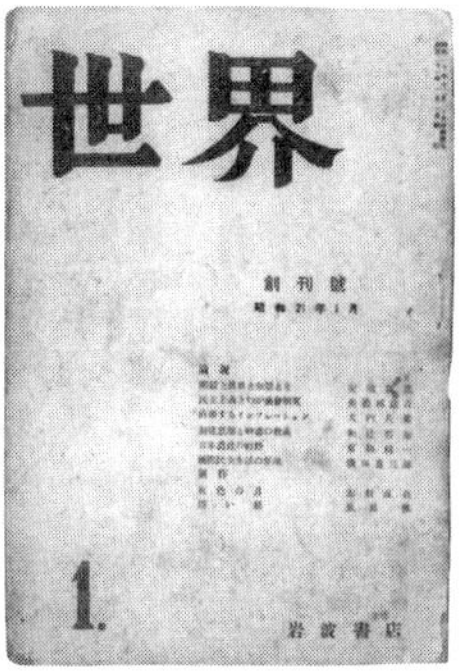

『世界』創刊号

創刊号の巻末には、岩波茂雄による「『世界』の創刊に際して」という文章が掲載され、次のように結ばれていた。

《日本の開戦も敗戦も我国道義と文化の社会的水準の低かったことに基因する。今この国難に際会して、新日本の文化建設のために私も亦《また》寸尺の微力を捧《ささ》げたいと思ふ。茲《ここ》に「世界」を創刊するも此《こ》の念願の一端に外ならない。幸ひにして同志安倍能成氏あり。万幅の信頼を以《もっ》て「世界」の編輯《へんしゅう》を一任する。尊敬する同心会員諸氏の協力を感謝し、広く天下同憂の士の支持を仰ぐ》

この文章を書いた岩波は、既述のように『世界』創刊の年の昭和二十一年二月に文化勲章を受章し、四月に六十四歳で亡くなるのだが、岩波の文章にあるように、『世界』と同心会の関係は強かった。そのため、吉野によると《玄人筋からは金ボタンの秀才のような雑誌だと批評され、左翼からは保守党左派の雑誌だと冷評された》(『職業としての編集者』)という。ところが、『職業としての編集者』に付せられた解説は、《玄人筋》とは、池島信平のことであると明かし、こう書いている。《『文藝春秋』の名編集長として「くろうとの中のくろうと」と目されていた池島氏と吉野氏は親しい仲だった。その池島氏のくろうと振りを吉野氏はみならうことなく、池島氏はそのような吉野氏を「金ボタンの……」と冗談まじりに批評しながらも、本物のくろうとの目で吉野氏の編集者としての仕事を、自らには無いものとしてひそかに高く評価するところに、二人の交友関係が成立していたのは、両氏を共に識る人々がひとしく感じていたところである》。その『世界』と同心会の関係は、やがて解消され、『世界』は吉野カラーを強くした誌面となる。そして同心会に代わり、平和問題談話会が二十五年に吉野によって設立されて『世界』との関係を強め、それと共に、反戦・平和の論調が『世界』の特色となってゆく。その一方で、二十一年五月号に丸山真男の「超国家主義の論理と心理」、同十一月号に桑原武夫の「第二芸術―現代俳句について―」という名論文も掲載された。創刊号は八万部が売れた『世界』が社会的に注目され、増刷までしたのは二十六年の十月号である。

読者へ訴える

『世界』の昭和二十六年十月号は巻末に掲載された座談会と創作二編を除き、全誌面を「講和問題特輯《とくしゅう》」にあてている。この年、サンフランシスコで調印されることになっている講和条約の草案についての意見を集成するという意図で行われた特集である。

そのような特集を『世界』が行うことになったのは、この講和条約が第二次大戦において、日本が戦った全ての国と結ばれるはずなのに、ソ連や中国は調印に参加しておらず、単独講和であったからである。そのため、単独講和か全面講和かという論争があり、新聞は一部を除き、単独講和を主張した。そして、新聞の中には、単独講和を批判する者は、共産主義の攻勢に道を拓《ひら》く役割を果たすと決めつける主張を掲げるものもあった。

『世界』の「講和問題特輯」は、こうした風潮に対する批判を目的としており、巻頭に吉野源三郎編集長が執筆したと思われる「読者へ訴う」という文章が掲載され、このように書き出されている。

《本誌はここに、眼前に進行しつつある講和に関し、百余人の識者の意見を集め、これを読者におくりする。これらの意見は、現在政府によって進められている講和の滞りなき進行を希望するものから、この講和の手続きと内容とに対する強い抗議に至るまで、極めて広い範囲にわたる様々な意見を包含しているが、その大多数は、日本の前途と世界平和との関連から、この講和の成り行きと結果に対して、深い危惧《きぐ》を表明しているものまである。私たちは、できる限り多くの国民に、この憂国の声を伝えたいと思う》

そして、読者は《ここに述べられている意見、ここに表明されている憂慮の言葉に耳を傾け、真剣な考慮を注いだ上で各自の判断を定めていただきたいと》願う旨、「読者へ訴う」という文章は述べている。編集者がこのように熱っぽく読者に語りかける例は、これまでの雑誌にはなかったことである。このようなことができたのは、吉野が元々、編集者ではなく学者を目指した人であり、戦後、日本ジャーナリスト会議の初代議長を務め、平和問題談話会の設立に尽力するという運動家的側面を持っていたからであろう。

この熱っぽさで同号は増刷され、《当時の『世界』は通常三万部だったが、この特集号は、五刷、十五万部を完売した》(奥武則『論壇の戦後史　1945―1970』平凡社)。そして松浦総三によれば、この特集号は《左派社会党の平和三原則をつくる源になり、(略)アメリカ国務省とインドでは全訳された。とくにアメリカ国務省では、その後の「世界」を毎号全訳するようになった》(「戦後史の現場検証」『週刊読書人』昭和四十二年三月十三日号)が、『世界』は以後、総合雑誌としての地位を確立し、二十一年に創刊した総合雑誌として唯一生き残った。新社を設立して再興を目指した『文藝春秋』は、この『世界』と対照的な道を歩む。

司馬遼太郎の感慨

『文藝春秋』と『世界』について、司馬遼太郎が毎日新聞社編『岩波書店と文藝春秋　「世界」「文藝春秋」に見る戦後思潮』(毎日新聞社)の巻頭インタビューで、興味深い比較を行っている。司馬は文藝春秋出身の評論家、半藤一利の質問に答えて、岩波書店と文藝春秋の違いを、両社の創業者である岩波茂雄と菊池寛の思想の違いで表現している。

司馬によると、二人は《明治大正のエリートコースだった第一高等学校から東大や京大を経たという共通項があり》、《どちらも途中で挫折し、大学は選科だったことが、かえってそれぞれの主題を生涯長持ちするものにした》が、《岩波は理念を考え、菊池は世界を散文に置きかえることを考えた》という。そして、司馬は、菊池のことを考える場合、文藝春秋社に《初の正式公募で入社した池島信平さんを通じて考えてみるとよくわかります》と語り、《岩波の「絶対」という架空の一点を見つめて行くジャーナリズムと、菊池さん、および池島さんの地面のジャーナリズム》が、昭和の初めから戦後二十年ぐらいまで《日本社会に影響を与えてきた》と指摘する。

この比較を理解するには、司馬の話をもう少し紹介しておく必要がある。それは、池島が文藝春秋社に入社して配属された『話』という雑誌の新人記者時代に、日露戦争の旅順閉塞《へいそく》隊の生き残りの勇士でチンドン屋をしている人に話を聞きに行ったら、生き残りのチンドン屋が話の最後に「戦争というのはつまらんもんですな」と池島に言ったという話である。司馬は《そういう人を取材するのが、つまり文藝春秋的》で、日露戦争という《国民的高揚が去ってから歴史家として事態をみる。それが池島信平さんのジャーナリズムの感覚です》と語っているが、これを別の言葉で表現したのが《地面のジャーナリズム》である。

一方、《岩波の「絶対」という架空の一点を見つめて行くジャーナリズム》とは、岩波が学生時代にキリスト教の神、すなわち《哲学で言う「絶対者」のこと》がわからないと言って《友だちと下宿で抱き合って泣き暮らしていると評判になった》という話に結びつけたもので、《理念を中空にかかげて泣くというのは、いかにも岩波さんらしい》と司馬は言う。この比較論は、実は戦後の文藝春秋社復活の理由も明かしているのだが、そのことを、新社設立後の池島信平と文藝春秋社の歩みが実証している。

同志だけが生き残った

新生社、鎌倉文庫などの新興の出版社に後れをとり、用紙配給量で戦後創刊の『世界』に差をつけられるといった厳しい状況の中で新社として発足した文藝春秋社は、発足当初は社員の団結によって危機に抗した。昭和二十一年五月に入社した江原通子は、新社が発足する少し前、勤めをあきらめなければならない事情が起こった時、新社の社長である佐佐木茂索から「ぼくらは、今同志的結合で新しい社を始めようとしている。あなたを縛り苦しめているような因襲をふりはらっていく、そういう仕事をしたいと思って団結している」と言われた（『岩波書店と文藝春秋』）。

「お金がなくても、ほんとに一心同体でしたね」と彼女は語り、進駐軍が大阪ビルを接収するので、すぐに出て行けと言われた時のことも語っている。期限の前の晩まで、行く所が決まっていなかったのが、急に部屋の貸し手が見つかり、社員総出で引っ越しをした。進駐軍が許可したものしか運び出せないので、進駐軍の前を通る時だけ、女性社員が荷物を運び、無事通過して荷物を置くと、男性社員が運ぶ。女性社員が炊き出しをして、社内で雑炊を作って食べ、電話も接収されているので、同じ階にあった別の出版社の電話を借りて使ったこともある。

このように社員が一致団結して二十一年三月二十三日に発足した文藝春秋新社は、その年、旧社が四・五月合併号で休刊していた『文藝春秋』を六月号から復刊し、十月には『オール讀物』も復刊、十二月には旧社時代に創刊していた『別冊文藝春秋』も新しく第一号を発行し、出版部も復活した。当時、雑誌は出せば売れたので、『文藝春秋』の復刊二号、三号もよく売れたが、用紙割当は依然として少なく、ヤミ紙に頼らざるを得なかった。

そのため、二十二年は二月号を『文藝春秋』『オール讀物』ともに休刊したが、この年は連合国最高司令官マッカーサー元帥から戦争協力者の追放命令が発せられ、佐佐木茂索社長が第一線を退かざるを得なくなった。そして、文藝春秋社の創業者である菊池寛も同じく追放該当者となったが、菊池は翌二十三年三月六日、急逝する。

この年、池島信平は、編集局長と兼任で『文藝春秋』の編集長に就任したが、夏頃、過労のため、湿性肋膜炎《ろくまく》となり、四カ月近く自宅静養を余儀なくされる。しかし、この静養が、司馬遼太郎の言う《地面のジャーナリズム》を開花させ、文藝春秋新社を発展させるきっかけとなるのである。

「リーダイ」を読み「勉強せねば」

病気のため、自宅静養せざるを得なくなった池島信平は、退屈しのぎに、内外の雑誌を片っぱしから読みあさった。その頃のことを、塩澤実信が『雑誌記者　池島信平』に書いているが、雑誌の種類は多様であった。

《『夫婦生活』『世界』外国の雑誌……その種類、硬軟、内容を問わなかった。

その結果、学んだことを、郁夫人に次のように語っていた。

「どの雑誌にも一カ所いいところがあるものだ。雑誌は読者をひき入れる入口をつくらねばならんが、入口が多いほど、その雑誌は売れている。しかし、低俗化する危険も孕《はら》んでいるね」

信平も、これらの読後感をふまえて、「文藝春秋」の編集方針を大衆の半歩先を行く雑誌にしたいと考えたのだった。実現策として二百万部を越したと取り沙汰《ざた》されている「リーダイ」に徹底的に学ぼうと志した》

塩澤によると、池島はそれ以前から、社に近い日比谷のアメリカ図書館へ出かけ、近着のアメリカ雑誌を読み、『リーダーズ・ダイジェスト』が《科学記事でも事件ものでも、読みはじめると初めの数行で読者の心をつかみ、最後まで読ませる見事な雑誌づくりをしていた》（同）ことに注目した。そのため、自宅で静養中にも、この雑誌に徹底的に学ぼうとしたのである。そのときの心境を述べた次のような池島の文章を、塩澤は引用している。

《いままでの日本の総合雑誌編集者がむずかしい議論、空疎なイデオロギーというものにこだわって、自分で雑誌を狭くし、読者をみずから自分で限定していた時代に「リーダイ」はかなり高度な内容を持ちながら、実にやさしい形で読者にアピールしている。シュガー・コーテッド（糖衣）といわれる編集法であるが、とにかくどんな記事でも、初めの五、六行で、すでに読ませる表現法を必ずしている。エピソードでまず出発している。どんな問題でも、初めに読者が読みついたら、最後まで読ませる技術を備えているのに驚いた。日本の編集者も執筆者も、よほどこれは勉強しなければならぬと痛感した》

以来、塩澤によると、《信平は、「文藝春秋」編集長として「リーダイ」から学んだことを、できるものからすぐに応用していった》（『雑誌記者　池島信平』）が、池島に大きな影響を与えた『リーダーズ・ダイジェスト』とは、どんな雑誌であったのか。

兵士がポケットに入れられる

『リーダーズ・ダイジェスト（Reader's Digest）』は一九二二年二月、デウィット・ウォレスとライラ・アチソン・ウォレス夫妻によってアメリカで創刊され、同国内だけで二千万部近く発行されていた。国際版も発行され、同誌は『リーダイ』と呼ばれ、日本語版が昭和二十一年六月に創刊された。最盛期は百五十万部を誇った。しかし、日本語版は創刊四十周年を迎えた六十一年に二月号を最終号として休刊した。

その『リーダイ』については、日本語版の編集長を務めた松田銑と塩谷紘が、同誌に関わった思い出を書いている。松田の著書は『二つのジャーナリズムの谷間から　リーダーズダイジェストと私』（冬樹社）で、塩谷の著書は『「リーダイ」の死　最後の編集長のレクイエム』（サイマル出版会）である。

日本語版『リーダーズ・ダイジェスト』
創刊二十周年記念号

このうち、松田の著書によれば、アメリカ版『リーダイ』の創刊号は六〇頁で、表紙に「毎月の主要雑誌から取った三十一編の記事。それぞれ永続的な価値と興味を備えた記事をコンパクトに要約」と謳《うた》われ、次のような構想で創刊されたという。

①一日一篇ずつ、一カ月分三十一篇の記事を提供する②他の刊行物の記事を要約して、転載する③永続的な価値と興味を備

えた記事を精選して、場当たり的な記事は避ける④記事は短く、雑誌のサイズは小型にする。

アメリカ版の創刊号には「精神的な若さを保つ法」「夢想家で努力家、ヘンリー・フォード」「愛情―贅沢品か必需品か」「ホタルの光の謎」「大統領の侍医からの忠告」などの記事が掲載され、判型はB6判であった。

小型のため、兵士が容易にポケットにつっこんで戦場に持って行けるということで、第二次大戦中に同誌は大躍進をするが、内容も優れていた。塩谷の著書によると、記事の正確性を重視し、二十数名のリサーチャーが、一本一本の記事を徹底的に調べあげて掲載するため、アメリカ版は創刊以来、一度も訂正を載せたことがないという。

その『リーダイ』に池島信平が学んだことについて、松田は自著で『文藝春秋』は《ダイジェストにヒントを得て、バラエティに富んだ記事の雑誌を作り出した》と指摘している。池島は『リーダイ』に学び、さらに新しい要素を入れて『文藝春秋』を発展させるのだが、『リーダイ』と池島については、塩澤実信『出版社の運命を決めた一冊の本』（流動出版）に、文藝春秋新社になって入社した田川博一が目撃した、こんな話が紹介されている。

《そのころ田川は目白に住んでいた。雑司が谷に住んでいた編集局長池島と方角が同じということで、ガタピシの都電で一緒に帰ることが多かった。その都電は、皇居前を通り竹橋から江戸川橋へと走っていた。都電の窓からは、戦火によって瓦礫と化した街巷に、平和のたたずまいが甦ってくる様が見渡せた。竹橋の堀端には、戦後のアメリカ文化を象徴して飛ぶように売れていた「リーダーズ・ダイジェスト」の本社が、二階建ての明るい瀟洒な姿を水に映していた。

「池島は、都電の中で私に言ったものでした。『俺達もああいう社屋に住みたいねえ』って……」田川に羨望まじりの声でこう言った池島は言葉に次いで、「いまにみておれ！」と叫ぶように言ったという》

青山虎之助の退場

では、この頃、新生社と鎌倉文庫はどんな状態であったのだろうか。まず、新生社については、戦後、沈滞していた文藝春秋社を買収し、池島信平を高給でスカウトしようとした同社のことを、戦後史研究家の福島鑄郎は《昭和二十年から二十一年にかけて新生社はまさしく出版界の王者として君臨した》（『戦後雑誌発掘』）と述べ、新生社は、雑誌や書籍の出版以外に、政治活動の場としても使われ、また事業活動にも乗り出したことも伝えている。このうち政治活動というのは、『新生』の創刊号が発行されて間もなく、新生社の別室に「民間憲法研究会」が設けられたことである。室伏高信、岩淵辰雄、馬場恒吾、高野岩三郎らが発起人となって、三宅晴輝、森戸辰雄、堀真琴、今中次麿らが参加し、資金は新生社が出した。また、新生社の社長でありながら、青山虎之助は共産党の野坂参三の帰国歓迎会にも多額の寄付をし、平野力三の新党結成、鳩山一郎のパージ解禁にも資金援助を行った。

そして、室伏高信は「民間憲法研究会」を足がかりにして、民主主義連盟という政治団体を結成し、研究及び実践項目として起草した草案は四万字にのぼった。草案は四十七条から成り立っており、政治については新憲法の制定、人民主権、新天皇制などについて定められ、昭和二十年十二月にはこの草案が幣原喜重郎首相に提出された。しかし、元々文学青年だった青山は、こうした政治面の先走りを苦々しく思い、二十一年新年号以降、室伏高信は『新生』の誌面から消えた。

ただし、青山は事業面に関しては〝新生化粧品〟という名前で化粧品の生産に乗り出したり、新しく創刊した『女性』という雑誌の後援会である文化団体〝女性の会〟を設立し、二十一年四月には〝ミス・ニッポン〟の公募も行っている。

だが、二十二年三月に『花』という季刊誌を創刊した頃、『新生』は『東京』と改題し、二十三年一月に、ふたたび『新生』に改題するが、十月号で終刊となった。

増田米治『戦後成金の没落』（光文社）によれば、《二十三年、新生社は二千万円の負債を背負って倒産した》という。今の金にすると何十億もの額である。しかし、その後も青山は二十八年に『手帖』、三十六年に佐藤春夫を中心とする文芸同人誌『春の日』を発行、四十二年には新生社も再発足させ、月刊の『味の手帖』を創刊、四十四年には『人間連邦』という同人誌を出した。青山は終生、雑誌を愛し、雑誌が好きでたまらなかったのである。

川端康成からの電報

文藝春秋新社の前に立ちはだかったもう一つの出版社である鎌倉文庫のメインとなる雑誌は『人間』であった。この雑誌は、木村徳三が編集長を務めた。彼は明治四十四年生まれで、東京大学文学部仏文科を卒業して、改造社、養徳社を経て鎌倉文庫に入社した。そのきっかけとなったのは、昭和二十年九月十六日、川端康成から次のような電報を受けとったことであると、『文芸編集者　その跫《あし》音《おと》』（ＴＢＳブリタニカ）という著書に書いている。

シュッパンジギョウニサンカクサレタシ」オイデコフ」カワバタヤスナリ
当時、木村は滋賀県の片田舎に疎開し、奈良県丹波市町（現在は天理市）の養徳社に毎日通勤していた。突然の電報で、木村は切符を手配してもらい、満員列車に乗って、翌々日の正午、鎌倉の川端邸を訪ねた。木村は川端たちが蔵書を持ち寄って貸本屋を開業したことは知っていたが、川端は洋紙会社の社長の提案により共同で出版社の鎌倉文庫を設立することになった、と木村に話した。

資本金は三百万円で、雑誌の発行を計画しているので、編集を引き受けてほしい、と川端は言った。どんな内容でもよいが、誌名だけは『人間』に決まっているということだった。『人間』は、久米正雄や里見弴がやっていた同人雑誌の名前だった。「あなたの好きなように編集してください」と言われ、木村は編集者冥《みょう》利に尽きると思った。

川端は木村を久米正雄に引きあわせてくれたが、木村は一度、丹波市町に戻り、養徳社を退社して、ふたたび上京し、『人間』の編集にとりかかった。彼は戦前、改造社で『文藝』の編集にたずさわったが、『人間』は文壇的な雑誌ではなく、文芸的総合雑誌を目指すことにした。そのため、創刊号では、トマス・マンの「来るべきデモクラシイの勝利について」という講演の全訳を柱の記事にすることを考えた。

最初、設立事務所となった丸ビルの中央公論社には、木村と改造社で同僚だった鍛代利通、伊東栄之助や出版部長の巌谷大四、新進作家の北条誠も社員として顔を見せていた。さっそく『人間』の編集打ち合わせにかかり、十一月末に原稿が揃《そろ》うと二十年十二月二十日に発行となった。Ａ５判、二四〇頁で定価四円五十銭、部数は二万五千部だった。しかし、ここに至るまでには、思わぬ難題に直面し、発行後もそれはつきまとった。

ＧＨＱの検閲を逃れる

『人間』編集長の木村徳三が直面した難題というのは、ＧＨＱ・ＣＩＥ（連合国軍総司令部・民間情報教育局）による検閲である。木村は、日本が戦争に敗けて軍部による検閲がなくなったので、言論の自由が全面的に認められたと思ったのだが、敗戦をさかいに占領軍による新たな検閲が行われることになったのである。

木村は創刊号が校了になった時、校了刷りを内幸町のＮＨＫ会館にあったＣＩＥに提出した。二、三日して検閲がすんだというので、ゲラ刷りを受けとりに出向くと、軍服を着た二世らしい若い検閲官が二つの原稿の発表は許されないと言った。

一つは今日出海の「故里村欣三君のこと」で、もう一つは小宮豊隆の「印刷されなかった原稿」である。どちらにも「敵軍」という言葉があり、これがけしからんというのである。そのうえ、小宮の原稿は全文がまかりならぬということになり、木村は印刷所に出かけて、今日出海の文章は数カ所の語句を削って空白にし、小宮の方は三頁分、鉛版をつぶして読めなくするという処置をとって印刷にまわした。

ようやく発行日には間にあったが、雑誌が出来上がってＣＩＥに納本すると、呼び出しを受けた。今度は中年の婦人将校が二世の通訳を従え、木村を別室に連れて行き、木村が三つのミスを犯していると言った。
《一つは、今氏の文章の中で削除しなければならない語句を空字のままにしていること。一つは、小宮氏の文章を削除せずに誌面を黒くつぶしてあるにすぎないこと。更にもう一つは、これは最も重要なことなのだが、以上の二つを通じて事前検閲のあとが歴然と残っている、すなわち検閲が行われたことが完全に読者にわかるということだ、と鋭い視線で私の顔を正面から見つめて、瞬きもしない》(『文芸編集者　その跫音《あしおと》』)。

愕然《がくぜん》とした木村は、不注意と怠慢をわび、「なにぶん初めてのことなので……」と謝ると、「編集者のキャリアはどのくらいか」と聞かれた。「戦後初めて編集者になったばかり」と答え、やっと許された。しかし、婦人将校は表紙の絵が囚人を思わせるので、次号から変えるようにと要求した。これには木村は抵抗し、半年間、この表紙絵を描いた須田国太郎画伯のデッサンを使用した。

こんな苦労はあったものの、創刊号は売り切れ、第二号は五万部、第三号は七万部と部数を増やしたが、たちまち売り切れた。

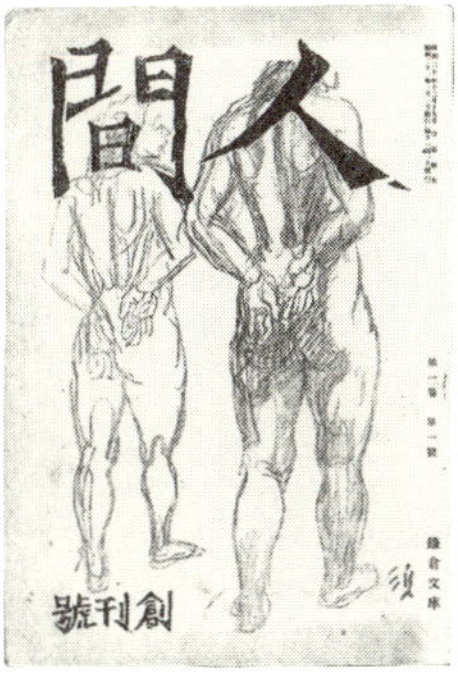

『人間』創刊号

鎌倉に押しかける訪問客

昭和二十一年一月号から創刊された『人間』は、号を追って部数を増やしても売り切れが続いた。その年創刊された総合雑誌は、『人間』だけでなく、『新生』『世界』『展望』などもよく売れ、ニュース映画が「新雑誌盛観」と謳《うた》って紹介するほどで、鎌倉文庫にも取材班が訪れた。そして、《満面に笑みを浮かべた久米社長が、私たちが机を並べる編集室内を横切る場面》が撮影されたと、木村は自著で書いている。

その頃、『人間』がどのように受け入れられていたかを示すデータがある。福島鑄郎『戦後雑誌発掘』の巻末に収められた二十一年七月の「雑誌読書傾向輿論《よろん》調査一覧」だが、投票人員二〇六二名（男一七八四名、女二七八名）で、〈現在読んでいる雑誌〉は『世界』四〇七名に次いで第二位が『人間』三五〇名である。また〈読みたい雑誌〉も『世界』が四九八名で第一位、『人間』が二九三名で第二位である。また、〈読ませたい雑誌〉も『世界』が一四七名で第一位、第二位が『子供の広場』の九一名、『人間』は七〇名で第三位である。ちなみに、この調査で『文藝春秋』は〈読みたい雑誌〉〈読ませたい雑誌〉にも入っていなかった。

このように、『人間』が好調の鎌倉文庫は、二十一年の初めに大森直道が編集局長格で入社し、続いて若槻繁が入社した。大森は戦前の『改造』の編集長、若槻は『改造』『大陸』の編集者で、二人とも、戦時中は横浜事件に関わったという容疑をかけられ、苦労した。若槻は五月に創刊された女性雑誌『婦人文庫』の編集長となった。

鎌倉文庫はさらに二十一年十月に、一般社会人向けの『社会』を創刊、ほかにもフランス文学者の小松清の斡旋《あっせん》で、ヨーロッパ文学の紹介誌『ヨーロッパ』を創刊した。また書籍も、巌谷大四が部長となった出版部が『現代文学選』『大衆文学選』『青春の書』『國木田独歩全集』『ゴンクールの日記』などを刊行した。この盛況を、木村はこう伝えている。

《実働する出版社の数がまだ少なかった上に、日本橋という地の利を得て、鎌倉文庫には訪問客がたいへん多かった。社会的名士の久米社長はもとより、川端康成、高見順、中山義秀という一流作家が設立した出版社であるから、文壇人や編集者の来訪は言うに及ばず、さまざまな層の人たちが、鎌倉文庫が盛況だからというので押しかけてきた》(『文芸編集者　その跫音』)

料亭三昧、派手な接待

『文芸編集者　その跫音』によると、鎌倉文庫を訪れる人は《事業計画を持ち込むひと、就職斡旋依頼のひと、金を借りにくるひと、種々雑多》で、《作家重役は大体週二、三回鎌倉から出社していた》という。

木村たちは《これらの対応に在社時間の大部分を費やさざるを得ないような有様であった》が、川端康成は弁当持参のことが多く、《いかにも疲れた顔色で不機嫌に、時間はずれの昼食の弁当を役員室でつかっている姿を、私は度々見かけた》と、木村は書いている。そして、《好況の鎌倉文庫は、財政的にも潤沢であり、久米社長や岡沢専務の気質も反映して、他の出版社と比較すると、確かに社風が派手であったろう》と振り返り、ひとを招待する時は、《新橋や葭町の料亭をつかい、すさまじい食糧難の時期にもかかわらず、贅沢な料理が用意されて、客の目を見張らせた》という。

そのため、木村は後年、平野謙や武田泰淳から、「あの頃、僕らは鎌倉文庫に憧《あこが》れていましたよ。座談会なんかでも、普通じゃ口に入らないようなうまいものを食わしてくれる場所に席を設けてくれましたもんね。『人間』から口がかからないものかと、ぼくらはよく話し合っていたものですよ」と、懐旧談を聞かされた(同)。

鎌倉文庫が派手であったことについては、巌谷大四も中島健蔵との共著である『その人その頃　現代文学者の群像』（丸ノ内出版）という著者に書いている。巌谷によると、昭和二十二年六月に橋本英吉の『富士山頂』を刊行した時、新東宝で映画化され、特別試写会を日劇で催し、大阪でも試写会が催された。『富士山頂』は『人間』に連載された作品で、モデルの野中至を試写会に招待したが、試写会を大阪では講演会と一緒に行い、久米正雄、川端康成、橋本英吉、林芙美子、吉屋信子らの講師陣や司会の北条誠、新東宝の監督佐伯清や宣伝部員らが大挙して西下した。そして――

《会がすんだあと、久米さん、川端さん、林さん、吉屋さん、北条君と私の六人で、人力車に二人ずつ乗って（その頃まだ自動車はあまりなかった）、南の「コンドル」というバーへ行った。そこには織田作之助の未亡人昭子さんが勤めていたからである（昭子さんはその頃石浜恒夫氏と同棲《どうせい》していた）。夜明けまで飲んで宿に帰った》

巌谷はこの年の初夏には、久米、川端、小林秀雄、河上徹太郎、亀井勝一郎、中村光夫、清水幾太郎、中谷宇吉郎、田中美知太郎、嘉治隆一ら超豪華メンバーによる北海道への講演旅行に同行したこともある。しかし、その頃、巌谷は鎌倉文庫に変化が兆していると思うようになった。

巌谷大四の懸念

巌谷大四は、鎌倉文庫に訪れた変化を、次のように指摘している。

《ところでこのような大がかりな講演会の発案は、例によってハデ好きな久米社長であったが、実はその頃、戦後乱立した出版社がどこも飽和状態となり、結局、その道の玄人である老舗が次第にもりかえし、戦後派出版社の屋台骨がぐらつきはじめ、何とか宣伝で巻きかえそうという心ぐみだったのである。いわばこのあたりから鎌倉文庫は、次第に下降しはじめたのである》(『その人その頃』)

巌谷によると、下降のスピードは、昭和二十三年になると速くなり、秋頃には『人間』を除いて『社会』『ヨーロッパ』『婦人文庫』などは赤字で、書籍も出せば損をするという状態になっていた。そこで、二十四年の一月、巌谷が編集長となって、『文芸往来』という雑誌を創刊したが、これは《文学志望者、愛好者と作家との結びつきを意図した、昔の『文章倶楽部』のような雑誌》(同)で、創刊号では巻頭にグラビア「最年長の作家(小杉天外)」などがあり、座談会「文壇今昔縦横談」や創作なども掲載されている。

《しかし、この年あたりから、鎌倉文庫の社運は急に傾きはじめ、『文芸往来』は、十月号で休刊となった。この間、二カ月合併号を一度出したから、通算九号で終ったわけである。

社が落ち目になると、社内の統一もみだれはじめる。みんなの人相もかわってくる。何となく陰湿なさぐりあいがはじまる。ストライキの真似《まね》事のようなこともあった。第一組合とか第二組合とか、みんないっぱしのことを言ってののしり合ったりした。

苦労のたりない私は、何よりもこうした人間同士のいざこざ、いがみ合いを見ることが生理的に堪えられない性質で、丁度、九月十日、一緒に暮していた家内の母が死亡したのを機会に辞表を出した》(同)

巌谷は、《それから一カ月位で、鎌倉文庫は倒産した。残務整理に入った》(同)と書き、近藤信行が聞き手となった「戦後文学の証人—文芸雑誌の元編集者に聞く」(『週刊読書人』昭和五十六年五月四日号）で、鎌倉文庫は紙屋が逃げだして《どうにもならなくなった》と語り、つぶれてから、《あとに残った連中をあっちこっち、全部世話した》と語っている。そして『その人その頃』では、《残務整理に苦労したのが木村徳三氏》だったと述べている。

その木村が、どのように苦労したかは、『文芸編集者　その跫音』に詳しい。本書によると、二十二年四月、鎌倉文庫は茅場町の交差点の角に木造二階建の新社屋を建てて移転している。

用紙配給制の統制で窮地に

鎌倉文庫が茅場町に移転した頃、出版界は紙の統制時代に入った。それまでは出版界全体がヤミ紙時代で、放置されていた紙事情が厳しい統制下に置かれることになり、実績に即した用紙配給制が全ての出版社に実施される。『人間』も一四〇頁から一五〇頁ぐらいだったのが、昭和二十二年五月号は一挙に六四頁に激減した。

この減頁で最も影響を受けたのは創作欄で、少しまとまった作品は一、二作しか掲載できず、評論の特集や座談会のスペースも減少せざるを得なくなった。その時のことを、木村徳三は《要するに、私が実現しようと懸命に努力してきた新しい総合雑誌的文芸雑誌の形態は、ただその形骸《けいがい》をとどめるだけとなって、なんともやりきれなかった》と自著に書き、《発行部数が七万から五万に落ちるのを防ぎようもなかった》と述べている。

木村は、減頁で『人間』に載せられなかった小説を『人間』の別冊『人間小説集』として発行し、これらはすぐ売り切れ、第二、第三冊を発行した。用紙事情は二十三年の末に回復したので、二十四年一月、鎌倉文庫は『文芸往来』を創刊したのだが、木村はこの雑誌を《『人間』に対する社内の批評のあらわれでもあった》（同）と書いている。

《『人間』が文化雑誌的な新しい文芸雑誌をめざしたのはいいとしても、そのような教養主義的な正面切ったものではなくて、一般の文芸愛好者が親しめる、読物雑誌風な文壇雑誌をも要求が多いのではないかという趣旨で、これは多分に既成文壇の代表ともいうべき久米社長の発案に基づくものであった》（同）。

そして、木村は《もともと出版会社鎌倉文庫設立にあたって、久米正雄氏の意中には盟友菊池寛氏が創設した文藝春秋社の成功に対抗する意識がなかったとは言い難く、それだけに文藝春秋社の闊達《かったつ》な社風やインテリ大衆が親しみやすい編集方針が目標だったことも推察できる》（同）と指摘している。しかし、その『文芸往来』は通算九号で休刊となり、鎌倉文庫の経営状態も悪化した。

その要因の一つとして木村は、巌谷が指摘したと同じく、二十二年の早い時期に大同製紙が持ち紙が底をつくと同時に、資本金を引き揚げたことをあげているが、当時、川端康成と高見順が大同製紙を非難しているのを、木村は目撃している。その木村は、末期を迎えようとしていた鎌倉文庫で、最後の大博奕《ばくち》を打つことを考えざるを得ない状態に追いこまれた。

商号譲渡で退職金に充てる

二十四年に経営が悪化した鎌倉文庫は経営陣に異動があり、社長には専務の岡沢一夫が就任し、久米正雄は会長に、川端康成は副社長になった。高見順は、持病のノイローゼが昂《こう》じて転地療養生活に入っていた。

これに伴い、木村と大森直道、若槻繁は役員になることを要請された。しかし、木村は三人とも編集者で、会社経営の才覚があるとは思えなかった。役員になることを木村は固辞したが、大森、若槻が承諾したことを理由に、岡沢社長に口説かれ、木村も役員になった。そして、木村、大森、若槻の三人は、それぞれ『人間』『社会』『婦人文庫』を持って独立するように久米に言われた。しかし、木村は鎌倉文庫が解散するにしても、社員の退職金を必要とするので、『人間』を他社に売ることを川端に提案した。

川端は木村に同意してくれたので、『人間』の譲渡に関心を持っていた目黒書店に二百五十万円で売ることにした。その金は、債権者が現れぬうちに、すぐ退職金として社員に分配された。木村は役員なので退職金はなく、雑誌編集者のいない目黒書店に鎌倉文庫の社員だった二人、それに嘱託だった一人を連れて移り、『人間』を昭和二十五年一月号から復刊すべく準備に入った。

二十四年の末、鎌倉文庫は完全に解散し、茅場町の社屋は最大の債権者である凸版印刷の手に渡った。木村の新しい職場は、お茶の水の聖橋から小川町へ向かう坂の中ほどにある目黒書店の四階建てのビルの二階の一室となった。木村は五人の編集スタッフで編集をすすめ、予定通り二十五年新年号を発行、さらにこの年、かつて改造社時代、雑誌編集者として先輩だった小川五郎のシベリアにおける抑留生活の記録を入手した。木村がこれを、高杉一郎の筆名で『極光のかげに―シベリア俘虜《ふりょ》記』と題して連載したところ好評を博し、二十六年には目黒書店から単行本として刊行した。

しかし、二十五年末から『人間』の部数は落ち、二十六年の四月頃には三万部となって、社員の給料が遅配しはじめ、原稿料の支払いも遅れはじめた。目黒書店の経営基盤は予想していたよりも弱かった。目黒書店の若き社長、目黒謹一郎は木村にまで金策を要請するようになった。木村は親戚をまわって何とか急場をしのいだが、そんな事情を伝えた『文芸編集者　その跫音』には、その頃、木村が出会った印象的な出来事が記されている。

池島の酒気にへきえき

木村が出会った印象的な出来事とは、目黒書店が経営悪化に陥った昭和二十六年のある夜、銀座の岡田で、文藝春秋新社の池島信平と出会った時のことである。木村は戦前から池島とは顔見知りで、戦後も『人間』が『文藝春秋』と同じく凸版印刷だったので、出張校正の時に顔をあわせることがあり、廊下で立ち話をした。その時の話題はいつも雑誌のことで、池島は『人間』を毎号読んでいるらしく、こんな批評をした。

「君は若いやつの心を捉《とら》えるのがうまいね。うちの若いやつらも争って読んでやがる。全くうまいもんだけどだな、文芸雑誌の読者がみんな君みたいな優等生だと考えたら大間違いだぜ。文学青年なんて、下らないやつが多いんだからそこを気をつけるんだな。同門のよしみで言うんだがね。木村君、君んとこも、毎月表紙の絵を変えろよ。いつも同じなんて、教科書じゃないか」

池島の忠告には、木村に対する好意が感じられた。そこで、木村は久しぶりに会った池島に、現在の窮状を打ち明けてみようと思った。木村がしきりに池島の方を見ていると、木村のいることに気づいた池島がほろ酔い気味の笑顔で近寄って来て「苦労しているらしいね、どう?」と言いながら、木村の真向かいの席に腰を下ろした。その時のことを木村は、こう書いている。

《二言三言言葉を交わしているうちに、私の気持が通じたのであろう、池島さんも、訴えごとがあるなら聞こうじゃないかと言わんばかりの好意のみなぎる面持ちで、私の顔をみつめたまま半身乗り出して、顔を近づけた。そのときである。酒の飲めない私には、池島さんの酒気芬々《ぷんぷん》の息づかいが堪《たま》らなく不快になったのだった。思わず顔をそむけて後退《あとじさ》りした。いったん嫌いな口臭を感じると、もう話の続けようがなく、私の気持は萎《な》えた。そんな私の態度がよほどあらわだったのか、池島さんの表情も白けた色に変った。こうして私は折角のチャンスをみずから捨てたのである》

木村は「またそのうちお話をうかがいます」と言って座を立った。それと共に、木村の運命は好転することなく、目黒書店が倒産し、二十六年の八月号で『人間』は最終号を迎えた。木村は連れて来た若い編集者には申しわけなかったが、一方でほっとした気持ちになっていた。以後、木村は編集者を辞め、放送の世界に進み、日本教育テレビ（現テレビ朝日）に入社して、番組企画部副部長となり、三浦綾子の『氷点』のテレビドラマ化に関わり、このドラマをヒットさせたが、木村に対し白けた気持ちになった池島はその以前から、『文藝春秋』を沈滞から飛躍へと導く大きな立役者となりつつあった。

三章

文春王朝の時代

「記録」に惹かれた池島

戦後、新生社や鎌倉文庫などの新興出版社の勢いに押されて沈滞していた文藝春秋社が新社として発足して以後、飛躍のきっかけをつかんだのは、昭和二十四年のことである。この年の五月号と六月号に掲載された二つの記事が、『文藝春秋』の部数を飛躍的に伸ばす促進剤となったからである。

この年は、前年三月号から編集局長と兼任で編集長となった池島信平が、前年の自宅静養から復帰して元気に陣頭指揮をとり、彼の編集方針が誌面に色濃く反映されるようになっていた。

二十四年五、六月号の『文藝春秋』は、そうした池島カラーをストレートに表した内容の記事が掲載された。その一つは、五、六月号にわたって連載された新井勲の「日本を震撼《しんかん》させた四日間―二・二六事件　青年将校の回想」で、もう一つは、六月号に掲載された座談会「天皇陛下大いに笑ふ」である。二つの記事は、戦後の『文藝春秋』について語る時、必ず引き合いに出される。

前者は、青年将校として国家革新を企図して叛乱《はんらん》軍に加わりながら、思想的相違によって叛乱軍と反対の立場に立つことになった筆者が二・二六事件に代表される軍の無謀な行為を生々しく伝える読み物である。

そして後者は辰野隆《ゆたか》（仏文学者）、サトウ・ハチロー（詩人、児童文学者）、徳川夢声（放送芸能家、俳優）の三人が出席者となった座談会である。二つの読み物は、『文藝春秋』の存在をアピールし、部数増につながる名企画となった。

これらの企画が生まれる要因となったのは、池島が大学生時代に西洋史を専攻し、歴史に精通していたことである。池島が歴史に精通していたことが、なぜ二十四年五、六月号掲載の記事を生むことにつながったのか。その理由について、池島は、こう書いている。
《わたくしは学生時代、歴史をやったせいか、記録というものに強く惹《ひ》かれる。つまり一つの異常な事件があって、その事件からいくらも日が経《た》たないうちにその事件を直接に経験、体験した人たちの記録を、歴史資料からいえば、一等史料というのだが、わたくしはこの一等史料をなるべく活字にして残しておきたいという気持があった》(『雑誌記者』)
池島がこのように書いたのは、ある批判に答えたからだが、その批判とは何だったのか。

異常な事件「戦争」を凝視する

池島信平が批判されたのは、彼が昭和二十四年以後、新井勲の「日本を震撼させた四日間」をはじめ、『文藝春秋』に《戦争の記録をのせたこと》で、これが《再びあのいやな記憶を呼び起すことによって、軍国主義的風潮を再び助長するのではないかといわれた》(同)のである。それに対して、池島が《わたくしにも言い分はあった》と弁明して、自分がなぜ記録というものに惹かれるようになったかを告白したのが、前節に紹介した文章である。

その文章で、記録とは《一つの異常な事件》の記録だと述べているが、では《異常な事件》とは何か。それは戦争である。そのことを、池島はこう書いている。

《戦争は、怖ろしく、思い出すだけでも不愉快なものであるが、また考えようによっては大きな経験である。こんどの太平洋戦争にしても、僅か四年の経験であるが、われわれの先祖が五十年、百年でした経験を一挙にしたようなものである。人間の愚かしさ、浅ましさ、また美しさをこれほどハッキリさせたことはない。雑誌の記事とすれば、これにつながる話はみな自分におぼえのあることで、また異常な体験であるので、読んでみて飽きないものである》（同）

そして、さらに池島は言う。《戦後の激しい混乱時代には、普通の小説や読物ではなかなか読者をつなぐことができない。（略）なまのままの激しい思想の移り変り、或《ある》いは個人の凄惨《せいさん》な体験が読者の心を打つ。いうなれば、雑誌の記事からいえば、ノン・フィクションの時代が来たものと思う。わたくしが自分の雑誌へ意識的に戦時回顧を載せたのも、そういう意味である》（同）

戦争という《異常な事件》の記録を池島が自分の編集する『文藝春秋』に載せようとしたのは、こうした理由があったからである。それと共に、彼がノンフィクションを重視するようになったのは、文藝春秋社に入社した時、『話』という雑誌に配属されたことも要因となっている。

『話』という雑誌は、面白い話を持っている人のところへ編集者が取材に行き、その話を記事にまとめるという形で編集され、池島はこの雑誌の編集部に六年もいた。〝Topics and Information〟を標榜し、今で言えば週刊誌のような感じの雑誌であったが、この雑誌に配属されたことが、戦後の『文藝春秋』の編集にも役立ったと、池島は告白している。

硬派の記事だろうが軟らかく

池島は『雑誌記者』で、『話』の編集部にいた頃のことを、こう書いている。

《『話』の編集部は、新聞でいってみれば、社会部のようなものである（当時の『文藝春秋』は固いから、政治経済部。また『オール讀物』は小説中心だから、学芸部といったところであろう）。三面記事のような市井のトピックを求めて、足とペンでとびまわったものである。

社会部であるから、硬派の記事でも軟かく扱わねばならぬ。「わかり易《やす》く、そして面白く」というので、どんな問題やトピックもこの線でコナしてしまった。これが戦後、『文藝春秋』の編集をやるのに、役に立ったようである。(略)総合雑誌がコチコチになって威容を誇っている時、『話』は実に柔軟で身軽な編集をしたように思う》

だから、池島は『話』の編集部にいた頃、《『文藝春秋』の出張校正にかり出されて、校正をしたが、むつかしい巻頭論文には閉口した》(同)という。戦前の『文藝春秋』は『中央公論』や『改造』のまねをして「東大教授法学博士」などという肩書の執筆者の論文が巻頭に掲載されていたが、《この人は一体、何をいおうとしているのか、実に漠然としていて、理解できない》(同)という体験を池島はした。そのため、《オレが編集長になったら、これだけはやりたくないと思ったのは、本当である》(同)と述べているが、この思いが戦後の『文藝春秋』のノンフィクションを重視した編集に生かされた。

また、池島は美作太郎との対談「言論統制に耐えて」(『昭和思想史への証言』毎日新聞社所収)の中でも、《『社会部記者」で、学芸記者や政治部記者でない》ので、《文藝春秋にいながら、文士とのつき合いはほとんどなく、社会とじかにくっついたところにいた。それが戦後、非常にいろんな面で役に立っていると思っています》と語っている。このことが、先に紹介した司馬遼太郎の言う《地面のジャーナリズム》(『岩波書店と文藝春秋』)という言葉につながる。

そして池島は、戦後創刊された総合雑誌に対して、《もうみんなやっつけてやろうと思ってた。鬼してている。この気持ちで「天皇陛下大いに笑ふ」などの記事を企画したのである。

想史への証言』）と語り、《おれがこれだと考えた雑誌が売れないはずがない》（同）と思ったと告白

か修羅みたいな気持だ。毎晩大酒飲んで仕事して「なんだ、こんな雑誌」なんて思ってね》（『昭和思

天皇陛下大いに笑ふ

「天皇陛下大いに笑ふ」という座談会は、昭和二十四年三月六日、菊池寛の一周忌に、菊池と親しかった人たちがバスで多磨霊園に墓参した時に企画された。その時のことは、『文藝春秋の八十五年』という社史や『岩波書店と文藝春秋』、塩澤実信『雑誌記者　池島信平』などに紹介されているが、社史にはこうある。

《帰りの車中で宮田重雄が大きな声で、「こないだ、ハッチャン（サトウ・ハチロー）と夢声老と辰野大博士が天皇さんの前でバカばなしをして、陛下はうまれてはじめてお笑いになった」と言った。前の席でこれを聞いた池島は、とっさに振り返って、「それ、いきましょう！」と叫んだ。こうして『文藝春秋』六月号に「天皇陛下大いに笑ふ」という三人による座談会が載り、大評判になった》

実は、当時、『週刊朝日』編集長だった扇谷正造も、辰野隆からこの御前閑談の話は聞いており、《この時、何かピーンとくるものがあった》（『マスコミ交遊録』文藝春秋新社）が、チカチカとともった明かりを別な考えが吹き消した。それは〝進歩的見栄〟によるもので、「いまどき天皇のことなんか」と扇谷は考えたのだが、それから三週後、「天皇陛下大いに笑ふ」という新聞広告を見て、扇谷は「やられた！」と思った。

座談会では、辰野が《「今日は図《はか》らずも昔の不良少年が、一人ならず三人まで罷《まか》り出でまして洵《まこと》に畏《おそ》れ多いことでございます」と申し上げたら、陛下が「あッ、そう。アッハアハア……」とお笑いになった。（笑）》という話をはじめ、三人の閑談で天皇が笑ったことが当日の話を再現する形で語られている。座談会の題名を「大いに笑ふ」とし、「笑わせ給う」としなかったことが《明るい記事に、さらに親愛感を与えました》と、池島の身辺にいた田川博一が伝えている（『雑誌記者　池島信平』）。

また半藤一利は、天皇の戦争責任論や退位論が論議された二十四年にこの座談会を行ったのは、《歴史好きの池島の物事をタテにみる読みは、これまでの天皇制の歴史、ないしは庶民のうちの天皇観から、天皇は安泰である、とみてとった》からであると論じている（『岩波書店と文藝春秋』）。

この池島の読みで、『文藝春秋』は二十四年に十八万部位だったのが、二十六年一月号は四十一万八千部、二十七年一月号は五十一万部、二十八年一月号は六十三万部、二十九年一月号は七十三万八千部というぐあいに部数が伸びていった（『文藝春秋六十年の歩み』）。

非民主的手法　意表外の面白さ

昭和二十四年五、六月号の記事を契機に、部数が伸びはじめた『文藝春秋』は、二十六年以降は毎年十万部単位で部数増が続き、二十九年一月号は七十三万八千部を印刷したが、これは『話』での体験を生かした池島信平がノンフィクション重視の編集を行ったことが功を奏したからである。

その池島が編集長時代に部員だった安藤直正が池島の雑誌編集のノウハウについて、こんな証言をしている。それは、池島の編集方法が、けっして民主的なものではなかったということである。雑誌の編集は、編集長以下編集部員が参加する編集会議で充分に全員が討議し、最終的に編集長の裁断で企画が決定するという形で進められる。ところが、安藤によると――

《池島さんのやり方は凡《およ》そこういう民主的な手段をとび越えるものであった。彼は会議以前に、あるいは会議の外で、次々と企画を決定し、それを依頼して主軸となる原稿を躊躇《ちゅうちょ》することなく形成していった。率直にいって彼は編集部員が考える前に、自身の頭の中で湧《わ》き出てくるプランで、ほとんど目次面が一杯になるという風で、自ら決定したから会議が必要でなかったといえるのである。(略)ともかく池島さんは、我々の間で「柱になる」と称する主な原稿をサッサと考え、執筆者に依頼し、さて会議を開いてその余の細かい原稿を皆に担当させるというやり方であった》(「雑誌の編集」、日本出版学会発行『出版研究』第五号)

これについては、池島自身、《私は会議を必ずしも否定しないが、しかし会議で決まった企画というものは平均点で面白味がない。一つのプランに誰か猛烈に反対する人間がいて、しかもそれを編集長が強行してやった原稿にしばしば意表外に出て、面白いものが出来る》(『編集者の発言』暮しの手帖社)と述べている。

「天皇陛下大いに笑ふ」の企画は、まさにその典型だった。これを企画した時のことは、池島も『週刊朝日』の昭和三十一年十二月十日号の徳川夢声「問答有用」で、宮田重雄のすぐ前の席にすわっていたので、宮田の話を聞き、《うしろをふりかえって「それいきましょう」といったんです》と語っている。会議で決まった企画ではなかったのだが、こうした編集方法で、池島は『文藝春秋』の部数を伸ばし、雑誌の発展とともに、文藝春秋新社は戦前から行っていた各種の事業も復活させていった。

社員に株式、配当十割

文藝春秋新社は昭和二十四年七月、芥川賞と直木賞を復活させ、同年十月には「文藝春秋読者賞」を新設した。このうち、直木賞は「財団法人日本文学振興会」が日比谷出版社発行の『文藝読物』に受賞作品の発表を委嘱するという形で復活した。しかし、日比谷出版社が間もなく解散し、第二十一回、二十二回のみ同誌に発表され、以後は文藝春秋新社発行の『オール讀物』で発表されるようになる。「文藝春秋読者賞」は、半年ごとに読者の投票によって、最も有益かつ興味ある記事の筆者に対して与えられることになり、第一回は「天皇陛下大いに笑ふ」の辰野隆、徳川夢声、サトウ・ハチローが受賞した。

そして、二十五年一月号の『文藝春秋』は三三二頁、定価九十円で、頁数が前年一月号より二倍近く増えた。この年六月には、新社発足の頃、大阪ビルから引っ越した幸ビルの一室から中央区銀座西五丁目に新社屋を購入して引っ越した。さらに二十七年には『文藝春秋』は創刊三十周年を迎え、一月には社員総数が八十一人となり、戦前・戦中の最盛時の社員数と同じくらいになった。

この年三月二十八日には、東京愛読者大会が歌舞伎座で開催され、講演と文士劇が行われ、四月には京都と大阪でも文士劇が行われた。同じ年、文芸講演会も復活し、その後、名称は文化講演会から文藝春秋講演会へと改められた。

このように、順調に社業は発展し、二十五年三月に戦後創刊の『座談』の休刊はあったものの、三十年十一月には、社屋が銀座西五丁目から八丁目に移転し、社員数も百二十二人となった。そのため、三十一年六月三日号の『週刊サンケイ』は、「文藝春秋王国を裸にする」と題したトップ記事で、

《戦後日本のジャーナリズムの中で、一番大きな足跡をのこし、いまも華々しい実績を見せているその最大のものは、雑誌『文藝春秋』をひっくるめての文藝春秋新社であろう。いま『文藝春秋』は、国民雑誌と呼称しているが、国民雑誌といわないまでも、日本の中堅階級から、最も愛されている雑誌というのが一般的だ》とリードに謳《うた》った。

塩澤実信『雑誌記者　池島信平』は、当時の文藝春秋新社の《業績は、「文春」の伸びと並行していた》ので、《資本金一千五十万円で、授権株二十八万株のうち、自社株二十一万株は社内株として社員に分配され、三月と九月の決算期には、配当十割が支払われた》と伝えている。その翌年、池島には嬉しい出来事があった。

絶筆　青山虎之助を讃えつつ

池島信平にとっての嬉しい出来事とは、昭和三十二年六月八日夜、雑誌記者生活二十五年を祝って「池島信平君を励ます会」が行われたことである。その時の模様を塩澤の『雑誌記者　池島信平』が紹介している。

それによると、当日は司会が『暮しの手帖』編集長の花森安治、発起人代表が岩波書店会長小林勇、文藝春秋OB永井龍男、ガク友代表林健太郎、野次馬代表大宅壮一、寄稿家代表小泉信三、作家代表吉川英治、評論家代表小林秀雄、PTA代表佐佐木茂索、バー友代表川口松太郎、花束贈呈高峰秀子等をはじめ、作家、評論家、ジャーナリスト、学界、政界、印刷、販売関係から錚々《そうそう》たる人物が約二百名出席した。晴れの席には、池島の母堂カタ、郁夫人も出席し、池島の人柄を反映して、爽《さわ》やかで楽しい会となった。
『雑誌記者　池島信平』は、会での挨拶も紹介しているが、最初に挨拶した永井龍男は、「池島君は編集者生活二十五年ですが、今もって魚河岸へ上がったばかりの魚のように新鮮です」と述べた。また大宅壮一は、持論の「編集者女給論」にふれ、「池島君は二十五年間、一流の女給生活を送っている」と語り、衰えるにつれて場末の方へ落ちぶれてゆく女給のように、「今なお、ふろしき一つで場末を渡り歩いている」編集者がいることを忘れないでほしいと結んだ。この大宅の《結びの言葉は、信平の心の中を、一瞬暗くした》(同)。池島は、かつて華やかだった編集者が、小さな出版社に流れてゆくのを数多く見ていたからだ。

それから九年後の四十一年、池島はその年亡くなった佐佐木茂索の後を継いで三代目社長となった。しかし、『雑誌記者　池島信平』によると、彼は三十六年に五十二歳で専務になった時、編集の現場を離れることの寂しさを友人に告白したことがあり、社長になった時も社員から奉られることを嫌がった。

その池島は、社長在任中の四十八年二月十三日、湯島天神のレストランで倒れ、亡くなった。行年六十三だった。その場所で池島は、死の直前まで『回想の「新生」』の編集委員から依頼された原稿を書き、青山虎之助と『新生』を次のように讃《たた》えた文章を投函し、池島の死の翌日、青山はそれを受けとった。

《戦後の大混乱期に、『新生』が突如現れたときは本当に驚いた。いままでの雑誌社の考え方では、とても思いも及ばぬ新機軸がそこにたくさんあったからである。

新聞社の輪転機をつかった、あっという間に三十二頁づつを刷り上げるという早業。それに文壇の大家たちの名前を、ぞろりと誌面にのせたこと――等は、青山虎之助という白面の青年が、大きくおどり出たという感じで、時代の大転換期というものは、こういうものかという実感にひしひしと捉われたものである》

かつて池島を『文藝春秋』ごとスカウトしようとした青山の業績を評価した文章が、奇《く》しくも池島の絶筆となった。その池島に讃えられた青山も、今は亡い。

四章

『平凡』の岩堀喜之助と清水達夫

雑誌を一緒にやらないか

これまで、戦後という時代を象徴する雑誌として、昭和二十年代の総合雑誌の興亡を見てきたが、戦後的な雑誌は総合雑誌だけではない。総合雑誌を知識人向けの硬派の雑誌とすれば、大衆的な読者を対象とするジャンルにも、戦後という時代が生み出した雑誌がある。しかも、創刊されて十年に満たない昭和二十年代末に百万部の部数に達した雑誌である。その名前は、『平凡』というが、残念ながら、この雑誌は六十二年に休刊した。

ただし、この雑誌を発行していた出版社は健在で、社名が変わっても、新たな雑誌を発行し、現在は雑誌だけでなく、書籍も刊行している。それはマガジンハウスである。同社は創業時の社名は凡人社といい、それが平凡出版という社名になり、さらにマガジンハウスと改名された。この出版社がどのように創業したかをたどる際に、まず紹介されるのは、次のような電報である。

ザツシヲイツシヨニヤラナイカ　イワホリ

この電報を受けとったのは、清水達夫という名前で、発信人のイワホリは岩堀喜之助のことである。清水が電報を受けとったのは、昭和二十年八月二十日過ぎのことである。清水はその年の四月七日に津田沼の鉄道隊に応召して川崎市中原に駐屯していた時に終戦を迎え、疎開していた小田原に復員した。

そこへ電報が来たのだが、清水と岩堀が知りあったのは戦時中のことだった。十九年十二月のことで、二人が大政翼賛会宣伝部に勤めていた時である。出会った時のことを、清水は『二人で一人の物語　マガジンハウスの雑誌作り』（出版ニュース社）という著書に書いている。本書によると、最初に「貴公……めしを喰《く》ったか」と声をかけたのは、岩堀であった。清水が「これからだ」と答えると、「よし、じゃア一緒に喰おうや」と岩堀が清水の肩を叩《たた》いた。

《坊主頭で、やせていて、国民服を着ている岩堀は、色がやや浅黒く、長い間中国山東省の宣撫《せんぶ》班で活動して帰国したという話で、眼は鋭かったが、笑うとやさしい親しみ深い表情になった。声は大きかった》

清水は岩堀と最初に会った時の印象をこのように書いているが、二人の会話で清水が小田原に住み、岩堀が国府津に住んでいることがわかった。そこで、二人は翌日から湘南電車で往復四時間、一緒に通勤することにした。しかし、二人はこの出会いが後に大雑誌の発行につながるとは、思いもしなかった。

すでに読者は決まっていた

清水達夫と岩堀喜之助は、昼食を一緒に食べたのがきっかけで知りあいとなり、通勤も一緒にするようになった。二人は急速に親交を深め、これまでの経歴も互いにわかってきた。

岩堀は明治四十三年、神奈川県の生まれで、小田原中学を卒業して明治大学に進んだが、授業料滞納で退学となった。その後、日大に入学し、卒業すると、時事新報社に入った。しかし、時事新報社がつぶれ、昭和十三年に宣撫《せんぶ》工作員として中国に渡り、十八年に内地に引き揚げ、大政翼賛会宣伝部に勤めることになった。

一方、清水は大正二年、東京・日本橋の生まれで、立教大学を中退して電通に入り、七年間勤めた。電通では『宣傳』という雑誌を編集していたが、翼賛会の宣伝部にいたグラフィックデザイナーの新井静一郎の誘いで翼賛会に移った。清水は、新井が森永製菓の広告課長の頃から面識があり、その頃から清水の編集していた『宣傳』に原稿を書いてもらっていた。

そんな縁で、昭和十九年の秋、清水は翼賛会に移ったのだが、新井から言われたポスターや宣伝物の企画製作をやる仕事ではなく、出版班というところに配属された。出勤しても、特にする仕事がなく、清水は目の前で電話が鳴ってもとろうともしなかった。そんな清水を、出版班の隣の講演班にいた岩堀が一緒に弁当を食べようと誘ったのである。岩堀は、ある日、清水を陸軍画報社という出版社に連れて行き、社長の中山正男に紹介し、校正の仕事を手伝わせた。

陸軍画報社は陸軍省後援の会社なので、そこの仕事をしていると、徴用も来ないと、岩堀は言った。しかし、二十年の三月末、ついに召集令状が来て、清水は津田沼の鉄道隊に入隊した。

入隊する時、清水は国府津の岩堀宅を訪ねた。四月三日に国府津では火災があり、岩堀のうちも類焼し、一家は近くの寺に避難していた。しかし、岩堀はいたって元気だった。その岩堀にも、清水が応召して一カ月後に召集令状が来て、同じ津田沼に入隊し、衛生兵となった。敗戦を迎え、復員した時、清水は国府津の岩堀を訪ねたが、岩堀は東京に行っていて会えなかった。それから一日おいて、岩堀からの「ザツシヲイツシヨニ」という電報が届いたのである。岩堀一家が火災で避難していた寺を清水が訪ねると、「雑誌をやろうじゃないか」と岩堀は言った（『二人で一人の物語』）。すでに誌名も決まっていた。

下中彌三郎からもらった名前

『二人で一人の物語』によると、大政翼賛会で出会った岩堀喜之助からの電報で清水が岩堀を訪ねた時、清水と岩堀は固く手を握りあって、次のような会話を交わした。

「平凡という雑誌なんだよ。もう題名は決まっているんだ」

「平凡……」

「そうだ、平凡という雑誌だ、平凡社の下中先生から題名をもらって来たんだ」

「そうか、下中先生からもらったのか……」

「用紙の割当もうけついだんだ、陸軍画報の中山社長から……だから紙もあるんだよ」

岩堀とこんな会話を交わした清水は、雑誌の名前がもう決まっていて、そのうえ、用紙の割当も受けついでいるということに清水は驚いた。

《まだ終戦の詔勅をきいてから間もないというのに、彼はもう雑誌『平凡』の創刊準備を早くもとのえていたのである。戦時中から出版用紙は配給制度だから用紙の割当がなければ雑誌の発行などできない。その用紙もちゃんと確保していた》(同)

このように、早手まわしで、雑誌創刊の準備をなぜ進めることができたのか。それについては、清水の著書だけでは理由がわからない。それを知るには、岩堀の長女である新井恵美子の書いた『マガジンハウスを創った男　岩堀喜之助』(出版ニュース社)とマガジンハウスの社史『創造の四十年マガジンハウスのあゆみ』を参照してみる必要がある。これら二冊を読むと、岩堀の早技《はやわざ》がなぜ可能となったかがわかり、さらに岩堀が戦後、雑誌の発行をなぜ考えたのかという問題もわかるが、ここでは新井の著書を手がかりにする。

まず、岩堀がなぜ雑誌を出したいと思ったのか。それは、新井の著書によると、岩堀が宣撫工作員として中国にいた頃、内地から兵士たちのために慰問袋に入れて送られてくる大衆雑誌に忠孝を尽くすことを説いた出版社の社長の挨拶が載っていることに、腹を立てたからである。自分たちは安全なところにいて、兵士たちに「命を惜しむな！」と説くことに、岩堀は怒りを覚えた。

《「俺だったらこんな雑誌は作らねえ。社長の挨拶なんかくそくらえだよ。疲れた人がひっくりかえって楽しめる雑誌が作ってみたいなあ」

岩堀はこの時初めて雑誌への夢が生まれた。ほんの小さな夢だったが、岩堀の胸の中で少しずつふくらんでいった》

この思いが、岩堀の戦後の活動の原点になった。

大衆の心にひびくもの

中国での宣撫工作員時代に感じた岩堀の怒りは、内地から来る雑誌の記事だけにとどまらず、宣撫工作班の上層部への怒りも生み出した。《大東亜戦争が始まり、中国人の反日運動も過激になると本来の宣撫工作は中国人しめつけや匪賊《ひぞく》の弾圧などへとその性格を変えていった》（同）ため、軍人たちの中国人いじめが苛烈《かれつ》になったからである。

岩堀は《中国を愛し中国人と共に生きようとした》（同）のだが、その夢は終わり、辞表をつきつけて、帰国の途につく。中国には、妻子も一緒に来ていたので、家族と共に帰国した。しかし、途中で二番目の娘恵梨子が体調を崩し、日本に着いた時に亡くなってしまうという不幸もあった。
こうした苛酷な体験をして帰国した岩堀は、宣撫工作員時代の人脈を生かして大政翼賛会宣伝班に就職する。その時に出会ったのが清水達夫だが、岩堀はもう一人の人物に翼賛会時代に出会っている。それは、花森安治である。この人物も、戦後の雑誌界において大きな力を発揮することになるのだが、花森については、章を改めて紹介したい。

岩堀は、翼賛会では、移動演劇の管理も担当したが、戦時下で劇場を封鎖されて活動のできない新劇のグループが地方を巡回して演劇を見せているのにも立ち会った。千田是也をはじめとする大物の演劇人が日頃、本物の演劇を見ることのできない地方の人たちに本物の演劇を手を抜かずに見せる姿に岩堀は感動した。その時のことを、新井恵美子は《岩堀は「大衆というものをバカにしてはいけない。大衆の心に響くものにウソがまじってはいけない」と感じ入るのだった》と自著で書いているが、この思いも戦後の岩堀の活動のモチーフになった。

翼賛会時代に、こうした体験をした岩堀は、終戦の年の六月に召集され、八月二十六日に国府津《こうづ》に帰ってくると、翌日から行動を開始した。終戦で不用になった川崎市溝口《みぞのくち》の練兵場跡地を払い下げてもらい、中国大陸から引き揚げてくる宣撫班の仲間たちのため、「新しい村」を作るという構想を実行に移すことにしたのである。ところが、敗戦の日から一カ月経って刊行された『日米會話手帳』という本が大ベストセラーになったのを見て、岩堀は「やられた」と思い、「雑誌を作りたい」という思いが甦った（同）。

田畑を売って創立

『日米會話手帳』に刺激された岩堀喜之助は、「新しい村」のことは仲間に託し、新橋にあった陸軍画報社を訪ねた。中山正男社長は、岩堀を大歓迎で迎え、岩堀が雑誌を始めたいと言うと、その申し出を大喜びで引き受けた。そして「待ってたんだよ、君を」と、中山は言った。岩堀は、どういうことなのかと訝《いぶか》しんだが、中山が岩堀を歓迎したのには理由があった。

《実はこの時、中山は苦境に立たされていたのだ。陸軍のご用達であった国策雑誌の経営者として戦争犯罪を追及されるのではないかというのが中山の心配であった。中山は一刻も早く陸軍画報社の版権を売ってしまいたいと考えていたが、この混乱期に雑誌を始めようという物好きな者など見つかりそうもないのだった。ところが飛び込んで来た岩堀はそれを買いたいと言う。渡りに船とばかり、版権は岩堀のものになった》(『マガジンハウスを創った男　岩堀喜之助』)

雑誌名の改題と発行人の変更を届けるだけで、岩堀は用紙の配給や雑誌を発行する権利を譲り受けることができた。その時、岩堀はもう一つ、中山に平凡社の下中彌三郎社長に会うための紹介状を書いてほしいと頼んだ。中山は快諾した。そこで——

《岩堀はその足で下中を訪問した。「下中先生、これから雑誌を始めようと思うんです。一つ名前をつけて頂けないでしょうか」この年、下中は六十七歳、出版界の神様のような存在だった。無名の若造が気楽に会える人ではなかったのだ。しかし岩堀はおかまいなしに自分の夢をしゃべりまくった。下中はその岩堀の迫力に押されて黙りこくっていた。そして少し笑った。

「これから生まれる雑誌にはどうしても先生に命名して頂きたいんです」と執拗《しつよう》に繰り返す岩堀の熱

意に負けた下中彌三郎は二つの名前を示してくれた。それが『啓明』と『平凡』だった》（同）
この時、岩堀が選んだのが『平凡』だが、『平凡』は、昭和三年、平凡社が講談社の『キング』に対抗して創刊し、五号で休刊した雑誌の名前だった。
誌名が決まると、岩堀は資金作りにかけまわることになった。義父の田んぼを売ったり、親戚や妻の実家などを頼って五万円の金を集め、これが資本金となった。編集室は、中山が所有していた部屋の一部を借りることにして、岩堀は清水達夫に電報を打ったのである。

「平凡」のために集まった人々

岩堀喜之助からの電報で、清水達夫が岩堀を訪ねた時、すでに雑誌の題名が決まっていたことと、用紙も確保されていたのは、前節で述べたような事情によるのだが、さらに岩堀は発行資金の用意もしていた。そこで、岩堀と清水の間には、こんな会話が続けられたと、清水の『二人で一人の物語』にある。

「それでなァ清水さん、貴公のほかに仲間を誘ってある。翼賛会にいた伊藤の進ちゃんと、オレの中国の仲間の菅原と菊池というのと仲間はオレもいれて五人だよ」

「どこで編集するの……」

「とりあえず、陸軍画報の部屋をしばらく使わせてもらうんだ、あの部屋もいまは中山さんの知りあいで、宮前さんという人の事務所になっているんだが、当分の間一部を使わせてもらうことに話はついている」

「うん、あすこならいい場所だ、銀座だから……」

岩堀が編集室を銀座に設けたことに清水が同意すると、岩堀は「それで明日、あすこへみんな呼んであるから貴公も来てくれ、こまかいことはそれからだ……」と言った。清水は「わかった。明日、必ず行くよ」と約束し、岩堀としっかり手を握りあった。

翌日、清水は銀座八丁目の裏通りにある湯浅ビルの四階にある陸軍画報社を訪ねた。しかし、その時はもう宮前猛事務所という表札がかかげられていた。宮前と中山正男は同じ北海道の出身で旧知の間柄だったので、宮前は岩堀の呼びかけで集まって来たメンバーに対して好意的だった。岩堀たちの部屋ができるまで遠慮なく使っていい、と宮前は言った（同）。

部屋に集まったのは、岩堀、清水のほかに、菅原幸基《さちもと》と菊池正成《まさなり》、伊藤進一郎で、清水は菅原と菊池とは初対面であった。伊藤は、大政翼賛会で一緒だったし、電通時代から広告デザイナーとして知っていた。集まった五人の年齢は一番年上が岩堀、次が清水と伊藤、一番若いのが菅原であった。

マガジンハウスの社史『創造の四十年』によると、この時の会議では、岩堀から用紙と雑誌の題名についての経過説明があり、編集長には全員一致で清水が推され、次に会社は合資会社組織とし、代表は岩堀とすることが決められた。そして、社名は家主の宮前の提案で「凡人社」と決まった。「平凡」という雑誌を凡人が集まってつくるのだから、という理由だったが、岩堀以下、皆が賛成した。

給料は全員同額

凡人社が宮前の事務所を所在地にして資本金五万円の合資会社として設立登記されたのは、昭和二十年十月十日のことであった（『創造の四十年』）。創業資金のほとんどは、岩堀喜之助が用意していた。五人は、第一回の会合から数日後に銀座松坂屋一階の喫茶店に集まり、雑誌の企画打ち合わせを行った。その時、経理担当の菅原が、全員にハトロン封筒を手渡した。その中には最初の給料が入っていた。全員同額の二百円だった。

会議では、どんな内容の雑誌にするかを論議したが、岩堀にも清水にも確たるイメージはなかった。清水は、『平凡』という誌名が決まっていたので、こんなことを考えた。

《誌名からうけるイメージは、その当時はなにか総合雑誌のような堅い感じだったが、もとより私に、そんなむずかしい総合雑誌などつくれる自信もなかったし、つくろうという気もなかった。作家志望だった私には、とりあえず小説や随筆を中心にした文芸雑誌がイメージとしてうかんだ》（『二人で一人の物語』）

『平凡』創刊号

そう考えた清水が、まずやったことは、題名のロゴと表紙をつくることだった。清水は電通時代から知っている何人かのグラフィックデザイナーの顔を思いうかべたが、その中から山名文夫に題名のロゴを依頼し、表紙のデザインは大橋正に依頼することにした。山名は資生堂意匠部のデザイナーであり、大橋は清水と電通時代にコンビを組んでいた広告デザイナーであった。これまでの日本の雑誌のように挿絵画家の絵を使うことを、清水はしなかった。清水は、モダンでしゃれた感じの女性の絵という注文だけをつけた。

これで表紙は決まったが、内容については、A5判、四八頁建ての誌面で、スタッフのコネがある作家や画家、評論家に原稿を依頼することにした。こうして、創刊号は発行された。表紙はオフセット三色刷りで、次のような目次であった。

平凡談議　新居　格
アメリカの女たち　伊藤道郎
秋雑詠　水原秋桜子
マダム御帰館　玉川一郎
ある旅行　清水　崑
一つ身の着物　壷井　栄
花野の径　宮崎博史
猫とり　一瀬直行
陽と土と　美川きよ

人相で大雑誌を予言

『平凡』の創刊号の原稿は、巻頭の新居格のエッセイは菅原幸基が依頼し、伊藤道郎の原稿は、岩堀と清水がインタビューしたものを、清水がまとめた。以後も原稿は、各自のコネを利用して依頼することが多かったが、清水は編集長として、仕事にとりくんだ。それは、翼賛会時代の清水とは完全に違う姿であった。

翼賛会時代の清水は、目の前にある電話もとろうとせず、何もしなかったが、これは清水が、ここには自分のする仕事はないと思っていたからである。ところが、岩堀は創刊する雑誌の編集長に清水を考えたのは、翼賛会時代の清水の態度が印象に残っていたためである。そのことを、岩堀は清水に対して、こんな口調で語った。

「人間、月給もらって勤めていたら、上のやつにお世辞をいってもなにかやろうとするもんなんだ、それをおめえときたら、ナンにもしようとしねえじゃないか、オレはそこが気にいったんだ。よし、編集長は清水だと決めておめえに電報を打ったんだよ。そりゃァオレだって、編集長の出来そうなやつは何人か知ってたよ。だけど、おめえしかないと思ったんだ……」（『二人で一人の物語』）。清水は、岩堀の気持ちに応えて、編集だけでなく、岩堀と一緒に紙の調達にも出かけた。

『平凡』の創刊号は三万部を神田小川町にあった秀英社という小さな印刷所で印刷した。表紙が当時としては珍しく三色刷りだったため、人の目をひき、すぐに売り切れ、二号目は、大日本印刷で印刷した。これは、秀英社の社長から岩堀が、この雑誌は将来必ず大雑誌になるから、今のうちに大日本印刷か凸版印刷にやってもらうように頼みなさいというアドバイスを受けたためである（同）。それを最初は印刷を断る口実ではないかと疑ったが、社長の小島順三郎は真剣な表情で、岩堀の人相を見ると大雑誌になるということがわかると言った。岩堀たちは、この忠告に従ったのである。

そして、清水によると、大作家には原稿を書いてもらえないので、「文壇大家処女作選集」というシリーズを企画し、里見弴のような作家がかつて雑誌に発表した作品を再掲載させてもらったりした。いろいろな苦労を重ね、途中休刊しながらも発行を続けたが、やがて『平凡』が売れなくなり、岩堀と清水は壁につき当たる。

創刊号は即日完売だが……

昭和二十年十一月に創刊号（十二月号）三万部を発行し、即日完売するという好調なスタートを切った『平凡』だが、売れたのは雑誌の内容によるものではなかった。社史『創造の四十年』も《創刊号の目次をながめて気づくのは、はっきりした主張とか強い個性といったものが感じられないことである》と指摘しているように、文芸娯楽誌という大枠はあるものの、内容はそれほど明確な路線が打ち出されているわけではなかった。

編集長の清水達夫が「編輯《へんしゅう》後記」に、《創刊号は不慣れ不手際、編輯者としてははなはだ不満足の出来栄えでありますが、だんだん調子が出て、必ず皆様の御期待に副《そ》い得る雑誌をつくってお目にかけます》と書いているほどである。この「編輯後記」について、『創造の四十年』は《含羞《がんしゅう》の人清水の姿勢のあらわれだったようだ》と述べている。こうした内容の雑誌が発売と同時に売れたのは、『創造の四十年』に引用された『東販十年史』が指摘しているように、昭和二十年末から二十二年五月頃までは出版物に対する《「想像を絶する旺盛な需要」の時代》だったからである。

ところが、そんな時代が去った時、多くの雑誌が部数を減らし、消えていった。その例は、すでに『新生』や『人間』を通して紹介したが、『平凡』も同じような苦難に直面した。同誌の場合は、まず二号目から用紙難に見まわれ、二十年には十二月発売の号は出せず、社史によると、二十一年は新年号、二・三月合併号、四月号、薫風号、緑陰号、八月号、初秋号、十一月号の八冊が発行されただけである。そのうえ、凡人社は事務所探しもせざるを得ない状態で、二十年十二月に新橋七丁目五番地の文化工業会館ビル内に移り、二十一年八月に京橋区築地二丁目三番地の一九堂ビル内に移転した。

このビルは岩堀の妻千代子の兄岩尾篤一の経営する印刷会社が所有していたが、その三階の一部を無償で提供してもらった。岩尾は創刊時の資金も工面してくれたが、このビルに移転した頃の『平凡』は、返品がたった三部という好売れ行きを見せた。しかし、翌年から売れ行きは急降下しはじめた。二十二年は用紙事情の悪化のため、七冊しか発行できなかったが、七月発行の涼風読物号から売れ行き低下が目立つようになり、資金繰りも苦しくなる。用紙の手配がつかず、七冊のうち三冊は規格外の仙花紙《せんか》を使った（『創造の四十年』）。

ふたりだけの編集会議

昭和二十二年八月は、『東販十年史』が指摘する《「想像を絶する旺盛な需要」の時代》が去った時であるが、凡人社も『平凡』の売り上げが下降し、社員の給料も払えないありさまとなった。仕方なく、表紙のデザインを依頼していた大橋正に、アトリエ建設のため貯《た》めていた金を都合してもらう破目になった。この時のことを、『創造の四十年』は、こう振り返っている。

《このままでは、じり貧状態がますます悪化するだけのように思われた。なにか根本的な計画の見直しが必要のようだった。業界では『ロマンス』が『平凡』を吸収するという噂まで流れるようになった。さすがの岩堀も弱気になるときがあり、いま解散すれば各人に退職金がわりに一万円ずつぐらい分配できる、などと発言することもあった》

そして、岩堀喜之助と清水達夫が東海道線で通勤する当時の様子も、社史は紹介している。《始発の小田原駅で清水が二人分の座席を確保し、国府津から岩堀が乗りこんで、ふたりは通勤の途上ずっと雑誌の立て直し策を話しあった。新橋までの二時間を、ふたりは話に熱中した。帰路も一緒だった。新橋駅で一袋十円の塩豆を買い、それを食べて空腹をまぎらわせながら話しこんだ。数十冊の『ロマンス』を背負った書店主を見かけることがあった。あれほどに人気のある雑誌をつくるには、どうすればいいのだろうか。往復の四時間は、岩堀と清水ふたりだけの編集会議だった》

社史によると、この光景は、当時、文藝春秋新社の『オール讀物』編集長だった車谷弘も目撃している。彼は尾崎士郎を訪ねたときに「東海道線に雑誌のことで気狂いみたいな連中がいます。『平凡』というのですが、頼みに来たら、書いてやってください」と頼んでくれたという。後年、尾崎からこの話を聞かされて、岩堀は車谷の厚情に感動した。

列車内で練りあげられた打開策によって、《中国で学びとった岩堀の大衆感覚と、清水の持つ文芸感覚とがしっくりと融合して、ひとつのものがみえてきたとき、ふたりはその内容を同人全員に提案しなければならないと考えた》(同)。

そのための会議は、二十二年十月のある日に招集された。その会議での結論が『平凡』立て直し策となるのだが、その結論は、社史に二度も出てくる『ロマンス』という雑誌と関わっていた。

そうだ歌と映画だよ

昭和二十二年十月の会議に出席したメンバーは、創業時の同人とは少し顔ぶれが違っていた。創業時の五人のうち、伊藤進一郎がデザイナーの仕事に専念することで脱退し、その後に羽鳥勲、さらに窪田幸茂《ゆきしげ》、布施たけ代が新たに加わったので、七名のメンバーとなっていた。布施は公募による入社であった。

七人は、最初、三笠会館で会議することにしていたが、満員で入れず、日比谷公園まで足をのばした。水が涸《か》れて枯れ葉のたまっているプールのかたわらで、車座になって会議を始めた。この会議の様子は、社史『創造の四十年』と新井恵美子の『マガジンハウスを創った男　岩堀喜之助』が伝えているが、新井の著書によると、会議の様子はこんなぐあいであった。

《まず雑誌の大きさをA5判からB5判に変える。大型化する。表紙は映画スター、それも人気絶頂の女優の顔を大写しで載せる。内容も映画と歌謡曲を取り入れて働く人々の慰めになるような娯楽を提供しよう。

「そうだ。歌だよ。映画だよ。それこそ大衆の何よりの楽しみ事だよ。なんで今まで気がつかなかったんだろう」岩堀は暗闇で一条の光を見つけたように思った》

また、歌と映画を二本の柱にすることについては、《当時、映画は毎週新作が封切られていたし、レコードは月一回新譜を発売しているから、毎月の新しい材料にはこまらないだろう、というばくぜんとした期待感が清水にはあった。これで、岩堀と清水が東海道線のなかで話しあった新路線は、同人に承認された》と社史にある。

この会議の結論が、社史に二度も出てきた『ロマンス』という雑誌に関わると先に述べたのは、実は『ロマンス』という雑誌が戦後の創刊以来、最初から判型がB5判の大判で、そのことによって、従来、A5判が多かった大衆雑誌の中で、特色を出していたからである。

もっとも、B5判の大衆雑誌は『ロマンス』だけでなく、『りべらる』（太虚堂書房）、『ホープ』（実業之日本社）などもB5判であったが、その中で『ロマンス』は部数が抜きん出ていた。そこで『平凡』の路線転換についてふれるとき、『ロマンス』という雑誌が、どういう雑誌であるかを紹介しておく必要があるが、この雑誌については、塩澤実信が『創刊号に賭けた十人の編集者』（流動出版）という著書で詳しく紹介している。

若者の憧れをよぶ『ロマンス』

出版評論家の塩澤実信の著書は、これまで『文藝春秋』の章などでも引用させてもらったが、塩澤は、戦後四半世紀にわたって数社の出版社に勤めた後、出版や大衆文化を論じる評論家となった。出版社勤めの最初はロマンス社であった。そのため、『創刊号に賭けた十人の編集者』の第一章は、《「ロマンス」――戦後娯楽雑誌の彗星《すいせい》》と題されている。

本書によると、『ロマンス』は昭和二十一年五月に創刊され、最盛期には八十万部を発行した。創刊号の奥付には、発行所が日比谷公園市政会館内の東京タイムズ出版局とあり、発行人は田中勝美となっているが、発行所も発行・編集人もすぐにロマンス社と熊谷寛、原田常治に変わる。創刊号の奥付に熊谷の名前が見られないのは、当時、彼が『東京タイムズ』の発行人になっていたからだが、『ロマンス』は誌名の命名、編集ともに熊谷によって行われた。彼は『東京タイムズ』の命名者でもあった。

『東京タイムズ』は、岡村二二によって長い間経営され、岡村が手を引いた後、徳間康快が発行人となったが、結局、廃刊となった。この新聞の創刊を岡村に勧めたのは、信州の飯田の出身で、岡村と同郷だった熊谷である。ちなみに、塩澤も飯田の出身で、その縁で、熊谷の経営するロマンス社に入社した。

熊谷は、ロマンス社を興す前は、講談社の編集者で、原田常治は同社で熊谷の後輩である。熊谷は、運勢判断家として宇佐美斉という別名も持っており、原田はロマンス社を去らざるを得なくなって以後、同志社（後に婦人生活社）という出版社を作り、『婦人生活』を創刊した。

同じ社の出身である熊谷と原田が創刊した『ロマンス』について、塩澤はこう書いている。

《「ロマンス」は敗戦の荒廃した世相と、瓦礫《がれき》の中から彗星のように登場した娯楽読物雑誌だった。その登場の鮮烈な印象は、風圧をともなった衝撃に近いものだった》（同）。

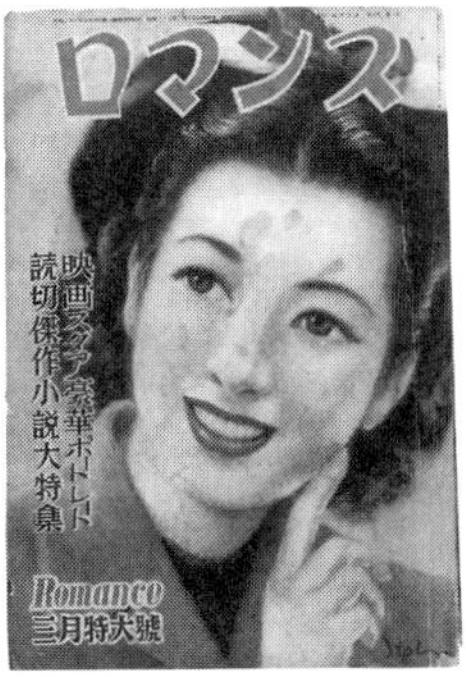

娯楽読物誌『ロマンス』施風

敗戦の日から十カ月に充《み》たない短時日の出現で、《「ロマンス」という新鮮で甘く、打ちひしがれた若者の憧《あこが》れをよぶ誌名》と《毛利銀二こと伊藤静雄のエキゾチックな美女を描いたパステル画の表紙画、活字に飢えていた大衆の渇望を癒す内容などと相俟《あいま》って、すさまじい〝ロマンス旋風〟をまきおこしていた》（同）。『平凡』はこの雑誌と同じくB５判の判型を選び、リニューアルすることになったのである。

廃刊を決意

日比谷公園のプールでの会議で決まった『平凡』のリニューアル策は、これまでのA5判の判型をB5判に改めることが第一のポイントとなった。その時、岩堀、清水をはじめとする凡人社のスタッフが意識したのは『ロマンス』であった。

この雑誌は、戦後の創刊時からB5判の大判で発行されたことによって特色を出し、既述のように、最盛期には八十万部の部数を出したが、これは、同誌の原稿料が高く、一流作家を動員できたからでもある。例えば、昭和二十三年十一月号には、連載小説を吉屋信子、竹田敏彦、菊池寛が執筆し、読切小説は吉川英治、立野信之、南川潤、美川きよ、山岡荘八、森三千代、邦枝完二らが執筆しているが、『平凡』ではとうてい、こんな執筆者を動員することはできない。

しかし、『ロマンス』のこの号が発行された頃、『平凡』は前年から練っていた立て直し策を実行に移し、二十三年二月号からA5判をB5判に改めた編集の新路線が効果を発揮し始めていた。だが、そこに至るまでには、岩堀は屈辱的な体験もしている。そのことが、塩澤実信の『創刊号に賭けた十人の編集者』の第一章で紹介されている。二十二年の夏、岩堀が戦前、新聞記者をしていた頃の先輩で戦後は東京タイムズの経営者となった岡村二一を訪ねた時のことを、岡村が自著の『わが半生記』に書いているのを塩澤が引用しているのである。

《ある日、岩堀喜之助が訪ねてきて、〝平凡〟の割当用紙四千部をもっているから買い取ってくれ、との申出であった。岩堀は下中彌三郎の平凡社から、平凡という題号を譲り受けたか貰ったかして独立したのであったが、本はさっぱり売れないので廃刊を決意しているという。地下住いの東タイの応接間代りだった銀座裏の小料理屋『つる岡』の二階の狭い部屋に案内して、熊谷と一緒に岩堀の話をきいた私は、言下に断わった。

「六十万の〝ロマンス〟がその一パーセントにも充たない用紙の割当を買ったところで、どうにもなりゃしない。岩堀君、いまは書生っぽい屁理屈《へりくつ》や新聞記事の焼き直しみたいなもので雑誌をつくっても駄目なんだ。〝ロマンス〟の向うを張って、〝ロマンス〟よりも若い読者層をねらったらどうだろう。漫画と漫文を活用して……」》

言われた岩堀は、情けない気持ちで帰っていったが、『平凡』は岡村の忠言以上の大転換をする。

見る雑誌への転換

岡村二一が自著で岩堀が訪ねてきたことを書いたくだりは、新井恵美子の『マガジンハウスを創った男　岩堀喜之助』でも引用されており、岡村は《岩堀は不機嫌そうに帰って行ったが、自分の言ったとおりにやったので『平凡』は成功した》と述べている。岩堀は岡村二一と熊谷寛の前で屈辱感を味わったが、翌年の二十三年から『平凡』は新しい路線を打ち出し、そのことによって、やがてB5判の先行誌で、昭和二十三年十一月号の「ロマンスの出来るまで」という記事の中で《大衆雑誌の王者『ロマンス』》と自ら豪語していた『ロマンス』を凌駕《りょうが》してゆくのである。

その結果を知るには、『平凡』がどのようにして持ち直し、発展していったかを見る必要があるが、『平凡』のB5判への大判化は、印刷や製本の都合などもあり、二十三年二月号から実施された。その変化は、単に判型を大きくしたことにとどまらなかった。そのことが、後に『平凡』が『ロマンス』を凌駕する要因となるのだが、その変化について、清水達夫が『読者とともに20年』という平凡出版時代の社史の中で書いている。

《……二十三年二月号から始まったB5判の新しい『平凡』は、単に型が大きくなったということだけではありませんでした。それは〝読む雑誌〟から〝見る雑誌〟への転換だったのです。この号からグラビア・ページの新しい作り方は、『平凡』の第二の出発を意味しています》

清水が書いているように、二十三年二月号の新装第一号は、表紙が黄色のバックに、マイクの前で歌う高峰三枝子の写真で、巻頭は「コロムビア・ヒットソング集」と題して映画のスチールと歌手のポートレートを組みあわせたグラビア頁を特集し、〝読む雑誌〟から〝見る雑誌〟へと変化した。これに対し、『ロマンス』『ホープ』『りべらる』などは、B5判であっても、活字中心の〝読む雑誌〟にとどまった。

もっとも『平凡』が表紙に女優の写真を使ったのは、二十三年二月号が初めてではなく、二十二年の十月号の表紙も、女優の写真である。これには《大橋正の絵が間に合わなかったため、急遽《きゅうきょ》、高峰秀子の写真を使った》(『マガジンハウスを創った男　岩堀喜之助』)という事情があったが、表紙に絵でなく写真を用いても、〝見る雑誌〟の実現にはならない。二十三年二月号の変化は、それまでの『平凡』にない根底的なものだった。

二十三年二月号での『平凡』の変化を、清水達夫は《〝読む雑誌〟から〝見る雑誌〟への転換》であると言ったが、そのためには『読者とともに20年』という社史の中の清水の言葉にあったように、《グラビア・ページの新しい作り方》を必要とした。それは、次のような作り方であった。

《このグラビアは、当時コロムビア・レコードの広告部でデザイナーとして仕事をしていた私の中学時代の友人・宮内鉦一氏の協力を得て実現したもので、「コロムビア・ヒットソング集」として、歌詞を掲載しながら、映画のスチールと歌手のポートレートを組み合わせたものですが、このレイアウトを担当した大橋正氏は、ここではっきり、従来、ほかのどの雑誌にもなかった、雑誌グラビア処理のまったく新しい世界を打ち出したのです。

つまり、それまでの雑誌のレイアウトは、単に新聞づくり手法の土台を安易にそのまま流用していたにすぎなかったのですが、大橋氏はここで初めて商業デザインの技法を取り入れた、新しい雑誌レイアウトを創りだしたのです》（同）

〝見る雑誌〟への転換は、巻頭のグラビア・ページの創設だけではなかった。《雑誌の内部も極力活字を減らしてふんだんに挿し絵を取り入れた。それは絵が主役で文章が添え物のように見えるほどだった。流行歌の歌詞も入れた》（『マガジンハウスを創った男　岩堀喜之助』）。新井恵美子は、このように指摘し、《やがて歌本として独立するまでは歌詞は重要な『平凡』の一ページだった。「見る雑誌」は「聞く雑誌」にもなった》と、〝見る雑誌〟へ転換した『平凡』が、どのような受けとめられ方をしたかについても報告している。

《生まれ変わった『平凡』は新鮮で刺激的だった。読者も敏感に反応した、といっても一気に大ヒットというわけにはいかない。ようやく四万部の部数を辛うじて売り切るほどのことだった》（同）

ところが、新井によると、《勢いづく岩堀たちは事もあろうに「百万人の娯楽雑誌」とサブタイトルをつけてしまう》のだが、さすがに《四万部の雑誌に百万はあまりにも大ぼらに過ぎると気が引けたのか》（同）、そのサブタイトルは三、四月号だけで、五月号からは「歌と映画の娯楽雑誌」となる。「映画と歌」ではなく、「歌と映画」としたのは、昭和二十年代初期には「歌」の力が大きかったからである。

歌謡曲にあった鉱脈

『平凡』がサブタイトルを「歌と映画の娯楽雑誌」とし、歌を映画よりも前に置いた理由は、もう一つあるのではないかと推測できる。それは『創造の四十年』というマガジンハウスになってからの社史に、《岩堀は「りんごの唄」をはじめて聞いたときの衝撃を、後年になってもしばしば語っている》という一節があるからだ。岩堀は荒廃した街なかで、《人々の空白の意識のなかに波紋をおこし、どこまでもひろがっていく歌の威力というものを、まざまざと見せつけられる思いだった》。そして、《いま、ひとびとのもとめているものはなにか、本当の娯楽とはなにか。岩堀はここに大衆の欲望の鉱脈をさぐりあてようとしていた》と社史は述べているが、路線を転換して以後の『平凡』を発展させた要素の中に、「歌」は大きな位置を占めていた。

その一つの例は、新装第一号の八頁にわたる巻頭グラビアが「コロムビア・ヒットソング集」となったことである。ヒットソングを掲載できたのは、清水達夫の中学時代の級友である宮内鉦一がコロムビア・レコードの宣伝部におり、デザイナーとして仕事をしていたので、清水が《出勤の途中、新橋駅近くの東拓ビル内にあったコロムビア本社に立寄り、宮内と雑談することを日課のようにしていた》（同）からである。《そこで清水は、歌謡曲がどのような制作過程を経てできあがり、そしていまどんな曲がヒットしているかをくわしく知ることができた》（同）ので、宮内に協力してもらい、新装第一号に「コロムビア・ヒットソング集」を掲載した。

このヒットソング集には、二葉あき子の「夜のプラットホーム」をはじめ八曲が収められているが、『創造の四十年』によると、新装二号以降、グラビア・ページは毎号のように歌の紹介にあてられている。三月号＝「愛唱映画主題歌集」、四月号＝「最新流行歌集」、五月号＝「恋愛歌謡曲集」、六月号＝「ラジオ愛唱歌」。この号は歌謡曲特集号で、連載小説のほか、全頁で歌謡曲を扱い、巻末に「流行歌手住所録」が付いている。

『創造の四十年』は、大転換以後の『平凡』の成功を支えた《独創的なアイデア》の《第一は、内容に歌謡曲をとりあげたこと》であり、第二は商業デザインをとり入れた《誌面構成上の創意と工夫》にあったと指摘しているが、『平凡』と歌の関係は、印象的なエピソードも生み出した。

自分の感動を読者に

『平凡』と歌をめぐるエピソードで、まず興味深いのは、清水達夫が昭和二十三年十月、当時の流行歌手、岡晴夫の取材のため、浅草常盤座を訪れた時に体験したことが、後の雑誌作りに影響を与えたということである。その時、清水はこんなシーンを目撃する。

《劇場ではちょうどステージがはじまっていたので、清水は客席にまわった。劇場内はファンで超満員だった。熱狂する聴衆とうたう岡晴夫とはぴったりとひとつに溶けあい、ショウの進行とともにステージの緊張と客席の愉悦とは一分の隙《すき》もなく綯《な》い交ぜあって、みごとなひとつの空間をつくりあげていく。岡晴夫の観客に対するサーヴィスぶりも立派だったが、それを受ける聴衆の態度も感動的だった。清水はそこに、人気というものの持つ具体的な意味をまざまざと見たと思い、強い衝撃を受けた》（『創造の四十年』）

そのため——

《清水は、ステージを終えて楽屋にむかう岡の後を追って楽屋にとびこんだ。いまのステージと観客がつくりあげた感動を、雑誌の読者にもつたえたい、それが、編集者としての自分の仕事だ、と清水は思った。いまこの時間、編集者の仕事の本質のようなものを、清水は垣間見たと思った。これ以後の清水は、機会ある毎《ごと》に後輩たちにむかって、編集者は自分の感動を読者につたえるのが仕事だ、とくりかえすようになる。感動こそが雑誌づくりの原点なのだ、という清水の信念は、この常盤座での体験にもとづいている》（同）

清水はこの日のステージでの感動と、その直後の楽屋での取材にもとづいて、「岡晴夫半自叙伝」を執筆し、二十三年十一月号の『平凡』に掲載した。この号の売れ行きは、一段とよかったが、『平凡』はその翌年にも歌手との感動的な出会いをした。それは、美空ひばりとの出会いであった。これについては、『創造の四十年』、清水の『二人で一人の物語』、そして新井恵美子の『マガジンハウスを創った男　岩堀喜之助』でも語られているが、ここでは、新井の著書から、印象的なシーンを引用する。

その前にふれておかねばならないのは、『平凡』の二十三年十月号に「悲しき口笛」（竹田敏彦作）という読切小説が掲載され、翌年、松竹映画「悲しき口笛」が封切られ、主題歌をひばりが歌ってコロムビア・レコードから発売されたことである。

歌と映画の娯楽雑誌

『平凡』に原作小説が掲載された「悲しき口笛」という映画が完成すると、岩堀たちは『平凡』の愛読者百名を試写会に招待した。試写会は、昭和二十四年十一月二十一日の夕方、毎日ホールで松竹とコロムビアの協賛で行われることになり、出演者の挨拶や美空ひばりの歌唱も計画されていた。

当日は、あいにく激しい雨が降っていたが、楽屋で一悶着《ひともんちゃく》が起こった。雨のために、長靴で来たひばりが、舞台用のエナメルの靴を忘れてきたおつきの女の子を責め、長靴では歌えないと言って、まわりを困らせたのである。

《岩堀はそんなひばりに舞台の幕を少し開けて客席を見せた。「ひばりちゃん、みんな君の歌をあんなに待っているんだよ」と岩堀は言った。するとひばりは「うん、分かった。歌うわ」と言って長靴のまま舞台に出ていって、何事もなかったかのように歌い上げたのだった。

「大した子だよ」と岩堀は清水にこの話をした。「達ちゃん、俺《おれ》たちが組むのはこの子だよ。きっとすごくなるよ。この子は」と涙を流して言うのだった。以後、『平凡』はさながらひばり情報誌の様相を呈していく》（『マガジンハウスを創った男　岩堀喜之助』）

二十四年四月号のグラビアでは「美空ひばりちゃんの朝から夜まで」と題して、ひばりの私生活が写真によって紹介された。横浜市磯子区に十二歳のひばりの稼ぎで手に入れた新居で談笑するひばり一家の写真によって、まだ映画も封切られていない地方でひばりのファンが増えてゆき、映画「悲しき口笛」は大ヒットした（同）。

ひばりは「東京キッド」の映画化を機に、渡米をするが、新井によると、「東京キッド」はひばりが歌って演じた二本目の戦災孤児の映画で、その後も「越後獅子の唄」や「私は街の子」をはじめ、孤児の歌を歌い続ける。戦争で親を亡くした子どもたちがまだ多かった時代を反映した歌だった。

『平凡』は〝見る雑誌〟に転換し、「歌と映画の娯楽雑誌」を標榜《ひょうぼう》することによって部数を伸ばしてゆく。昭和二十四年には十万部を突破して二十万部へと飛躍、さらに二十五年一月に二十七万九千部、二月に三十万部、八月に四十万部、十月には五十三万部、二十八年新年号でついに百万部に達し、三十年八月号は百四十一万部となる。この部数伸長には、二十四年三月号から始まった連載小説も寄与した。

乙女の性典

Ｂ５判への大判化によって〝読む雑誌〟から〝見る雑誌〟へと変わり、上向きになった『平凡』の部数をさらに伸長させたのは、昭和二十四年三月号から連載された小糸のぶの小説『乙女の性典』である。

この小説の連載が始まる前、『平凡』の部数は四万部を超えてはいたが、伸びが停滞し、何か新しい企画を考えなければならなくなっていた。そんな悩みを抱えていた岩堀喜之助と清水達夫は、京都に出張することになった。映画『小判鮫』に出演中の長谷川一夫と山田五十鈴の対談を取材するためだったが、自作小説の映画化の打ち合わせに行く小糸のぶもたまたま同道した（『創造の四十年』）。

小糸は、それまで『平凡』に読切小説を執筆している常連作家だった。

ちなみに、小糸は昭和二十三年十一月号の『ロマンス』に掲載された「ロマンスの出来るまで」という写真ページの記事を担当していたが、目次には小さく名前が記されているだけだった。それが、『平凡』では読切小説をしばしば執筆し、さらに連載小説の執筆で、『平凡』の部数を伸長させることに寄与するのである。

その連載小説は、スムーズに『平凡』での掲載が決まったわけではない。小糸は京都で松竹映画のプロデューサー石田清吉から少女の性教育を主題にした映画の原作を書くように依頼された時は、そうした方面の知識がないという理由で執筆するのを断った。しかし、石田は小糸が『母子草』という映画の脚本を手がけていて、その実力を評価していたので、小糸の起用に執着した。小糸は断りきれなくなり、そのことを岩堀と清水に相談した（同）。すると――

B５判第１号の『平凡』

《話を聞いた二人は、それはいまの若い娘たちの成人教育のためにも意義のある仕事になる筈《はず》だから、ぜひひきうけるようにと助言し、また、そうした内容のものならば、『平凡』こそがいちばんふさわしい場だから、原作をぜひとも連載させて欲しい、と申しいれた》（同）

こうして、はじめはしぶっていた小糸も執筆することになり、『乙女の性典』に続いて、『新妻の性典』『続乙女の性典』『母の願い』『女性の声』などを『平凡』に連載するのだが、『乙女の性典』の連載が実現するまでには、まだ越えるべきハードルがあった。

初潮体験のあざやかさ

岩堀と清水に口説かれた小糸のぶは、実際に取材をしてみて、若い娘たちのおかれた環境があまりに悪いので、黙っていられなくなった。小糸は小学校教員をしたこともあり、若い娘たちに人一倍関心があるため、執筆を決意した。

《しかし、『平凡』への連載は、すんなりときまらなかった。松竹側では宣伝効果を考えて、当時数十万部の発行部数を誇る『婦人倶楽部』に持ちこむことに、ほぼ話がきまっていたようである。発行部数で比較されてはまったく勝負にならなかったが、それでも岩堀と清水はあきらめず、石田に根気よく頼みこんだ。石田は根負けしたかたちで、相当の宣伝をすることを条件に、ようやく連載を承知してくれた。題名は最初『花開く性典』となっていたが、のちに松竹側によって修正され、『乙女の性典』にきまった。「性典」という言葉は、当時にあってはあまり一般になじまれた表現とはいえず、このタイトルはかなり衝撃的であった》(『創造の四十年』)

これまで、岩堀たちは雑誌を作ることだけに意を注ぎ、宣伝とか広告のことは考えたことはなかった。しかし、松竹との約束を果たさねばならないので、新聞広告よりは安い立て看板を製作し、繁華街に置くことにした。〈『乙女の性典』松竹映画化原作小説、『平凡』連載〉と書かれた看板が街に並ぶことになり、こんな書き出しの連載がスタートした。

《三枝子はさっきから、股のあいだが妙にベトベトするのをどうしたわけだろうと思いながら、先

頭から五、六番目の列を歩いていた》
このシーンを引用して、社史はこう述べている。《いきなり、小説は少女の初潮体験から書き起されている。小学校教員の頃の体験にもとづいたというこの冒頭シーンは、あざやかな手法であり、その主題とあいまって、読者の間に大きな反響をまき起した。よく書いてくれたという意見と同時に、隠された部分をあらわにする危惧からの反発もかなりあった》。ふたつの意見は、どちらも強くなるばかりであったが、《それにつれて、部数も伸びはじめた。スタート時は四万部だったのが、連載開始半年後の九月号では、はじめて十万部を突破した》(同)のである。連載は二十四年十二月号で完結。翌年一月、単行本となり、映画も大ヒットし、『平凡』の部数も急速に伸びる。

ひばり、チエミ、いづみ

『平凡』の部数の伸びに寄与した小糸のぶの連載小説については、『創造の四十年』でも、十万部突破は《小糸のぶの連載小説によってなしとげられ、部数は連載前に比べて六倍を越す急成長をとげた。それから以後は、『平凡』は急速に部数を伸ばしはじめる》と書いている。『乙女の性典』に続く『新妻の性典』『続乙女の性典』『母の願い』『女性の声』なども部数の伸長をもたらしたが、そのような力を持つようになったのは、小糸を岩堀、清水がサポートしたからでもある。このことを、社史はこう指摘している。

《……いずれもスタート前はもちろん、連載中も小糸、岩堀、清水の三者が綿密に打合せて、ストーリーの設定と展開を考えるのが習慣のようになっていた。一般の雑誌にあっては、連載小説の主導権はもっぱら作家の側にあり、ストーリー展開などについて編集部が口をさしはさむのはむしろ遠慮すべきこととされているようだが、『平凡』ではこうした初期の頃から、作家との緊密な打合せによって進行するのが基本的な方針となっていた》

この方法は現在、コミック誌で行われているが、『平凡』は小説において早くからそれを実践していたのである。そして、作家との打ち合わせは、映画会社やレコード会社まで加えて行われ、後にはデパート、衣料品メーカーなどとの提携にまでおよび、『平凡』は雑誌作りの方法も変えていった。

その方法とは、メディアミックスを意識したものと言ってよい。例えば、美空ひばり、江利チエミ、雪村いづみの三人が初めて共演した映画『ジャンケン娘』(東宝)は次のようなプロセスを経て実現した。

《この三人の全盛時代に、『平凡』は三人をグラビア撮影などでしばしば一緒に取材することが多かったが、誌面で三人の顔合わせをするだけでなく、映画で共演させたいと考えるようになった。清水はまず映画化に必要な原作小説を『平凡』に連載することにし、それを中野実に依頼した。中野は『ジャンケン娘』という表題を考えて、連載が開始された。映画は当初ひばりと契約のある松竹が企画化したが成功せず、東宝がそれをひきとって、三人娘共演を実現させた》(同)

『平凡』のメディアミックス戦略の例は、これだけにとどまらなかった。

アマチュアリズムに徹する

『創造の四十年』によれば、『平凡』によるメディアミックスは、《大映とそごうに日本ビクターが加わって実施した『有楽町で逢いましょう』の場合も同様だった。フランク永井の主題歌がいちばん先にできあがり、それにもとづいて宮崎博史が月刊『平凡』に小説を連載した。その小説が完結したあと、大映が映画化した》が、《この企画はそごうデパートのキャンペーンを目的としたものであり、そのために清水はデパートの宣伝部長を勤めたことのある宮崎に、主題歌の作詞と原作小説の執筆を依頼した》という。

こうしたことが、なぜ『平凡』で可能になったのか。

《作家の領域にまでも踏みこむようなこうした方法は、既成出版ではなかなか出来にくいことにちがいない。『平凡』がそれに成功したのは、出版についてはまったくのアマチュアばかりの集まりだったことがさいわいしたようである。既成概念にとらわれず、ただ読者のことだけを考えた編集方針にもとづいて、作家に協力を依頼したことが実を結んだものであった》(同)

このアマチュアリズムが、従来の出版社にない新しい発想を生み出し、メディアミックスを成功させたのである。しかし、『平凡』の編集におけるアマチュアリズムは最初から自覚的な方法論としてあったわけではない。《それはむしろ、なんの知識も経験もない者たちが、大衆娯楽誌の世界にとびこみ、白紙の状態で走り回るしかないというせっぱつまったところにおかれての、必要にせまられての姿勢だったようである》(同)。

こうした姿勢が連載小説における作家との内容についての綿密な打ち合わせを生んだのであるが、送り手としてアマチュアであるため、『平凡』は受け手である読者の意見にも耳を傾けた。そのことに徹していたのは岩堀で、彼は〝読者とともに〟を信条とし、読者からの投書のハガキには全て眼を通した。

新井恵美子の『マガジンハウスを創った男　岩堀喜之助』によると、そのハガキの中に岡晴夫という名前を書いたものが目立つようになった。岡は昭和二十三年に出したレコード「憧れのハワイ航路」で一躍人気歌手になった。そして、二十三年十月、清水達夫が浅草の常盤座で岡晴夫ショーにであって感動し、彼の半自叙伝を掲載したが、その年の末、『平凡』は「花形歌手人気投票」を実施する。この反響がすさまじかった。

愛読者の投書でスター発掘

昭和二十三年末に『平凡』が実施した「花形歌手人気投票」の結果については、新井の著書で報告されている。ハガキによる応募総数は四十二万八千三百六十五通にのぼったが、これは『平凡』の発行部数が三十万部に届かない時の投票だった。『平凡』の編集部では《あまりの量の多さに集計が締切に間に合わず、タブロイド判の新聞を付録につけて、その投票結果を発表したほどだった》という。

一位は岡晴夫だった。《岡を一位にさせたくて『平凡』を買うことの出来ない者までハガキを書いたのだった。岡晴夫は美空ひばりが登場するまで一位の座を人にゆずることはなかった》と、新井は書いている。

さらに新井によれば、『平凡』は「映画スタア人気投票ベストテン」を開始し、これも三十六万人分のハガキが届き、男性一位は鶴田浩二、女性一位は津島恵子だった。歌手も映画スターも大御所は選ばれなかったが、これらの人気投票は、思いがけない反響を呼んだ。新井によると、「今まで『平凡』で歌手と映画スタアのナンバーワンを決定しましたが、今度は愛読者の中からミス平凡、ミスター平凡を作ってもらえないでしょうか」(『平凡』昭和二十六年九月号)という投書が寄せられたのである。新井は書いている。

《これを見て岩堀たちはうなった。編集部が逆立ちをしても思いつかないアイデアだったのだ。投書者は自分たちの中から新しいスタアを送り出したいというのだ。

雑誌『平凡』がスタア作りに参加するというのが、ミス平凡、ミスター平凡の発想だった》

岩堀たちは、この発想を生かすことにした。翌月、「大映創立十周年記念スタア探し、ミス・ニッポン、ミスター・ニッポン募集」に協賛して、「ミス平凡、ミスター平凡」を募集した。これには一万二千通の応募があり、第一回「ミス平凡」に田代百合子、『ミスター平凡』に吉井久夫が選ばれた。このことについて、新井は《雑誌『平凡』は「読む雑誌」から「見る雑誌」に変わっていったが、ここへ来て「する雑誌」になっていった。つまりスタアを作ってしまう雑誌になっていった》と指摘し、その後も「歌うミス平凡、歌うミスター平凡」などを募集し、これに入選してコロムビアローズ、都はるみ、神戸一郎、島倉千代子、青山和子らの歌手を生み出したと伝えている。こうして『平凡』はメディアミックスによる編集を強めていく。

読者組織をつくる

『平凡』がメディアミックスによって、これまでの雑誌にない新たな方法を実践したことについては、阪本博志『『平凡』の時代　1950年代の大衆娯楽雑誌と若者たち』(昭和堂)でも詳しく論じられている。この本は著者が京都大学で博士（文学）の学位を取得した論文に追加取材を行い、加筆修正したものだが、第二章「誕生から躍進期まで」に「平凡アワー」というラジオ番組を論じた節があり、こう指摘している。

《グラビアとラジオのつながりにおいて画期的であったのは、「平凡アワー」である。

これは、ラジオの民間放送開始と同時に一九五一年一一月一日に始まったラジオ番組である。「雑誌のグラビアを耳できく、編集の立体化を試み」た（清水）ものであり、局の変更、数度の番組名称変更を経て一九八四年一〇月まで続いた》

本書によれば、《一九五三年八月号からはグラビアの歌ページと「平凡アワー」との立体編集が行われた。ここでは、「歌のプレゼント　お好み歌謡曲」と題した頁に、流行歌の歌詞が歌手のポートレートや映画のスチール写真とともに掲載されている。その頁と対応する番組の放送日時も記載されている。これまでのように『平凡』と関わりのないラジオ番組を聴きながらグラビアの歌詞に目を向けるのではなく、グラビアに掲載された歌詞とラジオ番組とが直接リンクした》のである。

この番組を司会していた玉置宏は、阪本に対し、《グラビアと（略）ラジオの「平凡アワー」が連動して、それでグラビアの撮影のときに一緒に録音も録《と》って》きて、《それをまた音楽を入れたり編集し直して。で、「『平凡』何月号の何頁、橋蔵さんのグラビアをご覧ください。それを見ながら今日のラジオを聴いてください」。そうすると橋蔵さんの声が出てくるわけね、その撮影した場面での録音が。それがコンセプトだった》と語っている。『平凡』は昭和二十年代にラジオというメディアとも関わり、印刷媒体だけにとどまらぬコミュニケーションを行っていたのである。

そして、阪本の著書によると、昭和二十八年七月号で京都大学の学生だった西村和義が『平凡』の文通欄に投書したのがきっかけで、『平凡』の主要読者である勤労青年と大学生との文通が行われるようになった。また読者組織である「平凡友の会」も生まれ、送り手と受け手の交流も密接になっていった。

『ロマンス』の廃刊

大判化によって〝見る雑誌〟になった『平凡』の発展はめざましく、昭和二十八年一月号は「百万部突破記念特大号」として発行されるが、阪本博志の『「平凡」の時代』は、『平凡』の類似誌が登場したことも伝えている。『ラッキー』（国民社のちラッキー社、昭和二十二年創刊）、『東京』（東京出版、二十五年創刊）、『明星』（集英社、二十七年創刊）、『星座』（三幸社、二十七年創刊）などである。

このうち、『ラッキー』は『平凡』が大判化する以前の二十二年に創刊されており、むしろ『ロマンス』の類似誌と言ったほうがよいかもしれない。しかし『東京』『明星』『星座』は、阪本によると、《タイトルロゴ・サブタイトル・表紙デザイン・目次・内容ならびにそのレイアウト果ては黄色地に赤く印刷された背表紙までもが、『平凡』の影響のもとつくられたことを窺《うかが》うことができる》という。

阪本の言うように、三誌ともタイトルロゴやサブタイトルや表紙などが『平凡』とよく似ている。サブタイトルだけを紹介しておくと、『平凡』が「歌と映画の娯楽雑誌」であるのに対し、『東京』は

「映画・歌劇・読物の娯楽雑誌」、『明星』が「夢と希望の娯楽雑誌」、『星座』が「映画・歌謡・歌劇の娯楽雑誌」となっている。これらのうち、その後も発行され続けたのは『明星』だけである。

『明星』の編集長は、本郷保雄が務めた。本郷は戦前、『主婦之友』を百六十三万部の最高部数にし、戦後は独立して『ホーム』という女性雑誌を創刊したが、同誌が休刊して以後、集英社にスカウトされた。

本郷は栗田書店発行の『出版の常識』に収録された講演で、昭和二十六年の秋に秦豊吉演出のミュージカルを見てボードビルの面白さに魅《ひ》かれ、これからは《雑誌のボードビル編集だ。雑誌というものを一つの劇場にしてやろう》と考えるようになったと語っている。『明星』はその実践だというわけである。『明星』が成功したのは、『平凡』の部数が増えても、ハンガー・マーケット作戦をとり、書店が部数不足を嘆いていた時、『明星』が『平凡』に代わって書店の要望に応えたという側面もある。

そして、塩澤実信の『創刊号に賭けた十人の編集者』によると、『平凡』が範とした『ロマンス』は、発行元のロマンス社が二十五年七月に二億円の負債を抱えて解散し、ロマンス出版社とロマンス本社が発足して二つの『ロマンス』が発行された。しかし、ロマンス本社は消えてゆき、ロマンス出版社も東西南北社と改名した後、三十一年に解散した。

五章

花森安治と『暮しの手帖』

終身編集長・花森安治

昭和二十年に創刊され、二十八年には百万部の部数を発行するまでになった『平凡』について、その発展の推移をたどったが、同誌を創刊した凡人社はその後、平凡出版と社名を変え、さらにマガジンハウスという社名になった。社名の変更につれて、発行する雑誌も変化していったので、まだその後を追わねばならないのだが、それは週刊誌の登場以後に譲り、この章では『平凡』と同じく戦後に創刊され、今も着実に発行されている『暮しの手帖』をとりあげたい。

この雑誌は二十三年九月に創刊されたが、創刊の時から編集長が五十三年一月に亡くなるまで、三十年間、ずっと同じであった。その編集長とは、花森安治のことであるが、同じ人物が創刊の時から亡くなるまで編集長であったという例はあまりない。

花森は、『平凡』を創刊した岩堀喜之助と同じく、戦時中、大政翼賛会に勤めており、岩堀はその頃、宣伝の仕事にたずさわっていた花森の仕事ぶりに注目していた。戦後、岩堀とコンビを組む清水達夫は、翼賛会にいた頃、何も仕事をせず、そのことを岩堀は評価したが、花森は翼賛会時代、有能な仕事人間であった。

花森が戦後、『暮しの手帖』の編集長となったのは、彼が才能を発揮して独創的な雑誌を作ることを支えた人がいたからである。それは、『暮しの手帖』の創刊時から発行元である暮しの手帖社の社長を務め、今は社主となっている大橋鎮子《しずこ》である。

大橋と花森が知りあったのは戦後のことで、そのきっかけについては、『週刊読書人』に連載されている「活字シアター」が〈〝一銭五厘の旗〟と暮しを守った出版人の巻〉（執筆・矢来神三、平成十七年七月二十二日―十二月十六日号）で紹介している。それによると、大橋は父を早く亡くし、女手一つで三人の姉妹を育てた母を、長女として楽にしてやりたいと思い、戦時中から戦争が終わったら何をすべきかを考えていた。
彼女は、府立第六高女（現在の都立三田高校）を卒業して日本興業銀行に勤め、その後、日本女子大学に入学したものの病気でほとんど学校に行けず、十九年に出された学徒勤労令によって軍需工場に動員された。そんな体験をもつ大橋は、自分と同じく戦時下に青春を送った世代の人たちに喜んでもらい、商売にもなる仕事を戦後はしたいと思うようになった。そのことを相談に行き、花森を紹介してもらうのである。

花森色に染めあげて

大橋鎮子が相談に行ったのは、日本女子大を中退して勤めていた『日本読書新聞』の編集長、田所太郎である。敗戦間もなくのことだった。大橋が田所のところに相談に行くと、

《田所の返事は、花森が適任だから聞いてみろとのことだった。大政翼賛会が解散になり、いわば職を失った形の花森は、時おり、日本読書新聞に顔を出し、イラストを描いていたので大橋も顔なじみではあった。田所と花森は、旧制松江高校時代からの仲間だった。が、

「ええっ！　花森さんですか。むずかしい顔、わたし恐《こわ》いです」と、渋る大橋に田所は笑って言った。

「なあに、いまに好きになるから大丈夫だよ」》（「活字シアター」）

田所と花森は松江高校を卒業して東京帝国大学に入ってからも、「帝国大学新聞」の編集部で一緒

だったこともあり、田所は花森のことをよく知っていたので、そう言ったのである。そこで、大橋は田所のアドバイスに従うことにしたのだが、以後のことを大橋は出版クラブ主催の第99回出版今昔会(平成十二年十一月二十一日)で、こう語っている。

《私は早いほうがいいと思い、その日の帰りに「花森さん、ご相談したいことがあります。私は父が肺結核で、小学校五年のときに亡くなりました。その間、母は大変な苦労をし、北海道の家を売ったりして、女学校を出してくれました。私は母を幸せにしなければなりません。それには人に使われていたのではそれほどのお金は入りません。自分で出版社を始めたいのです。そのことを田所さんにお話ししたら、それは花森さんに相談しなさい、と言われました」と申しました。花森さんは少し驚いたような顔をしていましたが、「君は親孝行だなあ。それじゃ僕は、その気持ちに免じて仕事を手伝ってあげよう」とおっしゃってくださって、その大事な話はたった一分間で決まってしまったのです。

翌日、花森さんに呼ばれて帰りにニコライ堂の坂下の喫茶店に行きました。すると「一つ君に言っておきたいことがある。君はどんな雑誌をつくりたいのか。僕は二度と日本に戦争が起こらないようにする、そういう内容のものをつくっていきたいが」とおっしゃるのです。私は「花森さんのおっしゃる通りにいたします」と答えました》(大橋鎮子「『暮しの手帖』発行とその前後の出版業界」『出版クラブだより』四三八号)

こうして大橋と花森は意気投合し、衣裳研究所という出版社を作り、スタイルブックを発行することにした。二人は、次のような考えを持っていたからである。

《深刻な物不足のなか、女性たちが手持ちの洋服、着物をどう再利用したらいいか、大橋はその方法のあれこれを考案して、新時代にふさわしい装いを提案する雑誌を出してみたいと考えていた。

東大で美学を学び、卒論に「衣粧の美学的考察」を書いた花森にとってもファッション誌創刊は願ったり適《かな》ったりだった。既に「帝国大学新聞」の編集で非凡な才を見せていたし、当時手伝っていた伊東胡蝶園（パピリオ）の宣伝部では、洋画家の佐野繁次郎と並んで個性的な宣伝広告方法を磨いていた》（「活字シアター」）

大橋は花森に対し、「編集長として一冊丸ごと花森色に染め上げた雑誌を作って下さい」と言った。こうして、具体的に活動が始まったが、事務所も発行資金もなかった。ところが、花森は大橋に事務所の条件について注文をつけた。

ハサミダコができた

『スタイルブック』

花森が大橋に注文をつけた事務所の条件とは《日本全国が相手なら、事務所は銀座に置いたほうがいい》（「活字シアター」）というものだった。このことについては、酒井寛『花森安治の仕事』（朝日新聞社）でも、「ファッションの仕事をやるなら事務所は銀座だ」と、花森が言ったと書かれている。事務所探しには、大橋鎮子の妹の晴子があたり、焼け残りのビルを探して歩き、やっと新橋寄りの八丁目に三階建てのビルの二室を借りることができた。

この事務所に集まったのは、花森、大橋のほかに大橋の妹である晴子、芳子、それに横山啓一の五人だった。事務所には、事務机のほかに花森が大政翼賛会時代にポスター制作などで出入りしていた報道技術研究会から製図や裁断のできる大きな仕事机を譲りうけて持ち込んだ。その机は何度か塗りかえて、花森が亡くなるまで使われた（『花森安治の仕事』）。

こうして事務所を構えることのできた大橋と花森は敗戦の年が明けると、新雑誌創刊に動き始めた。社長が大橋で、編集長が花森という役割分担はその時からで、《編集長の花森はデザインもスタイル画も表紙の画も、そして文章の執筆、割付、校正まで全てを自分で手がけた。他人任せにしたくないというより、新雑誌それ自体が花森の作品そのものだったからに他ならない。後に、『暮しの手帖』全盛期には数十人にも膨れ上がる編集スタッフを抱えるようになっても、花森の姿勢は変わらなかった》（「活字シアター」）

『スタイルブック』の第一号は、昭和二十一年五月三十一日に発行された。花森が、まず新聞広告を出そうと提案したので、広告料は大橋が捻出し、当時二頁しかなかった新聞紙面の第一面の下に、小さくこんな広告が掲載された（同）

《たとへ一枚の新しい生地がなくても、もつとあなたは美しくなれる／スタイルブック》《定価十二円　送料五〇銭／少ししか作れません　前金予約で確保下さい》

この広告が出ると、衣裳研究所のあるビルの前には予約読者の長い行列ができ、その翌日から連日のように郵便為替が届き始め、開封作業に追われて全員、ハサミダコができた。

「美しさ」へのこだわり

衣裳研究所発行の『スタイルブック』創刊号は大成功だった。しかし、翌昭和二十二年十月に発行した『働くひとのスタイルブック』は、全然売れなかった。そのうち類似誌も続出し、『スタイルブック』の売れ行きが落ちてきたので、暮らし全般を扱う総合誌である『美しい暮しの手帖』を発行することにした。

『スタイルブック』では、全一八頁の誌面に四種のデザインを紹介し、洋裁を知らない人にも作りやすい「直線裁ち」によってきもの地で洋服を作るという提案をしたり、いかにも花森らしい内容であった。花森は洋裁の実技体験はなかったので、主婦之友社の『洋裁全書』で猛勉強した（『花森安治の仕事』）。そのため、第一号は大当たりしたが、「働く人こそ美しくなる権利がある」というスローガンを掲げて発行した『働くひとのスタイルブック』は売れなかった。そこで、衣食住全般を扱う『美しい暮しの手帖』の創刊へと路線を転換した。大橋たちは、本当は最初から「衣食住の雑誌」をやりたいと思っていたのだが、敗戦直後は食も住も材料がなかったので、衣だけの雑誌を出したという事情があった（同）

だから、衣食住の総合誌を出すのは、本来考えていたことの実行であった。題名に「美しい」という言葉を添えたのは、創刊号に掲載された花森執筆の「自分で作れるアクセサリィ」という記事の中に「美しいものは、いつの世でもお金やヒマとは関係ない」という言葉があり、「美しい」ことへのこだわりがあったからである。それと共に、「暮し」を大切にするという気持ちで題名に用いた言葉が取次会社から「暮し」の文字と響きが暗いので誌名を変更してほしいという要望があったことに対するレジスタンスでもあった。

B5判の判型で本文九六頁、定価は百十円だった。表紙の裏側に《これは　あなたの手帖です／いろいろのことが　ここには書きつけてある》という言葉にはじまるメッセージを掲げたが、これは今でも表紙裏に掲載されている。創刊号には花森のイラストによる「左右同じ（シンメトリィ）でないデザイン」「自分で作れるアクセサリィ」のほか、グラビアに「型紙なしで作れる直線裁ちのデザイン」が発表されているが、直線裁ちのデザインは大橋が裁断し、モデルも兼任した（「活字シアター」）

実用記事のほかには、川端康成をはじめとする著名人のエッセイも掲載されているが、この雑誌は、いきなり厳しい現実に直面する。

リュックの販売旅行

花森と大橋が直面した厳しい現実とは、発行部数一万部で出発したのに、取次会社は五千部しか引き受けてくれなかったことである。その時のことを、『週刊朝日』昭和三十一年三月十一日号の「私たちの雑誌評『暮しの手帖』論」が伝えている。実は、この記事は三十一年に『暮しの手帖』（二十八年十二月発行の二十二号からこの題名になる）が菊池寛賞を受賞したのを祝って特集したものだが、この記事によると、初期の『暮しの手帖』に対し取次会社の対応は冷たかった。

《整理戸ダナが描いてある表紙を指さして、

「婦人雑誌は、女の顔がなければ、絶対にダメです」という。

「暮しの手帖なんて名前もヘンだ。第一、暗い」といい顔をしないのである。しかし、雑誌は売らないわけにはいかない。リュックサックの販売旅行が始まる》

当時、暮しの手帖社の編集室は、あまりに狭いので誰言うともなくソ連の捕虜収容所であるラーゲルにたとえていたが、〝ラーゲル〟を出発する時は、こんなぐあいであった。

《四坪の〝ラーゲル〟に大きな関東地方の地図がはられた。リュックサックに雑誌をぎっしりつめて、いよいよ鉄道の線路別に出動である。

出発は朝一番か二番の列車。花森は、電車に乗って杉並、阿佐ケ谷の中央線方面に。大橋鎮子、芳子の姉妹は、東海道本線に。横山氏と結婚した晴子さんは、山梨県に。千葉のほうには、清水洋子さん、渋谷には中野家子さん。

こんなふうに、みんな行き当りバッタリ、本屋をみつけては「暮しの手帖」を置いてくれるように頼むのである》(同)

『暮しの手帖』創刊号

清水洋子、中野家子は大橋の友人で、途中から社員となったので、総勢のスタッフは七人となっていた。彼らは《駅の一時預り所にリュックをあずけ、一冊だけ持って本屋に行き、置いてくれるように懇願する。大船、藤沢、辻堂と一駅ずつ降りながらそうやって、夜八時ごろまで行くのである》(同)が、「こんな雑誌は売れないよ」「置く場所がねえ、ないんでね」と冷たい返事も多かった。《リュックが半分も軽くならず、十時ごろポロポロ涙をこぼしながら帰ってくると、みんながイモをふかして待っていた》(同)。このように、売ることに力を入れたのは、『暮しの手帖』にはほかの雑誌にない特殊な事情があったからでもある。

広告無掲載で「商品テスト」

『暮しの手帖』が売ることに力を注がねばならなかったのは、この雑誌には広告が載っていなかったからである。雑誌は読者に買ってもらうことによって得られる購読料の収入以外に、広告を掲載して得られる広告料の収入がある。大部数の雑誌では広告料の収入が購読料の収入を上まわるようなこともある。ところが、『暮しの手帖』には創刊以来、広告は掲載されていない。これについて、花森安治は、このように理由を述べたことがある。

《ときどき、暮しの手帖に広告をのせないわけを聞かれる。

理由は二つある。

一つは、編集者として、表紙から裏表紙まで全部の頁を、じぶんの手の中に握っていたいからである。ほかの雑誌をみていると、せっかく編集者が苦労をした企画も原稿も写真も、無遠慮にズカズカと土足でふみこんでくる広告のために、台なしになってしまっている。あんなことには耐えられないからである。

もう一つは、広告をのせることで、スポンサーの圧力がかかる。それは絶対に困るからである》

これは、花森の著書『一戔五厘の旗』(暮しの手帖社)に収められた「商品テスト入門」という文章の一節である。この文章に『暮しの手帖』がなぜ広告を載せないかという理由が明らかにされている。それとともに、第二の理由は、『暮しの手帖』が社会的に大きな影響力を発揮することになる「商品テスト」を可能にしたものが何であったかという事情と関わるが、「商品テスト」については節を改めて紹介したい。

『暮しの手帖』は、ここに花森が述べていることを今も実行し、平成十六年六月に大橋鎮子を継いで二代目社長となった横山泰子も「広告無掲載のまま『暮しの手帖』を継続して発行する」と宣言した（「活字シアター」）

しかし、「広告無掲載」を実行するためには、雑誌が売れなければならない。『暮しの手帖』は、創刊されて五号目で、売れる企画を実現した。昭和二十四年のことである。この年十月に発行された第五号の本文頁の巻頭に掲載された「やりくりの記」という随筆は、『暮しの手帖』にとっては、救世主的な役割を果たした。

皇室発の「特ダネ」をモノにする

『暮しの手帖』第五号の本文頁巻頭に掲載された「やりくりの記」という随筆が、なぜ救世主的な役割を果たしたのか。それは、この随筆の筆者名が東《ひがしく》久邇《に》成子《しげこ》となっていたからである。随筆の末尾につけられた紹介文に「筆者は　天皇陛下第一皇女、かつての照宮さま、現在東久邇盛厚《もりひろ》氏夫人」とあるように、昭和天皇の第一皇女が書いた随筆が「やりくりの記」であった。

この随筆が掲載されるまで、『暮しの手帖』は、社員が販売に努力しても、《取次、書店の反応は芳しくなく、二号、三号と赤字が続いた》（「活字シアター」）。その状態から脱することができたのは、「やりくりの記」のおかげであった。それは、この随筆が新聞で言う「特ダネ」であったからだ。《特ダネは編集長の花森安治の発案で大橋が手紙を書き、再三にわたって東久邇邸を訪れた末の果実だった》（同）が、その果実が得られるまでの経緯は、こんなぐあいであった。

《大橋さんは東久邇成子さんに、原稿依頼の手紙を書き、数日後に

「お目にかからせて頂きたい」

と電話した。

「どうぞ、いらっしゃい」

という御返事に、大橋さんは港区鳥居坂の焼跡のお住居に成子さんをたずねた。

成子さんは、かつての照宮様で、東久邇盛厚氏の夫人である。当時五つと四つのお子様がおありになり、乏しい配給生活を送っておられた。

「文など書いたことがありませんから、随筆なんてできませんわ」

とおっしゃる成子さんに、大橋さんは、

「でも、学習院にいらした時、つづり方をお書きになられたでしょう。私ども以上に苦しい御生活をそのまま、お書きになられるのは、宮様の義務だと思いますわ」

はじめて成子さんは、ほほ笑まれ、

「書いてみましょうか」

とおっしゃった》（「私たちの雑誌評『暮しの手帖』論」『週刊朝日』）

このように、昭和天皇の第一皇女の随筆執筆依頼は行われた。しかし、原稿が『暮しの手帖』に掲載されるまでには、幾つもの難関を越えねばならなかった。その経緯を大橋が語っている。

《そして約束の日におうかがいすると、まだ書けていない、次も、また次の時も原稿はいただけませんでした。私が「何とかお書きになってください」と頼んでようやく原稿をいただけた時、天にも昇らん気持ちで銀座の事務所まですっ飛んで帰ると、花森さんがそれを見て「なんだ、こんなつまらないもの。書き直してもらえ！」と言うのです。私はそのとき、花森さんを「鬼」と思いました。けれど確かに、あまり面白い内容のものではなかったのです。でも、あっというものをお書きいただくこと自体が難しいと思ったのですが、とにかくもう一回行こうと決めました。ただ、何と言ったらいいのかといろいろ考えて、「原稿の枚数を間違えていました。五枚ではなく、十枚でした。」と申し上げました。

私はその頃何回もうかがうので、照宮様のお子さんたちと仲良くなっていました。四つん這いになると「お馬が来た。ハイドウ、ハイドウ」と背中にお乗りになったり、買ってきたお菓子を差し上げると喜んでいただけました。もう一回、書いていただいたものと二本を花森さんが一本につくり直し、お写真も撮らせていただいて、忘れもしない『暮しの手帖』五号のトップに「東久邇成子さんのやりくりの記」という題にして出したのです》（「『暮しの手帖』発行とその前後の出版業界」）

その掲載にあたって『暮しの手帖』は「自ら筆を執って雑誌に寄稿されたのは、皇室御一家の中今回の照宮さまが初めて！」と広告した。

花森安治の仕事「商品テスト」

「やりくりの記」は、こう書き出されていた。

《日本は変つた。私たちもこれまでの生活を切り替へやうと此《こ》の焼跡の鳥居坂に帰つて来た。やりくりの暮しがはじまつたのである。ここは居間の方が全部焼けて、ただ玄関と応接間だけが残つたので、これを修理して、やつと、どうにか住めるやうにしたのだ》

このように、「やりくりの記」は題名通り、皇室の出身でありながら、戦後は庶民と同じように「やりくり」生活を強いられることになった様子を率直に告白している。

そこで花森は日本全国の電車に広告を出すことにした。この時のことを、大橋は《まだ世の中で電車の中吊り広告などあまりやっていないときに、白地の真ん中に、真っ赤に、四角く色を敷き、その上に黒い字で「天皇陛下第一皇女・東久邇成子さんのやりくりの記」と出したわけです》（『暮しの手帖』発行とその前後の出版界」）と語っている。この広告も寄与し、三頁弱の随筆は皇室出身者が自ら筆を執ったということで、読者の関心を集め、掲載号は完売となった。

それまでの部数は、二号が一万二千部、三号は一万五千部と増加してはいたが、五号は車内吊りの広告を出し、マスコミでも話題となったため、《以後、雑誌の売れゆきは、上げ潮に乗った》（酒井寛『花森安治の仕事』）。七号は七万部に達した（「私たちの雑誌評『暮しの手帖』論」『週刊朝日』）が、「やりくりの記」が掲載されるまでは、《花森は、この原稿が取れなければ、暮しの手帖はこの号でつぶれる、そのかわり、これが取れれば、暮しの手帖は永久に安泰だ、どうしても取れ、と大橋をおどかした》（『花森安治の仕事』）という。

花森の予測は当たった。「私たちの雑誌評『暮しの手帖』論」によると、発行部数は十三号が七万五千、十八号が九万五千、二十号が十二万、三十年五月発行の二十九号が十九万五千、七月発行の三十号が二十一万、三十一年発行の三十三号が三十一万部となった。この伸びを促進した要因としては、三十号から本文頁を上質紙にしたことや、書店に卸す正味の値段を定価の八割一分から七割八分に引き下げたことなどもあるが、「日用品をテストした報告」という記事が注目されたことも部数増に寄与した。そのことを《三十一号の「しょう油をテストする」では、推賞されたある〝しょう油〟が十円値下げしたほど》（同）であると伝えている。

この「日用品のテスト報告」は昭和二十九年の二十六号から始まり、《毎号ひとつずつ、ソックス、マッチ、鉛筆、アイロン、安全カミソリ、しょうゆ、電球、てんぷら油……と文字どおり、身近な暮らしの必需品を取り上げた》（『花森安治の仕事』）が、この記事はやがて「商品テスト」と呼ばれるようになる。

生産者によいものをつくらせる

「商品テスト」はメーカーや消費者に大きな影響力を与えるようになり、『暮しの手帖』の部数増にも寄与した。この記事の掲載が可能になったのは、『暮しの手帖』が創刊以来、広告を載せていなかったからである。花森は《『暮しの手帖』を出版するのは手段である。目的は、苦しいいまの暮しを少しでも、なんとかしようということだ》（「私たちの雑誌評『暮しの手帖』論」『週刊朝日』）という思いを胸に「商品テスト」を行った。

石油ストーブは昭和三十五年と三十七年、四十三年と三回、テストをした。第一回ではイギリスのアラジンのブルーフレームという製品を評価し、国産品はどれもお話にならないと切り捨てた。二回目では、国産品のなかにも、まあ、まあというものが一、二現れ、三回目のテストでは、性能の点でもアラジンと遜色《そんしょく》ないものが国産品でも現れた。

このことを報告した「商品テスト入門」という文章（『一戔五厘の旗』所収）で、花森は、《〈商品テスト〉は、消費者のためにあるのではない》《生産者のためのものである。生産者に、いいものだけを作ってもらうための、もっとも有効な方法なのである》と指摘し、石油ストーブの《三回の商品テストがなかったら、はたして日本の石油ストーブが、これだけよくなっただろうか》と書いている。そして、花森は、「商品テスト」の意図と戦略について、別の文章でも述べている。

《独断に聞こえるかも知れませんが、ぼくは、権威に対してのチェックが民間にない社会は不健全な社会であると常に考えています。ソ連であろうと、中共であろうと、民間にチェックの機関をもたなければ、長い間には社会がまずいことになる。だから民間に批評というものがなくてはいけない。ぼくらはそれを商品批評という形で始めているが、その他の点でもこの姿勢は崩すまいと思っている。この姿勢はぼくらが死んでも続くだろうし、常に反権威の立場ですから、相手が強くなれば、どの勢力にも弾圧される可能性があるわけです。現在は資本の圧力が現実にのしかかって来ています。

商品テストは一般には『暮しの手帖』の本命のように考えられています。ぼくらとしては、それですべてを語られるのも不本意ですが、しかしぼくらの姿勢がここにいちばんハッキリ出ていることは否定できません。ぼくらの考えの中に商品批評が生まれて来た経緯はいまいったとおりですが、実際に商品テストという形でそれを始めて見ていろいろなことがわかりました。

「花森安治はなんでも計算して、行動するやつだ」という人がいる。そうかもしれません。たとえば商品批評をやるにしても、雑誌に力がなくては意味がない。同人雑誌のようなものがいくら商品テストをやって見たところで、大企業には痛くも痒くもないわけで、『暮しの手帖』の発行部数が三十万部になってから商品批評をはじめようというのがメドでした。三十万というのは別に意味のある数字ではなく、この程度になればいくらか力を持つことができるだろう。さらに、部数が増せばチクリとやることもできるだろうと考えたわけです。昭和二十九年九月号から商品テストを始めました》

(「味噌汁と民主主義」『中央公論』昭和四十年九月号)

こうした戦略によって、『暮しの手帖』は生産者に良い製品を作らせるようにしたのだが、花森は、さらに我々の暮らしを守るためには、平和と民主主義を主張し、政府や企業に対する批判を行うべきであることを述べた「見よぼくら一戔五厘の旗」という長編詩を昭和四十五年十月発行の『暮しの手帖』第二世紀八号に掲載した。この詩は、戦時中、軍曹から「兵隊は　一戔五厘の葉書で　いくらでも召集できる」と言われた花森の屈辱感が書かせたものであったが、次のように結ばれている。

《今度こそ　ぼくらは言う
困まることを　困まるとはっきり言う
葉書だ　七円だ
ぼくらの代りは　一戔五厘のハガキで
来るのだそうだ

よろしい　一戔五厘が今は七円だ
七円のハガキに　困まることをはっきり
書いて出す　何通でも　じぶんの言葉で
はっきり書く
お仕着せの言葉を　口うつしにくり返し
て　ゾロゾロ歩くのは　もうけっこう
ぼくらは　下手でも　まずい字でも
じぶんの言葉で　困まります　やめて下
さい　とはっきり書く
七円のハガキに　何通でも書く

ぼくらは　ぼくらの旗を立てる
ぼくらの旗は　借りてきた旗ではない
ぼくらの旗のいろは
赤ではない　黒ではない　もちろん
白ではない　黄でも緑でも青でもない
ぼくらの旗は　こじき旗だ
ぼろ布端《はぎれ》をつなぎ合せた　暮しの旗だ

ぼくらが　家ごとに　その旗を　物干し
台や屋根に立てる
見よ
世界ではじめての　ぼくら庶民の旗だ
ぼくら　こんどは後へひかない》（『一戔五厘の旗』所収）

この一冊をのこしてほしい

花森はこの詩を発表する二年前の四十三年八月、『暮しの手帖』九十六号で全誌面をあげて「戦争中の暮しの記録」を特集した。特集には、読者からの応募原稿千七百三十六編の中から選んだ原稿が掲載され、花森は特集に収めた「この日の後に生まれてくる人に」と題する文章で、読者にこう呼びかけた。

《戦争の経過や、それを指導した人たちや、大きな戦闘については、ずいぶん昔のことでも、くわしく正確な記録が残されている。しかし、その戦争のあいだ、ただ黙々と歯をくいしばって生きてきた人たちが、なにに苦しみ、なにを食べ、なにを着、どんなふうに暮してきたか、どんなふうに死んでいったか、どんなふうに生きのびてきたか、それについての、具体的なことは、どの時代の、どこの戦争でもほとんど、残されていない。

その数すくない記録がここにある。

いま、君は、この一冊を、どの時代の、どこで読もうとしているのか、それはわからない。君が、この一冊を、どんな気持で読むだろうか、それもわからない。
しかし、君がなんとおもおうと、これが戦争なのだ。それを君に知ってもらいたくて、この貧しい一冊を、のこしてゆく。
できることなら、君もまた、君の後に生まれる者のために、そのまた後に生まれる者のために、この一冊を、たとえどんなにぼろぼろになっても、のこしておいてほしい。これが、この戦争を生きてきた者の一人としての、切なる願いである。編集者》（『戦争中の暮しの記録』）
そして、花森の著書『一戔五厘の旗』が四十六年十月に刊行され、読売文学賞を受賞する。この時の受賞者の中には花森の好きな井伏鱒二もいた。そのため、花森が自分で作った新聞広告のコピーには、こんな言葉があった。
《お礼申し上げます。うれしくて仕方ありません。人並以上にうぬぼれのつよいぼくですが、こんなにいろいろ身にすぎた評判をいただき、かたがた安くもない本をみなさん買って読んでくださる、まさかここまでとは思いもよりませんでした。身にすぎたことでした》（『花森安治の仕事』）
自著の『一戔五厘の旗』が読売文学賞を受賞したことを率直に喜んだ花森だが、その一方で、厳しい言葉を、『暮しの手帖』の編集会議で語っている。その言葉は、録音テープに残されていたが、酒井寛の『花森安治の仕事』で再現されている。録音の日時はわからないが、ときになるように「ペンと剣」について語っている。
《……もうちょっと、文章をじょうずになれということだ。ジャーナリストは、言葉を軽蔑しておったんでは仕事にならんぞ。自衛隊はどんどん訓練しとるわ。武器の使い方から、人間の動かし方から。われわれは、なにを訓練しておるんだ。

われわれの武器は、文字だよ、言葉だよ、文章だよ。それについて、われわれはどれだけ訓練しているか。それで言葉はむなしい。文章は力のまえによわい。なんて平気で言うんだ。ぼくは、そう思わんよ。

ぼくはやはり、ペンは剣に勝つと思うんだ。思っているだけじゃ、だめだ。剣が訓練している何倍も、ペンもトレーニングしなくちゃ、だめなんだ。

世間がぜんぶ、もはやペンは無力であると言っても、ぼくはジャーナリストだから、それを信じないんだ。一生かかって剣に勝つことができなくても、ぼくはやはり、剣よりペンを信じるんだ（後略）》

手を振って去ったあとに

花森は、昭和五十三年一月十四日午前一時半、東京都港区南麻布の自宅で、心筋梗塞のため亡くなった。行年六十六だった。亡くなる前の日、花森が会社を休んだので、大橋と中野家子が、ばらずしを持って花森の自宅へ行き、《あがらずに玄関で帰ろうとしたとき、奥からパジャマ姿の花森が顔を出して、ありがとうと言い、ドアをしめるふたりに、めずらしく手をあげて振った》（『花森安治の仕事』）が、それから数時間後、花森は亡くなった。

『花森安治の仕事』によると、花森は戦時中、大政翼賛会にいた時のことについては、晩年に至るまで、まったく沈黙していた。しかし、『一戔五厘の旗』が出版され、『週刊朝日』が「花森安治における一戔五厘の精神」という記事にした時、同誌編集部の平栗清司が大政翼賛会時代と「一戔五厘」のつながりについて聞くと、次のように答えた。

《ボクは、たしかに戦争犯罪をおかした。言い訳をさせてもらうなら、当時は何も知らなかった、だまされた。しかしそんなことで免罪されるとは思わない。これからは絶対だまされない。だまされない人をふやしていく。その決意と使命感に免じて、過去の罪はせめて執行猶予にしてもらっている、と思っている》

この思いが、編集会議で厳しい「ペンと剣」論を語らせることになったのであろう。

花森が亡くなって三十年経った暮しの手帖社について、現在の同誌の編集長である松浦弥太郎を紹介する記事が、次のように伝えている。

《月曜朝9時半。毎週恒例の朝礼が「暮しの手帖社」で始まる。西新宿の超高層ビル街に隣接する昭和の住宅地。三階建ての社屋の中にあるキッチンスタジオに一同が集まる光景は、雑誌「暮しの手帖」が体現する、古き良き山の手家族そのままに見える。

カリスマ編集長、故・花森安治により一九四八年に創刊された同誌は、戦後、商業誌が次々と花開いた時代に、広告を取らない独自の方針で、売り上げ100万部を誇る「昭和のアイコン」に上り詰めた。だが、時代の変化につれ、その際立った名声には翳《かげ》りが射《さ》している。朝礼の席で社長の横山泰《やす》子《こ》がみなを前に述べる実情は、決して明るいものではない。

「雑誌を取り巻く状況は厳しいものがあります。『暮しの手帖』も例外ではありません。過去への賛辞と現状のギャップをどう埋めていくか。それを考えていくことが引き続きの課題です……」

二〇〇六年、閉塞《へいそく》を打ち破るべく、松浦弥太郎が外部から編集長に起用された。中目黒にある古書店「ＣＯＷ　ＢＯＯＫＳ（カウブックス）」の店主にして、フリーペーパーやライフスタイル誌に洒脱《しゃだつ》なエッセイを書く文筆家。近年、東京のストリート・カルチャーを牽引《けんいん》してきたのが、この松浦だ》（清野由美「現代の肖像　個人の自由と自立目指す路上の知性」『ＡＥＲＡ』二〇〇九年二月九日号）

花森亡き後、大橋鎮子らによって編集されてきた『暮しの手帖』の編集長に松浦がなぜ起用されたのか。この記事は、その事情をこう明かしている。

《「暮しの手帖」編集長を打診される前、松浦は同誌の初期バックナンバーに千円の値を付けて、カウブックスのヒット商品に仕立てたことがある。古雑誌は一律1冊百円という古書商売の相場に反した値付けだったが、それは「内容を考えれば当然の評価」だった。

その思い入れのある雑誌が、近年は魅力を失っていた。

「雑誌が持つ人格やメッセージ。そういう大事な部分が薄れて、機械的に編集されている感じ。時代遅れで、なんて面白くないんだろう、と」

穏やかな言い方だが、対象への処し方は容赦がない。二〇〇六年に世田谷文学館で催された「花森安治と『暮しの手帖』展」のトークイベントに招かれた時も、正直にその感想を口にした。前列で聞いていた八十五歳（当時）の創業者、大橋鎮子が途中で席を立ってしまったので、怒らせたかと思っていたら、後日、「あなたの言うことはもっともだ」と、編集長就任の依頼があった。

不況は決して松浦を味方しない。「暮しの手帖」は最盛期の百万部から十六万五千部に部数を落としたまま。カウブックスにしても、三人の正社員を抱えて1日十万円、月にして二百万円が最大の売り上げだ。しかし、表面の数字に表れないところにこそ自分の役割があると、意を決している》(同)

同じ記事によると、松浦は、『暮しの手帖』も《返本率の縮小に照準を合わせた》、具体策として表紙イラストの変更や沢木耕太郎の連載打切りなどを行った。これに対しては、《オールドファンから抗議の手紙が殺到したが、それまで手付かずだった二十代、三十代の読者層が新たに付いた》。そして《最近は、抗議を寄越（よこ）したファンからも「面白い」という手紙が届くようになった》ので、《読者が若返れば、継続の可能性は格段に高まる》し、そのことによって、『暮しの手帖』は、《広告掲載なしという、今の時代にいちばん困難なアイデンティティを保っている》と、この記事の筆者は、指摘している。たしかに『暮しの手帖』が創刊以来つらぬいてきた広告無掲載という方針は厳しい課題だが、その一方であまりにも広告媒体化し過ぎたために経済不況の影響を受けやすくなり消えてゆく雑誌が多いなかにあっては、かえってこれは貴重な生き残り策と言えるのかもしれない。

六章

『週刊朝日』と扇谷正造

小用にさえ立たなければ

これまでたどってきた総合雑誌、大衆雑誌、暮しの雑誌などの興亡は、まさに戦後という時代の出版史を象徴していたが、戦後雑誌の興亡として、次に紹介しなければならないのは週刊誌である。その興亡は、次のようなシーンから始まる。

『週刊朝日』の名編集長であり、戦後における週刊誌ブームの火つけ役となった扇谷正造は、奇妙な体験を持っている。それは、もしもあのとき、小用に立たなかったらば、と思える体験をしていることである。昭和二十二年夏のことであった。当時、朝日新聞本紙の整理部次長だった扇谷は、編集局長の高野信から『週刊朝日』の編集部に行ってくれないか、と言われた。しかし、扇谷は戦前、社会部記者として朝日新聞に入社したため、記者以外の仕事は眼中になく、『週刊朝日』編集部のある出版局などに行く気は全然なかった。

そのため、もし出版局に行かされるなら、朝日新聞社を辞めようとまで考えた。ところが、編集局次長の岡一郎も、しきりに扇谷を口説く。編集局長と局次長に出版局行きをすすめられた扇谷は、「ちょっと考えさせて下さい」と言ってトイレに立った。扇谷が小用を果たしていると、隣に並んだ男が「どうだね、扇谷君、決心つきましたか?」と声をかけた。

見ると、出版局長の嘉治隆一であった。とたんに、尿が出なくなった。仕方がないので、扇谷は「ハイ、つきました」と答えてしまった。すると、ふたたび尿意が甦《よみがえ》ったが、扇谷は「しまった!」と思った。しかし、もう遅い。扇谷は、『週刊朝日』の副編集長に就任することになった。

この時のことは、扇谷自身が自著の『現代ジャーナリズム入門』(角川文庫)で書いているが、扇谷が嘉治と一緒に小用を果たすことによって副編集長になった時の『週刊朝日』の部数は十万部で、返品が二割五分、頁数は二二頁、表紙は二色刷り、定価が五円だった。

『週刊朝日』は大正十一年二月に、『旬刊朝日』という題名で創刊され、同じ年の四月に毎日新聞社が『サンデー毎日』を創刊することになり、『旬刊朝日』も『週刊朝日』となった。

当時は両誌ともタブロイド判の大判で、欧米の新聞における日曜版のような内容を目指した。しかし、それではあまり売れず、すぐに小説を掲載するようになった。太平洋戦争中は〝時局総合誌〟となり、『週刊朝日』は三十五万部を発行していたので、副編集長に就任した扇谷は出版局次長(業務担当)の山川武祐から「何とか三十五万にして下さい」と言われた。そのためには、どうすればよいのか。扇谷は社の先輩に相談することにした。その相談によって得られた回答を紹介する前に、日本の週刊誌のルーツについてふれておこう。

週刊誌の祖『サンデー』と『週』

現在発行されている週刊誌で最も古い歴史を持っているのは、『週刊朝日』と『サンデー毎日』だが、これら二誌よりも早く創刊された週刊誌がある。朝日新聞社編『週刊誌のすべて』(国際商業出版)が、『週刊朝日』や『サンデー毎日』よりも早く創刊された二つの週刊誌を紹介している。

《「サンデー」という総合週刊誌があった。

あまり聞いたことがない、という人が多いのも当然で、明治四十一年十一月の創刊。発行所は東京市京橋区元数寄屋町三　太平洋通信社となっている。タブロイド二十ページ。表紙は三色刷りの美人画で、一部十二銭ナリ。明治時代の新聞雑誌を集めた都内のある文庫に、納められている。

「社会の進歩につれて新聞の進歩も顕著なり、され共唯惜しむ可きの一事は（中略）、多くは片片の記事を列《つら》ねて、その間の秩序統一を欠き、為に読者をして大勢に通ぜざらしむるに至る、我儕《われら》週報の発刊は聊《いささ》か以って此欠陥を補遺せむとの趣旨に出ず（後略）」

——と、発刊の辞には気宇壮大な文字がつづく。

第一号の「国家を賊する横浜正金」は、同銀行が国家の保護を受けながら私利をはかるに汲々としている、という趣旨のルポ風のもの。

第三号の「虚栄の権化愛国婦人会の醜態」では、貴婦人たちが莫大な金を浪費している、と攻撃している。

連載「夜叉美人、露国探偵実譚」は実話ものだ。

「露都を東京、町名、人名をも日本風に改めたのは読者の記憶に便ならしむる為である」とある。週刊新潮の連載「黒い報告書」が「最近の事件を素材にした創作です」と小さく断わっているのを連想される。

新聞評判記もあり、当時の各紙について寸評を下している。

第五号から東京日日の主筆だった朝比奈知泉が社説を書き始める。社説、時事評論は別にして、堂々たる「発刊の辞」とはやや裏腹に、どの号も後半のページはかなり軟らかい。新橋芸者の写真集があったり、ムーランルージュなどを紹介した「百鬼夜行巴里の夜」には「添寝の値は七八十円だといふ」などとある。

文芸では、相馬御風の随筆、与謝野晶子の詩、小栗風葉の小説「男」などが見える。暴露記事、実話風読み物、セックス、新聞評と現在の週刊誌の「型」がすでにほとんどでき上がっているのに閲覧者は驚く。この週刊誌は、大正四年九月五日の二百六十六号までが確認されている》

続いて紹介されているのは――

《大正六年創刊の「週」という週刊誌。二年前、東京・世田谷のある人が秘蔵していることがわかり、日本近代文学館のマイクロフィルムに収められた。

一種のクォリティーマガジンである。「サンデー」のような軟派性はない。創刊号のなかみは▽社説「露西亜を憂ふ」「所謂支那出兵」「学制問題の解決」ほか四編▽諷刺画　樺島勝一のペン画（ケレンスキー首相とコルニロフ将軍の内紛が題材）▽寄書（寄稿）「好劇家の一人として」（法学博士松波仁一郎）ほか三編▽短歌「寝覚」（若山牧水）▽短編小説「銀盤」（田山花袋）▽文芸思潮▽軍事小説「独逸来襲夢物語」……と続く。

「独逸来襲夢物語」は、最近の週刊誌の「もしどこかの国が攻めてきたら」式の記事を思い出させる。

寄稿者には尾崎行雄、荻原井泉水、徳田秋声、正宗白鳥、小山内薫、谷崎潤一郎らの名が見える。目次の頭に記された編集顧問沢柳政太郎は、慶応元年松本に生まれ、文部次官、東北、京都両帝大総長を歴任した人である。

沢柳氏のお孫さんに当たる東京・世田谷のＦさん（五九）の話によると、外遊から帰って、日本でも西欧のような週刊誌を出したいと考えたのがそもそもらしい。講談社にいた望月茂という人を編集長に迎え、東京市神田区錦町三丁目二に週報社を構えたという。タブロイドよりやや小さく、本文十八ページ、一部十銭。二年足らずしか続かなかったらしい。

噂欄には司馬遼太郎氏の「坂の上の雲」の主人公も登場する。「陸軍大将秋山好古君と海軍中将秋山真之君」の兄弟が独身主義者だったこと。真之君が長男に「大」、次男に「中」と名づけ「で此次は小とつけるだらうと云ふ専らの評判だ」とある。

各種の年表には、明治七年創刊の長野毎週新聞、明治二十三年創刊の福音週報など、明治の早い時期から週刊、週報と名のつくものがいくつか見える。しかし、現在の週刊誌の概念にあてはまるものとしては「サンデー」と「週」が最も古い、いわば草分け的なものではないか、というのが両誌をくわしく調べた評論家片岡正巳氏の意見である》

一週間分をひとまとめに

『サンデー』と『週』は、あまり長く続かず、その後に創刊されたのが、『週刊朝日』と『サンデー毎日』であるが、『旬刊朝日』という誌名で先に創刊された『週刊朝日』について、『朝日新聞出版局50年史』（朝日新聞社）が次のように創刊の経緯を伝えている。

《初代の編集長・鎌田敬四郎の回想は、次の通りである。

「社内には、前からロンドン・タイムス週報のようなニュース本位の週刊誌を出したいという希望と、学芸本位のものを出したいという希望と、経済週報を出したいという希望が、係り係りによってべつべつに存在していた。それから、これをひとまとめにして出そうということになったわけで、この発生事情が、自然当初の編集手法を規定した。

創刊いらい二年半あまりの間は、全誌をおよそ三等分して、一部をニュース本位に、一部を学芸および家庭・娯楽の記事に、一部を経済記事にして、読者の希望にしたがって、これを一つ一つ分割して保存しうるようにした。なかに口の悪いのは『週刊朝日は、いったい、どこをにらんでいるのだ』などと皮肉をいう者もあった。これらの悪口に対しては君らの目は前の方しか見えないのだろうが、達人の目は前後左右に見えるものだよ、などと応酬したものだった》(『週刊朝日』昭十四・七・二号)

さて、当初は一月二十五日の本紙創刊記念日を目指して発行予定だった『旬刊朝日』は、いささか遅延して二月二十五日創刊された。

四六、四倍判、本文と共紙《ともがみ》の表紙を加えて三六頁、活版一色、定価は十銭であった。

表紙はフランスのジョッフル元帥の大阪朝日新聞社来訪写真。本社楼上大広間で全関西婦人聯合会員の歓迎を受けている風景である。表紙ウラ(表紙二)は上欄が目次、下欄に岡本一平の漫画、題して『新時代の家庭像』。並んで座る軍人夫妻、夫は短いサーベル(軍刀)をもち、髪を短くした(断髪流行)妻は、産児制限(バス・コントロール)と題字のはいった本を抱えている。本文は、前記鎌田敬四郎の言葉のように三つの柱でなりたっている。『旬間』『インサイド』『経済旬報』である。

『旬間』は十日間に起こった内外の事件の報道と解説である。

『インサイド』は、時事随筆、小説、映画、演劇、音楽、教育、出版などの消息と時評。それに家庭・育児の欄も設けられている。

『経済旬報』は文字どおり、旬間の経済レポートである。（略）

第二号には、次のような記事が掲載されている。

「――初号三十五万部をまず発行した『旬刊朝日』は、熟練した三百余人の男女工が、三昼夜ブッ通しで裁断と折りたたみをしてようやく出来あがった。これを三台の自動車で大阪駅や他の各駅に発送したが、一台に換算して実に二百三十回を要した。その後の購買申込み者に多少配本がおくれたのは、発行後の追注文が無数なるため、印刷その他が手間どったゆえである」

また、『週刊朝日』の編集方針についても、『朝日新聞出版局50年史』は、ふれている。

《一九二三（大正十二）年五月の関西朝日会の席上、鎌田敬四郎は『週刊朝日』の編集方針を説明して、つぎのように述べている。

「本誌の目的とする一半は、事件の発生について急速に断片的に報道する日刊紙に対し、一週間分をひと纏めにし、誤報を修正し、記述に前後や経過の組織を立て、且つこれを何人にも読みやすいように書き直したもので、一週一冊これを手にしていれば、居ながらにして内外の主たる事件を知悉し得て、遅るるなきを特色とします。次に本誌の目的とする他の一半は、世人に向って生活上の実益と慰楽とを、また男女、子供の善良にして興味多き読物を提供せんとするにあります。すなわち、毎号一流の大家の名論や有名作家の小説、家庭主婦の参考とすべき記事、男女小学生の心意を開発誘導する記事、絵画などを掲載しておるのはこのためであります。これを言いかえますならば、『週刊朝日』は今日の時代に必要なる知識と慰楽とを最も消化しやすい形に整理して読者に提供するものであります」

ここには、新聞に対する週刊誌の第二報主義、そして後年『週刊朝日』のキャッチフレーズとなった「茶の間の図書館」の意図がうかがえる》

面白くて役に立つ『サンデー毎日』

『サンデー毎日』の創刊については、野村尚吾『週刊誌五十年』（毎日新聞社）が、次のように紹介している。

《『サンデー毎日』は大正十一年（一九二二）四月二日の第一日曜日に創刊発売された。

表紙はグラビア印刷、本文二十四ページ、タブロイド判であった。わが国で初めての、このような週刊誌発行の構想は、かなり前から「毎日」にも「朝日」にもあったのだ。

「アメリカの日曜新聞にならって、日曜の週刊新聞を発行する計画は大正八、九年ころから幹部の間にあった。時事解説から娯楽、スポーツ記事などを盛った写真画報を添付するというものである」

〝茶の間の図書館〟『週刊朝日』

（『毎日新聞百年史』から）

そのため大正九年にアメリカのウェーベンドルファ会社に、ロータリー・フォト・グラビア印刷機を製版機械とともに二台注文し、大正十年中に入手して印刷する予定になっていた。

ところが大阪朝日新聞は、それより早く国産グラビア輪転機によって、毎日曜日に一ページ大のグラビア写真画報『朝日グラヒック』を付録として、大正十年一月から発行した。準備中の大毎も、取りあえず一月二日からタブロイド判十六ページの『日曜付録』を出すようになった。「これは、記者の旅行記などが評判になったので、文芸や趣味についての読物を添えた。『サンデー毎日』は、これから発展したものである」(『毎日新聞百年史』から)(略)

創刊号はタブロイド判グラビア四ページ、本文二十四ページ、定価十銭。毎日曜日発行。『サンデー毎日』の誌名は、当時副主幹の奥村信太郎の案で決定したというが、「おもしろくて実際の役に立つ」というのが、編集方針であった。主な内容をあげてみると、

巻頭「現代生活の充実と節制と」(二号から「今日の主張」のタイトルになる)それから「生活欄」(「きれいに見えてもきたない生活」「洋式三十五坪の新住宅」)「こどものページ」「家庭欄」(「小住宅の研究」「台所の改造」「これからの食べ物」)と続く。

その他、三宅やす子「夫婦相互の思想」とか、山川菊栄「産児調節か生み放題、死に放題か」、山田耕筰「禽獣の舞踊と植物の舞踊」、本居長世「童謡を作る子供の心もち」などもある。

小説は田中貢太郎「牡蠣船」、芥川龍之介の御伽噺(おとぎばなし)「仙人」、ほかに少女小説「叔母さんのお人形」、探偵小説「尚公爵」があり、続き物の第一回として「或る親の記録」、有馬頼吉博士の「結核の話」の二つ。そのほか、上田尚の釣の記事、スポーツ欄には「野球を七回試合にするの可否」(これの賛否が以後の号に何回も掲載されている)がある。巻末には、第四十五議会の貴・衆両議院論議や法案審議経過をのせ、さらに「時事週報」「経済週報」として週刊の社会・経済状況のダイジェストを定期的に報じている(このへんは『旬刊朝日』と似た扱いである)。

アメリカの『サンデー・トリュビューン』紙の日曜版を手本にしたというだけあって、少ないペー

ジに盛込みすぎた観があるけれども、目先の変わったバラエティーに富んだ雑誌として、一応注目されただろうことは、十分にうかがえる》

人間くさく作るんだネ

日本の週刊誌は、以上のような経緯で創刊されたのだが、このうち、『週刊朝日』の編集を担当することになった扇谷正造は、社の先輩たちに、『週刊朝日』の今後のあり方について相談した時のことを、前出の『現代ジャーナリズム入門』に書いている。それによると、扇谷にとって次の三つのアドバイスが非常に役立ったという。

《まず、荒垣（秀雄）さんは、『週刊朝日』の性格を決めてくだすった。いわく〝ニュース大衆誌〟である。とにかく、これで旗はたてられた。考えてみれば、『週刊朝日』ははじめ、〝ニュース解説誌〟として、途中〝車中の読物〟に変わり、戦争中は〝時局総合誌〟であった。四転してもとの〝ニュース大衆誌〟へかえる。遺憾ながらもこれならできそうだと思った。ニュースは知っている。大衆誌ということを新聞にあてはめてみると、社会面ということでしょう。そう考えたとき、パッチリ目がさめた思いだった。岡（一郎）さんからは、

「扇谷君、人間くさく作るんだネ。何から何まで、人間、人間、人間だよ」

秋山安三郎氏は、

「固定欄を作りたまえ。毎号毎号何から何まで、ガラッ、ガラッと変えてみたところで、疲れるばかりだよ。固定欄をいくつか作りたまえ。そのワクの中で、目先をかえて行きたまえ。ただし、何を

固定欄にするかについては、十二分に考えることだね。ま、きみが現代をどう読み切るかということだよ」

思えば、この三つは、私にありがたい助言であった。私が『週刊朝日』編集長の時は、結局この三つを編集方針の柱としてきた》

扇谷が副編集長になった頃の編集部は大阪本社にあった。これは、朝日新聞が大阪で創刊されたからだが、そのため、編集長の川村雄は大阪本社にいた。扇谷は、三人の先輩の助言で考えた編集方針を手紙にしたため、川村に送った。

そして、三人の助言を生かすため、具体的に行動を起こした。まず出版局長の嘉治隆一に相談して、フランス文学者の辰野隆《ゆたか》に自叙伝を書いてもらうことにした。実は、この企画を授けてくれたのは、大学時代の先輩である野沢隆一である。

扇谷は、東京帝国大学文学部国史学科の出身だが、学生時代は「帝国大学新聞」に所属していた。これは、『暮しの手帖』の編集長だった花森安治や『日本読書新聞』の編集長だった田所太郎と同じであるが、野沢隆一も「帝大新聞」にいた。彼は民間放送が発足してからは文化放送の専務になるが、扇谷は野沢の言った言葉が強く印象に残っていた。

対談会……面白そうだネ

野沢隆一が扇谷正造に強い印象を与えたのは、どんな言葉だったのか。

野沢は、「辰野隆博士の自叙伝はそのまま明治、大正、昭和の文化史になる」と言った。そこで、扇谷は辰野に自叙伝を書いてもらうことにした。その時のことを『現代のマスコミ　週刊朝日編集長の覚書』（春陽堂）という著書に書いている。

《秋晴れの一日、私は、嘉治出版局長（当時）と二人で、辰野さんのとこを訪れた。博士は自宅を接収されたとかで何でも知り合いのお医者さんのハナレに仮住居されていた。

私は、多分、そのころは頭の高い雑誌記者でもあったのだろう。一通りの御あいさつが済むと、すぐ自叙伝の話を切り出した。

「イヤ……」

博士は、ゴマ塩頭をなであげながら渋っていた。私は、カサにかかって、

「一回分十五枚で、第一回を×月×日まで……」

といいかけたら、博士は、やにわに、

「失礼な、何ですか、だから大学新聞出の記者は……」

とやられてしまった。座が、急に白けてしまった。私は、しまったと心の中に舌うちした。と同時に、ホンの僅かだが、何もそう叱らなくてもというフンガイも少しした。嘉治さんが、

「オキナ（長谷川如是閑）も、御元気のようで……」

とか、何とか、とりなしてくれてやっと空気がやわらいだ。辰野さんも、少しテレ臭そうに、

「自叙伝？　これはまア、まっぴらだが、どうです。対談会というのをやってみたら、……いつも同じようなことを話したり書いたりしてるんだが、相手が変ると、話題も変って来るんじゃあるまいか」

というのであった。

「面白そうですネ」

嘉治さんが答えた。

私は、心の中で、二人っきりで、そんなにモツかしらと、思った。

「フランスにね、誰それと一時間というインタヴュー記事が、もう何年も前から続いている。そして、それが、一年毎に年刊として出されている。これなら、どうやら私もやれそうだ。……里見（弴）君は、私と小学校の同級生だし、野村胡堂は、私と一高時代の友人だ、それから……もっとも阿部定と一時間というのは、少し物騒だがね」

一座が大笑いとなった。嘉治さんが「一つやってみましょう」と答えて、話が成立した。私たちは外へ出るとトウモロコシの畑の中に、並んで、連れ小便をした。ホッとした気持だった》

こうして、辰野隆による対談が『週刊朝日』で連載されることになった。

こりゃ、絶対あたる

扇谷は、連載が始まって以後の様子も書いている。

《第一回が野村さんときまった。私は心配だった。果して二人っきりで、話がはずむものかどうか、それも、少なくとも四頁（二十五枚）は欲しいのである。そうだ、辰野先生はお酒が好きだからお酒をあげることにしよう。一杯やりながら話もはずむにちがいない。

といって、そのころは、お酒を集めるのも、なかなか苦労だった。週刊朝日の部数は、そのころ、せいぜい十二、三万、一部五円時代とあっては、編集費も限られている。いや、そのころは時代が一般に、食うことだけに生き甲斐を感じていたころでもある。

私は会計部へ交渉し、重役室へ上申書を出し、とにかくお客さまお二人にウイスキーと夕食を出すことにした。洋食で多分三皿位じゃなかったかと思う。

そんなこんなで、私はその日は、ほとんど夕食を食べるひまもなくバタバタした。野村さんが軽井沢から来る、辰野さんが来る。顔を合わせると二人は、

「ヤア」

「しばらく」

ともう目じりに涙をにじませている。旧友相会したというより、(お互にあの戦争を生きのびて来た)という深い感慨と感動とをこめているのであった。私は、こりゃ、絶対あたるなと思った。

――思ったその通りに対談は、スル、スルっと流れて行った。

私は、じっとききほれる。二人の話がはずむ。ききほれる。盃が乾される。その中にビフテキが運ばれて来た。香ばしいニオイである。私は急に空腹を感じて来た。夕食を抜いたことが、ヒシヒシとおなかに感じられて来た。

その中、話題はいよいよ佳境に入り、野村さんが何か一高時代苦学したという、しんみりした話に来たとき突如として私のオナカは、

「グー、グー、グー」

と鳴き出すのであった。それは我ながらおどろく程の音であった。私はあわてて外へ出て、湯呑所

へ行って、ガブ、ガブ、ガブと水を飲んで、それから何食わぬ顔してまた対談場へ入った》（同）
扇谷の予想通り、対談は読者に評判がよく、辰野は十三人のゲストと会った。その間に、『週刊朝日』の部数は二万部の伸びをみせた。これ以後、『週刊朝日』は連載対談を売り物とするようになり、高田保の「二つの椅子」、浦松佐美太郎の「若い世代」、獅子文六の「面白き人々」と続き、やがて超ロングランの対談が登場する。

徳川夢声の「問答有用」

超ロングランの対談は、偶然のように始まった。「面白き人々」を担当した獅子文六が胃を手術することになったからである。急遽《きゅうきょ》、ピンチヒッターとして徳川夢声が起用された。夢声は映画がトーキーになる前、活弁士として活躍、トーキーになって失職してからは声優に転向、戦後はラジオやテレビのタレント、随筆家として知られるようになった。
その夢声を起用しての対談は「問答有用」と題され、第一回は昭和二十六年三月二十一日号に掲載され、ゲストは元侯爵で尾張徳川家第十九代の当主、徳川義親であったが、こんなぐあいに始まっている。
《夢声　今日は、真贋両徳川の対談てえ形になりましたね。あたしはニセ徳川であるということを機会あるごとに声明しているんだけども、いまだにダメですよ。「御三家のうちどちら？」なんていわれましてね。（笑）
義親　よく天一坊の問題が出ますよ。含宙軒先生が天一坊だっていう人があるかと思うと、わたしが天一坊になっちゃうこともあるんです。

おととしの大みそかにラジオで隠し芸大会がありましたね。あの時にわたし頼まれて、笛吹くのに出ることになった。ボクは困ったですよ。笛ってのは尺八と違って一人じゃ吹けない、相手が要るんです。だれか西洋音楽やってる人で三味線ひける人がないかと思ったけども、そういう人がなくて結局市丸さんに頼んでくれたんですね。局の人が市丸さんに、笛吹くのは徳川さんだとだけいったらしい。市丸さん、わたしとは思わないから、「徳川さんならいいわ」というので、打合せにもなんにも現われない。とうとうその日になっちまった。出てきて見ると違う徳川ですからね、市丸先生、驚いちゃったらしい。こっちが天一坊でさあ。(笑)

夢声　あんなに汗かいたことはなかったっていってましたよ、市丸が。ムセイの笛なら……ってナメてたらしいんですな。……(笑)

こんどはあたしの番だが、石川栄耀博士がね、あたしに目白の会(文化寄席)に出てくれって交渉してきたことがある。その前〝紙を使わない新聞〟てのにあたしが何かで出られなくて、石川博士が代演で出て大喝采だった。「その時のうめ合わせに、こんどは君出てくれ」というわけなんです。「どんな連中が出るんだい？」ってきくと「ホンモノの徳川さんに、それから……」っていうから「おいおい人聞きの悪いことをいうな。じゃアおれはニセモノみたいじゃないか」(笑)「いや失敬失敬」(笑)

義親　ニセモノにも〝ホントウのニセモノ〟があるんですよ。ただわたしの名を騙ったというだけなら、これは〝ウソのニセモノ〟ですがね。

夢声　そうすると、あたしなんざ、なんのニセモノになるかな。（笑）

義親　徳川斉熙《なりひろ》という人がおってね、選挙に出たりなんかした。これは籍をちゃんと作ったんですからね。

夢声　エライ人がいるもんですな》

以来、この対談は昭和三十三年まで、足かけ八年間、四百回にわたって連載された。この対談には、さまざまなゲストが登場したが、最もヒットしたのは、第二七二回（昭和三十一年七月一日号）の山下清であった。彼が、「兵隊の位」で人やものを評価する語り口は、流行語にまでなったが、こんな語り方をしている。

《山下　ぼくの絵は兵隊の位になおると、どこへのぼってる？

夢声　佐官かな。少佐、中佐、大佐。

山下　佐官というと、金すじ四本で、赤の部分よりも金のほうが多いだな。……梅原龍三郎は大将で、ぼくは佐官、佐官。ぼくは佐官。（と、自分にいいきかせるように、つぶやく）

夢声　間者ってやつは知らない？　敵のスパイ。

山下　スパイってのは、大将だの元帥をやっつけて、ほかのものもみんなやっつけて……。あれは兵隊の位とちがうだな。ふつうの絵かきは、どのくらいですか。

〈そりゃ、いろいろあるよ〉

山下　絵でもって、この絵は上等兵ぐらいの絵ってのは、だれでもかける絵なんですか。だれでもかける絵は、兵隊の位になおすと、どのくらい？

夢声　そうね、上等兵だろうな。
山下　だれでもかける絵が上等兵で、二等兵というと、ふつうよりヘタな絵だな。ぼくの絵は、中尉か大尉かと思ってたんだけど、佐官階級か。（笑）そういうことは、だれがみると、わかるの？
夢声　おおぜいがみて、おおぜいできめるんだね》（同）

吉川英治の『新・平家物語』

夢声の「問答有用」は、吉川英治の連載小説「新・平家物語」（昭和二十五年四月二日号〜三十二年三月十七日号）と共に毎号熱心に読まれるようになるが、「新・平家物語」が『週刊朝日』に連載されるようになったいきさつを、嘉治隆一が書いている。

《敗戦二年たったころ、私は朝日で出版局の責任者となった。十冊近い出版局の定期雑誌に注意を一つ一つ払っていたが、中でも週刊朝日に最も関心を寄せたわけである。そして吉川英治さんが、これに連載小説を寄稿せられることになっている旨を聞かされた。さらに詳しくようすを質すと、大体つぎのような事情が判明した。

ちょうどその年は、蓮如上人の四百五十年忌にあたるので、かつて親鸞を筆にして成功した吉川さんに、蓮如に筆を執ってもらう。そして用紙その他万事の不自由なそのころであるから、西本願寺の信者の中に、この企画に協力して紙を世話するという篤志家がいるので拠出してもらう。万事万般の処理は朝日が引受ける……つまり執筆者と教団と出版社とがタイ・アップしてうまく運ぶようにしたいというのであった。著者と本屋とが組んで仕事をするというだけでも感心できないのに、そこへもう一つ大きな寺の組織が関係しては、一段とことが面倒になると感じた私は、三者がこの際、独立して仕事をしていくべきものと考えた。

そこで私は週刊朝日の副編集長扇谷正造君と一緒に、奥多摩の吉野村へ作家の吉川さんをおたずねした。

そして、前にお願いしておいた蓮如上人の執筆を、新任者たる私が一方的におことわりするのは筋の通らないことは重々存じていますが、お寺の年忌に引っかけて著者や新聞記者がお先棒をかつぐというのは、どうも筋の通らぬような気がする。ここは一つ白紙に返して、著者も出版元もお寺も三者独立して考え直すようにしたい……と懇談の形で吉川さんに申入れてみた。

はじめのうちは吉川さんも、この蓮如の執筆は朝日の方から依頼を受けてお引受けして、一応は腹案も練りかけているわけだが……といささか憮然たるようすが見えた。私は、前任者がお願いしておいたことでも、思い直すべしと考えたので、無鉄砲な申入れをするわけで、吉川さんのお立場からしても筆がしばられては困るだろう。長い執筆が続けられる間、何となく不自由な陰影がさすこともあるかも知れない、吉川さんとしても自立独立が尊いのではなかろうかと、述べた。

英雄の首は繞らせばたちまち神仙というわけで、吉川さんとしても洒然《きらり》とした態度になられ、それでは別の執筆は何にするか……ということになった。

そうこうしているうちに、「平家物語を清盛の母（祇園女御）にまで溯ってやってみましょうか。その代り、だいぶ長い作品になりそうですよ」という話になってきた。それこそ、当方としても願ったり叶ったりと思ったから、「いくら長くても結構で、それに必要な資料や取材は能う限り御便宜をお取計らいしましょう。ことに取材旅行には出来るだけ都合をつけてお供しましょう」と約束した。私の言葉に、吉川さんはこの上のない喜びを感じられたらしく、七年に余る長篇の発足が緒に就くに至った。

これから吉川さんと私とは、むしろ生涯にわたる遠慮のない親しい友人としての間柄となったことは、疑えないところである。かくて「新・平家物語」は昭和二十五年四月の週刊朝日の誌上を飾ることができたのである》

読者たちの共同執筆

初期において、扇谷は、連載小説以外に「新・人国記」「タウン」「顔」「ロータリー」などの固定欄も作る。このうち「ロータリー」は一頁を四つ割りにして、一編六百字の風俗時評を四つ集めたものだが、これは扇谷が、自宅近くを朝散歩していた時、知らぬ間に八幡様の前で手を合わせ、ハッと思いなおして帰宅する途中、考えたものだという。

こうして固定欄を固め、次に手をつけたのは、トップ記事である。扇谷は軍隊での体験を思い出しながら、新人記者を鍛え、昭和二十二年十一月十六日号で、太田信男と高津幸男の両記者に「わが国土・わが人口―国勢調査の中間報告」という記事をまとめさせた。二十三年一月十一日号には永井萠二が「しんせいは語る――いとも悲しき生い立ちの記」、二月六日号に「上野地下道の生態―ルンペンとともに一週間」などの記事を書いた。

そして、二十四年八月二十八日号には、後のトップ記事のスタイルを確立する「ある保守政治家

――犬養健」という人物論が掲載される。この人物論は、目次に執筆者名が編集部となっているが、大森繁雄と太田信男の二人が執筆し、このように書き出されている。

《自殺した芥川龍之介氏が、作家時代の犬養氏について、こう書いている。「犬養君の作品は大抵読んでいるつもりである。ぼくの読んだ作品はいずれも手の抜いたところはない。どれも皆丹念に出来上がっている。もし欠点を挙げるとすれば、余り丹念すぎる為に暗示する力を欠き易い事であろう。それから又、犬養君の作品はどれも皆柔かに美しいものである。こういう柔らかい美しさは一寸他の作家たちには発見出来ない。僕はそこに一本の柳に似た感じをうけている。

いつか僕は仕事をしかけた犬養君に会つた事があつた。この時僕の見た犬養君の顔は（若し失礼でないとすれば）女人と交つた後のようであつた。僕は犬養君を思い出す度にかならず、この顔を思い出している。同時にまた犬養君の作品の如何にも丹念に出来上つているのも偶然ではないと思つている」（芥川全集別冊より）

周知のように、犬養君の青年時代は、かなりホープフルな作家であつた。学校が学習院の関係もあつて、白樺派、とくに志賀直哉氏にはかわいがられて、原稿なども見て貰つていたらしい。文壇からは〝小志賀〟などともいわれた。古い小説ファンなら彼の出世作「あひるの出世」はじめ「南京六月祭」「一つの時代」などという好短篇集のあることを御記憶だろう。その作品はリリカル（抒情的）なキメの細かいものであつた。

芥川氏のこの寸評は二十年前の作家犬養健について書かれたものだが、氏の行儀よい都会人的表現を割引きすると、この犬養評は大体において今日においても当つているように思う。とくに犬養氏の本質を「どこか柳を思わす」といっているのは至言である。ただし、その柳、泥臭い川端柳ではなくてネオンまたたく〝銀座の柳〟である。柳の柔軟性が、戦前、戦中、戦後を通じて氏の政治的生命を全うさせた所以でもあるし、その柔軟性の故にまた変節忘恩とそしられるハメともなる。〝柳の政治家〟の分析はそういう意味では、ここ三十年間の政党史の生きたモデルかも知れない。

最初に、例によって彼の政治的遍歴から始めてみよう》

複数の記者による共同執筆は、これ以後、増えてゆくが、この方法を扇谷は学生時代の体験から生み出した。

「知的労働の集団化」論

扇谷の学生時代の体験とは、評論家の大宅壮一が昭和八年に創刊した『人物評論』の編集を手伝ったことである。この雑誌は人物論の専門誌だが、大宅はこの雑誌で独自の方法を人物論の執筆に生かした。それは、彼が昭和三年に『新潮』に執筆した「知的労働の集団化について」という論文で主張した方法を人物論の執筆に採用したことである。

大宅は、この論文で、フランスの作家、アレクサンドル・デュマが『モンテ・クリスト伯』などの作品を、弟子たちの取材した材料を使って執筆したので、小説も集団で執筆できると指摘した。そして、大宅は自らも中央公論社から刊行された『千夜一夜物語』をグループによって翻訳することを実践し、『人物評論』の人物論も集団で執筆した。

そのため、大宅は郷登之助というペンネームを用いて「看板に偽りあり　藤村・有三・義三郎等の仮面を剥《は》ぐ」「ニセマルクス四兄弟」といった人物論を執筆した。そして、「東西低能教授列伝」という人物論も執筆したが、この時、取材を手伝ったのが、当時、東大生だった扇谷正造と、京大生だった堀川直義である。扇谷は東大の教授、堀川は京大の教授について取材した。

扇谷は『週刊朝日』の副編集長になった時、この時の体験を思い出した。そのことを、『マスコミ交遊録』という著書に書いている。それによると、《人物評論というのは、それまで一人の人間が、対象と全人格的にぶつかることが正統派とされていた。（略）だが、この方法はあたり外れがある。つまり、とり上げる相手方に著者のパトス（情熱）がなければ、乾からびた単なる戯画になる。（略）ところが〝調べた人物評論〟には、パトスはないかもしれないが客観性がある。それに、一人の力より数人の方が機動力も段ちがいだ》というので、扇谷は「よっしゃ」と思い、「ある保守政治家――犬養健」を二人の記者に執筆させたのである。

共同執筆の人物論は「美空ひばり――或る流行歌手の物語」（昭和二十六年十月二十八日号）などに継承され、この方法で「『三越にはストライキもございます』」（昭和二十七年一月二十日号）という社会現象をとりあげた記事も生む。その記事は、こんなぐあいに書き出されている。

《三越には何でもある。

むかし、高田保氏が、「屋上には青空もございます……」（中央公論昭和六年十二月号「百貨店時代図絵」）という名文句を吐いたが、「戦後の三越には、ストライキまで陳列してございます」。

――これが正直のところ、一九五一年師走の東京景物詩となった三越のストライキでもあった。念のため、ことわっておくが、私たちは、会社側でもなければ組合側でもない。超党派的といいいたいところだが、神様ではないから、そこまでゴタクセンは述べない。いわば「働く近代人の立場」といったぐらいのところかも知れない。

とにかく、面白い風景であった。口の悪いのにいわせると、「それは、あたかも、〝ストライキのファッション・ショウ〟みたい」でもあった。

第一に、ピケラインに立つ彼女等の、何と美わしく、あでやかなことであろう。飾り窓には、サンタクロースならぬ、「本日、スト決行」という筆太のはり紙のある下で、ホオベニつけたピケの少女らは、上気して立っているのだが、その会話に耳を傾けると、例えば、こんな工合なのである。

「ネエ、〝白い恐怖〟ごらんになって？　グレゴリー・ペック、素敵だったわよ！」

「あら、あたしも見たいワ！」

（ちなみに彼女らはロード・ショウがお好きなそうである）

テナ工合でいささか、他組合のスト風景とは、趣を異にするものである》

このように、『週刊朝日』は連載対談、連載小説、固定欄、トップ記事を充実させることによって、部数が昭和二十九年に百十万部に達し、同じ年に百二十四万部となった『平凡』とともに『婦人公論』十二月号で青地晨の「ライバル物語」にとりあげられた。扇谷はこのほかにも工夫をこらし、やがて彼は週刊誌ブームの推進役となるのである。

財布が気持ちよくあく雑誌

昭和二十二年に出版局に配属され、『週刊朝日』の副編集長になった扇谷正造は、編集長が大阪本社にいたため、実質的には、編集長の役割を最初から果たしていた。連載対談をはじめたり、共同執筆による人物論をはじめたのも、副編集長時代であった。

扇谷が編集長になったのは昭和二十六年六月である。しかし、副編集長からいきなり編集長になったわけではなく、高橋呉郎の『週刊誌風雲録』（文春新書）によれば、扇谷は二十四年十一月に本紙編集局の学芸部デスクに異動し、同年十二月一日付から発刊された「夕刊朝日新聞」の学芸欄を担当した。彼が『週刊朝日』副編集長として発揮した企画力が買われたのである。ところが、二十五年に扇谷は『改造』編集長の小野田政と酒に酔っぱらって喧嘩《けんか》をし、小野田の耳たぶを食いちぎるという不祥事を起した。

扇谷はこの事件で辞表を書いたが、なかなか出せないでいると、口頭で戒告処分を告げられただけで、二十五年十二月に、もう一度『週刊朝日』に戻ることになった。それを契機に、扇谷は酔って部下を面罵《めんば》することはあっても、手を出すことはしなくなり、仕事に力を入れた。

扇谷は、ただ編集のことを考えるだけでなく、『週刊朝日』を営業的に成り立たせるための努力もした。それは、同誌の読者像を明確にし、固定読者をつかむことであるが、そのことを、扇谷は昭和四十二年に開講された「大宅壮一東京マスコミ塾」における「現代読者論」という講義で語ったことがある。

その講義によると、昭和二十四年、扇谷が副編集長時代に、『週刊朝日』は定価が五円から七円に改定されたが、連載対談の人気によって、部数が二万部伸び、十三万部になっていた。十三万部のうち、五〇%は専売店を通して販売されており、月末に集金に行くと、その家の奥さんが新聞代はパッと払ってくれるが、『週刊朝日』の購読代金二十八円を請求すると、一瞬ためらいを見せた。新聞代は習慣で払うのだが、『週刊朝日』の代金には負担を感じるのである。

このことについては、扇谷が平成四年に亡くなった時に、草柳大蔵が『週刊朝日』(平成四年四月二十四日号)に寄せた追悼文にも書かれている。草柳によると、扇谷は『週刊朝日』の編集を担当するようになって、販売店まわりを行った時、大阪の販売店主から注文があった。

草柳によると、扇谷正造は大阪の販売店主から、こう言われたのである。

「扇谷さん、あなたは家を訪問するとき玄関から入るでしょうが、私どもは勝手口からです。最初に新聞代をいただくと奥さんがガマグチをパチンとしめる。週刊朝日の代金もというと、奥さんが不満そうにパッと口金をあける。どうか、パチンのあとのパッが気持よくあくような雑誌をつくって下さい」

それを聞いた扇谷は、『週刊朝日』は、どのような読者を対象にすべきかを考えるようになった。つまり、実際に誌代を払ってくれる人を読者として考えるということだが、それを扇谷は「平均的読者像」という言葉で表現した。新聞販売店主の言葉から判断すると、『週刊朝日』の誌代を実際に払ってくれるのは、三十代から四十代にかけての主婦である。そこで扇谷は、「旧制女学校二年卒十人生経験十年の読解力十子ども二人(幼稚園児と赤ちゃん)十亭主の月収二万八千円」という平均的読者像を設定し、そんな主婦が赤ん坊に乳を含ませながら雑誌を読んでいるイメージを想定した。そして、『週刊朝日』は〝男性用婦人雑誌〟を目指して編集することにしたと、「大宅壮一東京マスコミ塾」の講義で語った。

扇谷が「平均的読者像」ということを知ったのは、『現代マスコミ入門』（実業之日本社）という著書によると、「帝大新聞」の編集にたずさわっていた学生時代のことである。当時、東京日日新聞（現在の毎日新聞）の学芸部長だった阿部真之助をよんで勉強会をした時、学生が東京日日新聞の読者像について聞くと、阿部から「小学校六年卒の読み書き能力＋人生経験十年」という答えが返ってきた。そして、阿部は読売新聞は「小学校四年修了＋人生経験十年」、朝日新聞は「中学一年中退＋人生経験十年」と答えた。阿部によると、「人生経験十年」とは、男女の機微を理解できる読解力を持っているということだが、扇谷はこの時の阿部の言葉を参考にして、『週刊朝日』の平均的読者像を設定したのである。

『週刊朝日』を〝男性用婦人雑誌〟として編集するためには、記事の文体も工夫しなければならない。扇谷は記事の冒頭で、「U子よ、東京の叔父さんは……」といった語り口をよく用いたが、それは〈あなた〉という意味のあるYOUを略したもので、こうした手紙形式の記事で、政治の問題もわかりやすく伝えたのである。

『週刊誌風雲録』の著者である高橋呉郎は、こんなことを書いている。《扇谷の功績は、まったく前例のない週刊誌の「型」を創りだしたことにある。日本の週刊誌は、扇谷によって出版界に市民権を得たといっても、過褒にはならない》

高橋は、これに続けて《昭和二十八年、復活第一回の菊池寛賞が「扇谷正造と『週刊朝日』編集部」に与えられ》、その頃の《『週刊朝日』の発行部数は三十万部を超えた程度だった》が、以後の部数の伸びは、扇谷の予測をはるかに超え、《二十九年九月に百万部を突破した》と書いている。

ライバル『サンデー毎日』

そのため、二十七年に『週刊サンケイ』『週刊読売』、三十年に『週刊東京』など、新聞社発行の新たな週刊誌が登場した。そして大正十一年の創刊以来、『週刊朝日』のライバル誌だった『サンデー毎日』には、源氏鶏太の「三等重役」という連載小説が登場し、《サラリーマンという週刊誌の新しい読者層に大受けした》（同）。この小説は、高橋によると、昭和二十六年春、『サンデー毎日』の三十周年記念号に、サラリーマン、田中富雄が源氏鶏太の筆名で書いた「艶福《えんぷく》物語」という短篇に出てくる「三等重役」という言葉に編集長の辻平一が着目し、これを題名にした小説を依頼して連載がはじまった。

『サンデー毎日』

《ただ、この連載の狙いは、一回読切りにあった。週刊誌は必ずしも読者が毎号買うと決まっていない。そのため買わなかったり、読みそこなったりすると、ストーリーが中断されて、そのまま連載を読まなくなる場合が少なくない。その弊を防ぐために、一回で話が終わる連作がよいといった観点からのものだった。

「しかし、こんな連載形式のものは、たいへん忙しい大家に持ってゆけば、断られるのはわかりきっているようだった。毎号読みきりとなれば、毎号一つのまとまった話を考えなくてはならない。一週間に一つずつ、まとまった話を考えるというようなめんどうな相談には、なかなか乗ってくれるものではない。（略）そこで、それほど、すばらしい名を成してない作家、しかも、この無理な連載形式に快く応じてくれる作家、あれこれ考えて源氏さんに依頼したのだった。源氏さんは快諾してくれた。そして二回分できたところで、直木賞がきまったのである」（『文芸記者三十年』から）。

と、読切り連載という形を考案した当時の編集長辻平一が書いている》

源氏の直木賞受賞作は「英語屋さん」という作品だったが、源氏が直木賞を受賞して『週刊朝日』の「新・平家物語」と張り合うようになり、「週刊誌源平合戦」とも呼ばれた。《ただ、「平家」には「徳川」（夢声）という強力な援軍が控えていた。結局、二枚看板と一枚看板の差で、『サンデー毎日』がリードを奪うまでには至らなかった》（同）という。

こうした〝合戦〟があり、週刊誌は世の注目を集めた。そのため、扇谷自身が「問答有用」（三十二年一月二十日号）に登場し、「問答有用」が企画された経緯を語り、扇谷は《健康な市民、あるいは常識人としての夢声氏の対談》を考えたと述べている。夢声は《はじめのころは、毎週ちがったひとにあうってことが、たいへんな重荷であった》が、《五十人から百人、二百人》ぐらいになると、たいへんだと思わなくなったという。そして『問答有用　徳川夢声対談集』（朝日新聞社）の前書で、《これだけ続いたということは、私にコレという学問がなく、コレという思想がなく、コレという傾向がなかったからであろう》と告白している。このような人気のある連載の力もあり、『週刊朝日』

の三十三年新年号は百五十万部を発行するまでになる。そのため、この年、三月十六日号の巻頭に掲載された「隠れたベストセラー『人間の条件』」という記事は、全六部で十九万部しか売れていなかった五味川純平の小説『人間の条件』を同年十二月までに総部数二百四十万部の大ベストセラーにする力を発揮した。

獅子文六「大番」ヒット

この頃、『週刊朝日』には、「新・平家物語」のほかに、もう一編、人気小説が連載されていた。獅子文六の「大番」で、三十一年二月から三十三年にかけて連載され、ギューちゃんというあだ名の相場師が主人公で、実在の相場師佐藤和三郎をモデルとしていた。

「大番」が連載されていた頃の『週刊朝日』について、牧村健一郎『獅子文六の二つの昭和』（朝日新聞出版）が次のように述べている。

> 《『大番』が始まった三一年二月二六日号は、表紙が若き京マチ子の横顔の絵、フロントの大型企画記事は「東西私鉄くらべ—阪急と東急」で、小林一三と五島慶太の写真が並び、連載小説欄には、吉川英治の『新・平家物語』が掲載されている。
> 『大番』の挿絵は宮本三郎、『新・平家』は杉本健吉で、作家も画家もいずれも大家だ。当時の『週刊朝日』の勢いがわかる。
> 『大番』の連載が終わった翌年の三四年四月、『週刊文春』

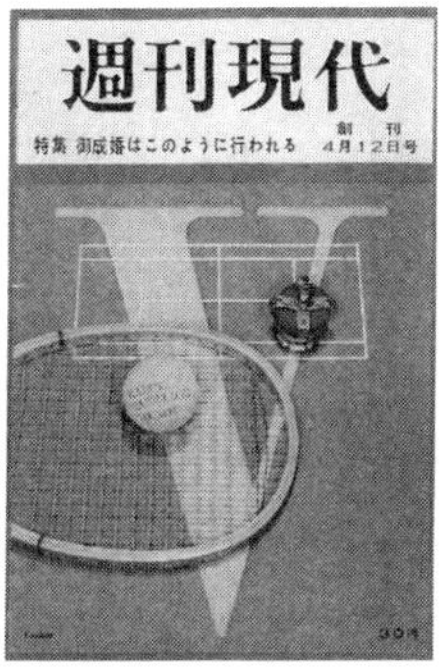

『週刊現代』創刊号

『週刊現代』が創刊され、週刊誌時代が本格的に幕開きする。

扇谷は、『大番』の第一回の原稿を手にしたとき、ブルブルッと震えたという。奇抜な人物が、鮮明に描かれている。こりゃいける、と確信した。三回目あたりから、社内外が『大番』でわき立ち、印刷工場で刷るゲラが、飛ぶように工場を回った。つまり、印刷現場の工員たちが、ゲラの段階で、先を争って読み出したというわけだ。(略)

当初、連載は三カ月くらい、とされていたが、大好評の声を受けて、編集部はなんとかもっと引き延ばしてもらおうと、躍起になった。結局、『大番』は、二年以上続き、文六のもっとも長い作品になった。物語の中盤で、ギューちゃんは、大阪にしばらく滞在し、色町なぞに出入りするシーンが続くが、これも、「大阪にギューちゃんを呼んできてくれ」という関西方面の営業担当者の強い要望からだという。好評に気をよくした文六先生、なかなかのサービスぶりである》

「大番」は、『週刊朝日』連載中の昭和三十三年に映画化され、ギューちゃん役の加藤大介が評判となって大当たりし、《その年に『続大番　風雲篇』、『続々大番　怒涛篇』、翌年『大番　完結篇』と続いた》(同)のである。

このように、対談、連載小説がことごとくヒットして、そのことが部数増につながった『週刊朝日』も三十三年のピークをさかいに、部数が下降に向かう。その要因となったのが、三十二年三月に「新・平家物語」の連載が終わり、三十三年十二月に「問答有用」が終わったことである。

このうち、「新・平家物語」は昭和二十五年四月二日号に始まり、三十二年三月十七日号、第三五五回で終わったが、最終回の末尾は、次のように結ばれた。

《蓬《よもぎ》は、はっと、若やいで笑った。

まだ、かの女にも、姥桜《うばざくら》ほどなものは、どこかに残っている。

めずらしい冗談がつい口に出て、自分の冗談に、麻鳥も笑いがとまらなかったが、ふと、妻の手を扶《たす》けて起ちかけながら、起ちもやらず、後ろの方へ、眼を、みはってしまった。

――そこには、麻丸が俯《う》つ伏《ぶ》していたのである。むかしの洟《はな》たれ時代の子のように、いちめんな地の花屑《はなくず》吹かれさまよう草むらに両手をついて、声も無くただ泣きじゃくっていた。(完)》

作者の吉川英治は、同じ号で、「完結のことば　筆をおいて、七年の読者諸兄姉へ」と題する文章を執筆し、次のように書き出している。

《――筆を擱《お》きます。迂作《うさく》、「新・平家物語」はこれで終わりました。

昭和二十五年二月に起稿してから、きっちり満七年です。わたくしはただの自己の貪欲《どんよく》を、創作という当然な自分の職にかけて来たまでですが、その長年月を、誌上でともにしていただいた方たちへは、いまなんといったらいいか、お礼のことばもない心地です。今日までいろんな意味で、この仕事を見まもって来てくだすった読者諸兄姉とは、何か、迂作をとおして、わたくしもこの七年をともにして来たような感慨にたえません。

――ですから、ここでも、ただ、一篇の小説が完結したというようなものでなく、読者との惜別《せきべつ》の思いが、わたくしをくるんで、このお別れの辞を書くのさえ、しどろもどろにさせております。どういったら、それが読者のお胸にとどくか、適切なことばも正直見つかりません。ただただ、有難うございました》

扇谷の引退

「新・平家物語」の連載が終わった時の様子については、昭和三十二年六月に光文社のカッパブックスの一冊として刊行された荒正人の『現代の英雄　小説家』が、次のように書いている。

《中里介山とならぶ大衆作家は、おそらく吉川英治であろう。『週刊朝日』に七年間連載した『新・平家物語』は、戦後、最大の人気をあつめた大衆文学であり、はじめ十万台であったこの週刊雑誌は、いまでは一桁《ひとけた》読者がふえた。むろん、この小説のためだけではないが、しかし、吉川英治の功績が大いにあったというのは否定できぬ。吉川英治はこの長編を書きあげた心境を、「牡丹剪《き》つて気の衰へし夕べかな」という蕪村《ぶそん》の句に託している。最後の回は、予定枚数の倍近くになった。結びに苦心をしたからだ。最終回の原稿は三度に分けて渡したが、そのため、最後の何枚かは挿絵を受け持った杉本健吉《すぎもとけんきち》画伯と、朝日新聞社の編集の人が階下にきて、首を長くして待っていた。作者は、「完」という字を書きそえてから十分ほど下におりていくことができなかった。付ききりで助手をしていた妻は、最後の一枚を受けとったまま、夫に背をむけて泣いた。その泣き顔をなおすのに手間どったのである。作者が、杉本画伯にこれまでのお礼をいうと、この画家も、目を赤くされ、いっしょにいた婦人記者も涙をふいた。記者は、社のデスクでも、工場の人たちも、みんなが、この作品の無事におわったことを喜んでいると伝えてくれた。こういった大作のおわったときの情景というものは、それぞれの作者によってちがうが、いずれも感動させられる》

こうして「新・平家物語」の完結した翌年の三十三年。「問答有用」も終わった。そして、この年は扇谷正造が『週刊朝日』編集長を退き、出版局次長に転じた。しかし、彼は『週刊朝日』の編集長を辞めたが、三十四年から創刊される新たな週刊誌の編集長になることが予定されていた。そのことを、三十四年一月に刊行された『現代教養全集5　マスコミの世界』（筑摩書房）の臼井《うすい》吉見執筆の解説が《週刊朝日編集長を退いた扇谷氏が、第二週刊朝日ともいうべき朝日ジャーナルの編集長になり、近くその創刊号を出すと聞く。これが、週刊誌時代が、分化抗争期に入るきっかけになるものとみられる。同時に、それは月刊総合誌にとっても、容易ならぬ時期を迎えたことを意味する》と述べていた。

そして、扇谷も『週刊読書人』三十四年一月一日号で、こんな抱負を披露していた。

《『ニューズ・ウイーク』という雑誌にウェル・インフォームされた（よく吟味された情報をうけた）国民は平和の基礎であるという意味のコトバがあるが、今度の週刊誌ではこのウェル・インフォームド・オピニオン（吟味された情報に基づいて作られた世論）を作ることを標榜している。具体的に一例をあげれば、戦後アメリカの対外援助資金を各国はどう使ったかというのにこんな言葉がある。

「イタリアは教会を直した。フランスは香水と着物を買った。西ドイツは工場を作った。イギリスは労働者アパートを建てた。そして日本は？　みんな食ってしまった」という話があるが、こういう日本人に対する評価は日本にいては思いつかないし、分らない。というのは裏返せば、われわれはウェル・インフォームドされていないということだ。

また警職法の問題を取上げる場合だって、まずロンドンのお巡りさんはなぜ民衆に支持されているか、パリではワシントンではモスクワでは……といった具合にやって、頭ごなしに警察は悪いなどとはいわない。警察というものを社会的に必要な存在だと認めた上で、その機能なり、制度上の問題を批判、検討するという行き方だ。つまり、一定の立場にとらわれずに、つねに世界の中の日本という角度から眺めて、掘り下げたデータと解説を提供する。そういう意味で啓蒙的な色彩がある。

だから、部数も三十万から四十万といった線で押えて行く。部数が伸びると、それに拘束されて、内容を甘くする、そんなことのないようにするつもりだ。読者対象も、大学卒でサラリーマン経歴一―十年を中心に、進歩的な経営者、中年の労働組合員、中小企業の担当者、地方の農村技術員、PTA会員などを予定し、年齢もどちらかといえば中年層ということになるだろう。遅くも春にはスタートしたいと》

『朝日ジャーナル』創刊

しかし、扇谷は『朝日ジャーナル』編集長とはならず、和田斉が編集長となった。『朝日ジャーナル』が創刊されるまでの経緯は、『朝日新聞出版局50年史』に明かされている。

《一九五九(昭三四)年三月九日、『朝日ジャーナル』第一号(三月一五日号)が発売されるまでには、テスト版が二回つくられた。誌名とともに、内容についても広く社内の意見をもとめて製作したテスト版であったが、表紙写真・米国務長官ダレスの顔も手伝って、散々な不評判であった。役員会からも、もっと格調の高いものが要求された。二回目のテスト版は、ようやく合格はしたが、重厚で、しかも清新味のある雑誌をつくるように、との注文がついた。

草創期の苦労を経験した編集長・和田斉は、次のように回想している。

「創刊を一ヵ月後にひかえた二月三日、わたくしは『朝日ジャーナル』の編集長になるよう命ぜられた。当日のわたくしの日記にはこう記してある。

信夫専務から朝日らしいよいものを出したいので、採算を重く考えなくてもよい、といわれた。笠論説主幹は、『週刊朝日』と同じ型にならぬようにと注意した。田中出版局長からは、引受けてくれてありがとう、といわれた。赤字にも神経質にならぬようともいわれ、意を強うして引受けることにした」(『朝日人』昭三十九・八)

社内幹部の意向は、「国際関係・政治・経済・社会の諸問題を取り扱い、報道・解説・評論を中心とし、良識ある世論の形成を一つの狙いとする高級誌」の創刊にあった。準備する側は、なお大衆誌のイメージにとらわれて低迷していた。第一次テスト版が批判された理由もそのあたりにあった。表紙の題字わきに、「報道・解説・評論」を刷り込んだのも、「あすの世界を知るための週刊誌・あすの日本を考えるための週刊誌」というフレーズを、創刊時代の新聞広告に相当長い期間はずさなかったのも、右のような雑誌の性格を明確に伝えたい、という考えからであった。その表紙が決定を見るまでには、何種類かのパターンが用意され、同人たちの激しい論議や検討の末、グラフィック・デザイナー山城隆一・杉浦康平のデザインによる表紙が決定した。同人・矢野純一の着想だった。

表紙面を三分割し、上段に題字関係を一括とりまとめ、中段は色無地、下段は絵画、という配分であった、中段の無地の部分は、全体との釣り合いを考え、毎号取りかえた。下段の絵は、なるべく新人の作品を心がけ、作者の了解と協力を得て、適当なトリミングを行ってその部分を掲げた。創刊号の絵は行動美術会員・佐藤真一の「ひとびと」、休憩時間に新聞を読むフランス労働者の群像であった。毎号取りかえる色の指定は原作者・山城隆一に依頼することになった。

創刊当時、副編集長として編集・整理部門を担当した浜名二正は、テスト版の段階に、内外雑誌の組み付けについて詳細な研究を行い、工場に通ってインテル一つの扱いにも注意を払った。口絵写真ページの対向面に関連記事の活版ページを配置することや、隅々まで心のくばられた整然たる誌面づくりの原型は、この浜名に負うところが大きい。

二月二十三日付の朝刊に創刊の社告が掲載された。それは、一九六〇年代を目前にして、国際的にも国内的にも複雑な情勢が展開されようとしていると指摘し、このときに本社が創刊する『朝日ジャーナル』の役割について、次のように述べている。

「『朝日ジャーナル』は、あすの世界を知り、あすの日本を考えるための、読みやすい新週刊誌として創刊され、内外の政治、経済、国民生活、教育、文化に関する報道・解説・評論を通じて世界平和のために微力をつくします。これによって、本社では、従来の『週刊朝日』『アサヒグラフ』とあわせて三つの週刊誌を発行することとなり、新聞社出版の本来の使命を果すことになります」

出版局長・田中慎次郎の執筆になるものであった》

この創刊の経緯を読むと、扇谷正造がなぜ『朝日ジャーナル』の編集長になれなかったかが、およそ推測できる。テスト版は扇谷の編集していた『週刊朝日』の延長上にあり、第二『週刊朝日』になり得ていなかったのではないかと思われる。扇谷は、後に本紙の学芸部長となるが、『週刊朝日』を百万部雑誌にして、朝日新聞の経営に寄与しても、役員にはなれなかった。昭和四十三年三月二十八日に定年退社して以後は、フリーの評論家として活躍した。

朝日新聞社出版局が『朝日ジャーナル』を創刊し、『週刊朝日』の部数がピークを越した頃、『週刊朝日』に代わる新たな週刊誌が台頭してきた。

七章

『週刊新潮』と『女性自身』

『週刊新潮』創刊の事情

『週刊朝日』に代わって台頭してきた週刊誌とは、昭和三十一年二月十九日号から、新潮社が創刊した『週刊新潮』である。この雑誌を創刊するまで、新潮社は文芸書を中心とした書籍の出版社で、雑誌は『新潮』『小説新潮』『芸術新潮』などの月刊誌しか発行していなかった。

その新潮社が、なぜ週刊誌の創刊を考えるようになったのか。かつて同誌の創刊編集長を務めたことのある三代目社長の佐藤亮一にインタビューしてまとめた『週刊読書人』の「戦後出版ヒット企画史」（昭和四十八年九月二十四日号、十月一日号の『週刊新潮』の巻）が、次のように伝えている。

《すなわち、他の出版社で講談社などは雑誌を持ち、経営が安定しているが、新潮社は書籍が主流で経営が不安定だ。そこで、どうしても大衆的な雑誌を持たなければならない。

こうした意図があったため、創刊の一年前、意外とすんなり週刊誌創刊の企画は重役会議を通ったという。しかし、佐藤氏によれば当時、世間で噂されたほど財力はなく、とにかく「雑誌を出しはじめて三千万円損したらすぐやめる」と、社内では語っていたそうだ》

実は、これには理由があった。それは、佐藤亮一がまだ小学生だった頃の昭和七年、祖父で初代社長の佐藤義亮が大衆雑誌『日の出』を創刊、これが大失敗となり、毎号、返品につぐ返品で、莫大《ばくだい》な赤字を出し、新潮社が経営の危機を迎えたことを覚えていたからである。その頃、佐藤家の家計も苦しくなり、亮一は友達が着ていたレインコートが欲しくても買ってもらえないほどだった。だから、亮一はこんな失敗だけはしたくないと思ったのである。

しかし、義亮も亮一も、大衆雑誌を発行しようという動機は共通していた。河盛好蔵執筆の『新潮社七十年』という社史に、こう書かれている。

《義亮は昭和六年の夏ごろから大衆雑誌の企画を立てていた。出版社が大をなすためには大部数の発行高をもつ、よく売れる大衆雑誌をもつことが絶対に必要である》

ところが、新潮社が創業以来発行してきた『新潮』は、中村武羅夫が語っているように「初めから損ばかりしていた」ので、義亮は大衆雑誌創刊を考えたのである。

ゴシップをトップに持っていきなはれ

佐藤義亮が昭和七年に創刊した『日の出』は、講談社から発行され昭和初期には百万部を突破した『キング』に対抗する雑誌であった。しかし、『キング』の牙城に迫ることはできずに赤字が続き、日中戦争が激しくなり、戦線への慰問品として売れはじめてやっと黒字になった。その『日の出』は、戦後、『小説新潮』に衣替えし、総合的な大衆雑誌は新潮社から発行されなくなっていた。

『週刊新潮』創刊号

そんな状態で迎えた昭和三十年代初頭、扇谷正造が『週刊朝日』によって作り出した週刊誌ブームに新潮社も目を向けるようになった。『週刊新潮』は、義亮にとっての『日の出』と同じ意図を持つ雑誌だった。しかし、『新潮社七十年』によると、週刊誌を創刊するためには、克服するべき課題が三つあり、それらの課題を次のように克服した。

《その一つは、販売の問題で、新聞社系週刊誌のように、自社の販売ルートを持っていないので、従来の取次——書店ルート以外に鉄道弘済会、新聞販売スタンドに販売を引き受けてもらうことにした。

第二は入り広告の問題で、これについては電通、博報堂が広告頁を分担して買い切ることで協力してもらうことにした。

第三は、取材の問題。新聞社系週刊誌のようなトップ記事を作る取材力がないので、連載小説や読切小説に力を入れ、新聞社系週刊誌が中頁に入れていたグラビア頁を巻頭に置き、それに続けて「タウン」という名前で細々とした情報とゴシップ記事を配した》

この「タウン」という頁は、毎日新聞の事業部長だった小谷正一の提案によるもので、小谷は扇谷正造との対談で、企画の経緯を明かしている。

《小谷　あのころ、わたしは毎日新聞で社会部と事業部を経て、夕刊に出向していたんです。それから民放が始まると、ここでは朝日放送と新日本放送（現毎日放送）が免許をめぐって攻防戦のころですね。毎日がパシフィックリーグをつくり、オリオンズ球団を結成するとき、野球連盟を二つに割るということで、読売新聞と正面衝突する。事業部長として最前線で戦っているころでした。

新潮社から話があった。週刊誌を出したいが、前面に「週刊朝日」がある。扇谷正造という大編集長がデーンといるというわけです。これはおせじでもなんでもない。たかだか一〇万部台の週刊誌を一五〇万部台に乗せた。扇谷さんがやったこの驚異的業績、このペナントはまだだれも奪回していない。それだけに、あの当時、扇谷さんは、ぼくにとって秘かな標的だったんですよ。そこで「週刊朝日」をあれこれとあら捜ししたのだけど、まったく入り込む余地がないんですな。表紙にしてからが従来の美人画という概念を打ち破ったのをはじめ吉川英治さんの小説と徳川夢声さんの対談を二大支柱にしていて、しかも小さなコラムまでも神経が行き届いている。庭先きまで手入れもいい。標準型の家みたいなもので、こういうのができ上がっちゃってると、あとは家の建てようがない。
扇谷 「週刊朝日」はとくにトイレをよくお掃除しておりましたからね（笑）。
小谷 いやいや、あれはほんとうに驚異だった。大新聞のように既成の大組織の中であのスタイルを確立するのはなかなかむずかしいですよね。そんな相手と同じ土俵上で勝負することはない。向うが野球なら、こっちはテニスで行けと思いましたね。で、「芸術新潮」を見ていると、最初にゴシップがでていますね。ピープルとかあるいは消息ですね。ああいったものは新潮社の十八番だ。あれをトップに持っていきなはれといった。それが、いまの〝タウン〟です。いわゆるトップ記事というゆき方をかわそうとしたわけです》（扇谷正造対談集『表の風に吹かれろ』産業能率短期大学出版部）

山下清が谷内六郎に

表紙についても『週刊朝日』が表紙に関していろいろ工夫していることにふれながら、小谷はこう語っている。

《表紙はさきほど申し上げたように美人画を大胆に風景に切りかえたと思ったら、今度は表紙コンクールなどという人気投票でプレゼントまでするという、妙手を打っている。

よしそれなら表紙は山下清でいけといった。そうすると、あの人つかまりにくいという（笑）。発想はだいたいそういうことなんやいうんで、谷内六郎に定着した。小説は谷崎潤一郎さんが「鴨東綺譚」を出すんやったら絶対にそれをのがすな。要は扇谷さんがこれ見て、あァ、この手はおれが使わなかった手だと思えばいい。ひとあわ吹かせてやろうとばかり思っておったんです》

小谷正一の談話は、『週刊読書人』の「戦後出版ヒット企画史」でも紹介し、「タウン」欄について、こう書いている。

《この対談で興味深いのは、創刊以来、一貫して「週刊新潮」の特色となっている〈タウン〉欄の原型が、すでに同じ社から発行されている「芸術新潮」にあったということと、いまもつづいている谷内六郎氏の表紙は、最初、山下清氏が候補にあがっていたということである。このうち、〈タウン〉欄についてでは、現在「芸術新潮」が大判になり、巻頭の各ジャンルにわけた〈芸術新潮〉という時評欄の型も同誌がまだA5判だった当時とはかわっているから、その対比がむずかしいが、A5判時代の「芸術新潮」を見ると、小谷氏のいうとおり、〈タウン〉欄の原型はここにあった、ということがわかる。

たとえば、昭和二十八年ころの「芸術新潮」を見ると、この欄は美術、文学、演劇、音楽、映画、ラジオ、流行、の各ジャンルを見開き頁であつかい、そのあとに、〈ぴいぷる〉という芸術家の消息を伝える四頁の欄がある。

これが「週刊新潮」の〈タウン〉欄になると、創刊のころは、映画、演劇、音楽、美術、本、スポーツ、ラジオ、テレビというジャンルにわけられているが、〈タウン〉という名前は、アメリカの週刊誌「ニューヨーカー」の巻頭にあるガイド欄〈タウン〉からとられたものである。

この〈タウン〉欄は、その後、創刊された週刊誌には、何らかの形で模倣され、亜流が出ているが、現在の「週刊新潮」編集長である野平健一氏によれば、この欄の情報提供者は各界の大御所でなく、無名の新人を使うようにしていたとのことで、毎週、何本かの情報から精選した記事を掲載してきたという》

そして、「戦後出版ヒット企画史」では、戦前、第一書房から発行されていた『セルパン』という雑誌の巻末に掲載されていた「学芸ニュース」が『芸術新潮』の時評欄のヒントとなったのではないかという推測をしているが、その理由は後述する。

『週刊新潮』は、こうした編集上の工夫をしながら、創刊号から連載小説は谷崎潤一郎「鴨東綺譚《おうとう》」、大佛次郎「おかしな奴」、五味康祐「柳生武芸帳」などが揃《そろ》えられ、四十万部という発行部数で出発した。ところが、連載小説に関しては、創刊間もない第六号で、アクシデントに見舞われた。谷崎の小説がモデル問題で連載を中断せざるを得なくなったのである。

ピンチヒッター柴田錬三郎

同誌の昭和三十一年四月一日号の「『鴨東綺譚』をめぐるうわさ」によれば、連載が中断になったのは、谷崎が「高血圧で医師から忠告を受けた健康回復のためと、物語の主人公をめぐるモデル問題があった」ためである。モデル問題とは、小説の主人公・疋田奈々子が京都に住む市田祐子（当時四十六歳）であるという記事が新聞に出たことである。これが要因となって、「鴨東綺譚」の連載は中断されることになった。『週刊新潮』にとっては、大きな痛手である。

そこで急遽、翌週号から石原慎太郎の「月蝕」、五月一日号から室生犀星の「三人の女」を連載することにした。しかし、谷崎の小説の穴を埋めることになったのは、これらの小説ではなかった。五月八日号から連載が始まった柴田錬三郎の「眠狂四郎無頼控」という時代小説である。この小説は読切連載という形式がとられ、第一回の題名は「雛《ひな》の首」である。当初は二十回連載の予定であったが、読者の評判がよく、二十回を超しても延々と連載された。創刊号から連載されていた五味康祐の「柳生武芸帳」とともに、『週刊新潮』の看板小説となり、部数の伸びに寄与することになる。

谷崎に代わって、柴田の起用を決めたのは、創刊の時から佐藤亮一編集長を補佐した重役の齋藤十一である。そのことを、柴田は「文壇登場時代」という回想記で《『週刊新潮』が創刊されてほどなく、新潮社の重役S氏が、突然、私の家を訪れて、「時代小説を連載してもらえませんか」と、依頼して来た》と書いているが、S氏とは齋藤のことである。

齋藤は戦後、『新潮』や『芸術新潮』の編集長を務め、『週刊新潮』が創刊されてからは、佐藤を補佐するようになったが、彼は『週刊新潮』の〝陰の天皇〟と呼ばれるほど、同誌の編集に大きな影響力を与えるようになる。

実はさきに『週刊新潮』の「タウン」欄の原型になった『芸術新潮』の巻頭にあった「芸術新潮」という時評欄は『セルパン』の「学芸ニュース」がヒントになったと指摘したが、『週刊新潮』の二代目編集長である野平健一によると、齋藤は春山行夫が編集していた頃の『セルパン』は雑誌の教科書だと言っていたという。だから齋藤は、自分が編集長をしていた頃の『芸術新潮』の巻頭に『セルパン』の「学芸ニュース」を参考にしたと思える時評欄を作ったのではないかと推測できる。「学芸ニュース」は芸術文化界のさまざまなジャンルの時評やニュース、ガイドを小さな六号活字で扱い、巻末に掲載されていたが、齋藤はこのニュース欄に影響を受けたと思われる。

その齋藤が谷崎潤一郎に代わって柴田錬三郎を起用することになったいきさつは、柴田が『わが青春無頼帖』（新潮社）という著書に収められた「色身」という小説にも書いている。それによると、柴田自身をモデルとするこの小説の主人公・須藤がS社から発行された週刊誌に読切形式の時代小説を依頼されたのは、須藤がある雑誌に書いていた連載小説をS社の《編集担当の重役》が読んでいたからだ。S社とは新潮社のことである。

古本屋で見かけた机龍之介

柴田錬三郎の小説「色身」には、S社の編集担当重役が、《須藤が、ある三流週刊誌に書いた時代小説を読んで、これはやれそうだ、と英断したためであることが、後日判《わか》った》と書かれている。S社の編集担当重役とは齊藤十一のことであり、須藤とは柴田のことにほかならないが、《ある三流週刊誌》とは、昭和二十八年十月十一日号から『週刊サンデー』を改題した『週刊タイムス』という日本出版タイムス社という出版社から発行されていた週刊誌のことである。同誌は『週刊新潮』が創刊される前年の三十年四月に廃刊となった。

ふつう、出版社系週刊誌の先駆は『週刊新潮』だといわれるが、実は昭和二十年代末に『週刊タイムス』という出版社発行の週刊誌がすでに発行されていたのである。この雑誌に、まだ流行作家になる以前の柴田は、「江戸群盗伝」という時代小説を連載していた。これを齋藤が読んでいて、柴田に時代小説の連載を依頼することを考えたと、柴田は小説に書いている。柴田が『週刊タイムス』に連載小説を書くようになったのは、この雑誌の編集長が大学時代の後輩だったからである。この小説に眼をつけた齋藤は、柴田を訪ねると、いきなり「毎号、読切りがいいですね。二十週ぐらいは書けるでしょう」と言った。

それまで、柴田は直木賞を受賞してはいたが、一流雑誌や新聞で小説を書いたことはなく、新潮社とも無縁だった。そのため、最初、柴田は齋藤の依頼を無理強いのように思ったが、一応、「考えてみましょう」と答えた。しかし、それからが難行苦行の毎日となった。何しろ、締め切り日まで一カ月しかない。あっという間に二週間が過ぎた。

一応、剣の強い武士を主人公にしようと思ったが、それ以上の構想は浮かばない。仕方なく、神田の古本屋をうろつき、何とかヒントを得ようとした。その時、ある店の書棚で中里介山の『大菩薩峠』の背表紙を見かけた。その書名を見て、柴田は「机龍之助か」とつぶやいた。そのとたん、この名前に、なんとも言えない新鮮さを感じた。以来、柴田は懸命に主人公の名前のことを考えるようになった。

書こうと思っている小説の主人公は、『週刊タイムス』に連載した「江戸群盗伝」の主人公が適度にニヒルでアウトローの性格だったので、そういう性格をもたせることにしたが、名前をどうするか。柴田はさらに考えた。

眠狂四郎登場

『週刊新潮』に書く読切連載の時代小説の主人公に、どういう名前をつけるか。柴田は「大菩薩峠」の主人公・机龍之助の名前に、もう一度、思いをめぐらした。この名前は、一度見聞きしたら、忘れられなくなってしまうが、そのためには、机龍之助の「机」のように、日常生活の中で欠くことのできないもののなかから、名前を選ぶべきではないか、と柴田は考えるようになった。そこで、次のように想いをめぐらした。

《「飯」、はどうだ。飯では、どうも生活のにおいがつきすぎる。日常生活に欠くことができないものでありながら、しかも、多少の夢はふくまれていなくてはなるまい。

いよいよ、締切りが三日後に迫った時、私は、「眠」という名を思いついた。いかなる人間も、睡眠をとる。睡眠は、人生の半分を占めている。

――よし、これだ！

『週刊タイムス』

眠という姓がきまると、眠狂四郎という名は、すぐ思いうかんだ。

眠狂四郎。

虚無主義者に、ぴったりの名前ではないか》（「文壇登場時代」）

こうして、「眠狂四郎」という名前の虚無主義者である剣士が誕生し、彼は連載第一回で、いきなり女性を犯す。第一回目は、次のように書き出されていた。

《夜二更《にこう》の鐘が、どこかで鳴った頃合――。

裸蝋燭の焔に照らされた盆蒲団をかこんで、七八名の、いずれも一癖二癖ありげな無職《ぶしょく》者・渡り仲間《ちゅうげん》が、巨大な影法師を、背後の剥げ壁や破れ障子に這わせて、ゆらゆらとゆらめかしていた。

空家である。

五つ刻からはじめられた勝負は、いまや、殺気にも似た凄じい緊迫した空気をはらんで、いつ果てるとも思えぬ。

花見の季節が来ていたが、夜半は、まだかなり冷える。しかし、この連中の五体は、かた肌もろ肌脱ぐ程熱していて、それぞれの刺青《いれずみ》をあぶらぎらせていた。

中でも、すっぱり、褌ひとつになった壷振りの、くりからもんもんは、全面朱ぼかしで、ひときわ鮮やかであった。まだ二十歳を越えたばかりの、張りきった白い肌理が、一層朱色を美しく際立たせているのであった。

向いに坐っている中盆が、丁半の張りかたを見くらべて、鋭く、

「壷っ！」

と、声をかけた》

この小説は、連載がはじまると、読者からのファンレターが殺到し、映画化も五社から申し込みがあり、市川雷蔵が眠狂四郎を演じる。このように、最初から人気がよかった「眠狂四郎無頼控」は、連載とは言っても、毎回読切の形式なので、主人公は同じでも毎週新しい物語を作らなければならず、柴田は苦労した。しかし、この小説の連載がはじまって、『週刊新潮』の部数は伸び、最初はいつま

郵 便 は が き

料金受取人払郵便

新宿支店承認

780

差出有効期間
平成22年8月
31日まで
(切手不要)

1 6 0-8 7 9 1

843

東京都新宿区新宿 1-14-12
株式会社 水曜社 行

ご住所 〒□□□-□□□□
都 道　市 区
府 県　郡

☎ ( )

E メールアドレス @

(フリガナ)
お名前 (歳)

ご職業

このはがきにご記入いただいた個人情報につきましては、よりよい書籍づくりのためのアンケート調査および新刊情報の送付（希望者のみ）のために利用させていただきます。ご本人様の同意なく上記以外の目的での使用、第三者への提供は行いません。

ご購読ありがとうございました。
今後の資料とさせていただきますので
アンケートにご協力をお願いいたします。

書名

ご購入書店

市・区・町・村　　　　　　　　　　書店

本書をお求めになった動機は何ですか。

□広告を見た（媒体名　　　　　　　　　　　）
□書評や紹介記事を見た（媒体名　　　　　　）
□店頭で見て　□ホームページを見て　□友人にすすめられて
□その他（　　　　　　　　　　　　　　　　）

本書についてお聞かせ下さい。

タイトル	□よい	□ふつう	□悪い
内　容	□よい	□ふつう	□悪い
デザイン	□よい	□ふつう	□悪い
価　格	□高い	□ふつう	□安い

本書についてのご感想をお聞かせ下さい。
小社へのご意見・ご要望などもお書きいただければ幸いです。

ご協力ありがとうございました。

で発行が続くかと危惧《きぐ》されていた『週刊新潮』は、やがて新聞社系週刊誌を脅かす存在になってゆく。だが、そのためには、小説だけでなく、特集記事の充実も必要とした。そのために、大きな力を発揮するライターが登場した。しかも、そのライターも、柴田が連載小説を書いていた『週刊タイムス』のライターのなかから現れた。それは草柳大蔵である。

草柳は、『週刊タイムス』が発行されていた頃、産業経済新聞の記者をしていた。当時、この新聞は給料が安く、〝残業経済新聞〟と呼ばれ、残業をしなければ生活ができない状態だった。そのため、草柳は『週刊タイムス』にアルバイト原稿を書きまくった。草柳は、『週刊新潮』が創刊されると、フリーのライターとしてスカウトされるが、彼の経歴を紹介しておく必要がある。

マスコミ・スター草柳大蔵

草柳大蔵のことについては、かつて筆者が『現代マスコミ・スター 時代に挑戦する6人の男』(文研出版)という本で書いたことがあるので、それを参考にしながら、プロフィルを紹介する。

草柳は、大正十三年の生まれで、昭和二十三年に東大法学部を卒業し、八雲書店に入ったが、人員整理で追われ、自由国民社に移った。この会社では、朝十時から夜の十二時まで働きづめだったので、一時、草柳は大蔵出版という新興出版社に転じた。しかし、ふたたび自由国民社に戻り、その頃、原稿依頼を契機に大宅壮一のもとに出入りし、大宅の仕事を手伝う助手となる。大宅の執筆資料を集めたり、時には原稿の下書きもしたが、大宅が海外取材に出かけることになったので助手を辞め、産業経済新聞の記者になった。

その草柳は、昭和二十年代に、アメリカ人の書いたルポルタージュと、日本人の書いたルポルタージュに感銘を受け、ノンフィクションに関心を持つようになった。アメリカ人によるルポルタージュとは、ジョン・ハーシーが『ニューヨーカー』に発表した「ヒロシマ」で、日本人の書いたルポルタージュとは、『日本評論』という雑誌に野口肇、村上一郎、黒須繁一の三人が発表した「木曽の御料林」とか「林檎《りんご》園日記」などである。

これらのルポルタージュを、草柳は梶山季之との「ルポライターの見た戦後史」という対談（『週刊読書人』昭和四十年八月十六日号）で、次のように評価し、これらのルポルタージュを読んだことが、後に週刊誌で仕事をすることにつながったと語っている。

《ぼくなんかトップ屋として出てきて最近はルポライターと呼ばれるようになりましたけれども、やっぱり三十一年二月の「週刊新潮」参加が、スプリングボードになっているんじゃないかと思うんですよ。いちばん最初にぼくがリポーターになろうと思ってねらいをつけたのは、昭和二十年の十月だと思うんです。

その頃「日本評論」の「時の動き」というのがあったんですよ。あの中に「林檎園日記」とか「木曽の御料林」のリポートがあった。

「木曽の御料林」というのは、隠幣されていた権力の構造を、御料林に働く人たちの感性でとらえて書いた。「林檎園日記」の場合は、地主制ということをとらえた。その中にあるメカニズムを評論としてとらえないで、メカニズムの中にある人たちの肌でとらえた、という仕事があそこにあった。事実主義のジャーナリズムというのは、戦前にもあったと思うんですよ。その事実主義を構成してそれに語り口を与えた。語り口のジャーナリズムが出たのは戦後だと思うんです。がなり立てない語り口で、だれでもが、ラーメン屋のおねえちゃんが使っている語り口で語っているジャーナリズム。それをもっとはっきりした形で出したのがハーシーの「ヒロシマ」だった。ハーシーはあの中のコメンテーションでひとことも、原爆をつくったのはだれだ、これが世界平和にとってどうだということをいってない。被爆者の話を並べているだけ。ときどき一行、二行、レンガを積み上げていく上でセメントをコテで入れるように、ハーシーは自分の観察を入れている。その次に、いやというほど見せてくれたのがガンサーでしょう。それで、ガンサーのシステムというのが一般的に入ってきた。

そして、もっとそれを洗練させた語り口で出てきたのがロベール・ギランだった。

そこで、そういう土壌があってそういう肥料が注がれていて、それでやってやろう、やってやろうと思ったときに「週刊新潮」の出る前「週刊タイムス」というとんでもないエロ雑誌があったんです。ぼくは産経の記者で給料五千七百円、安くて全然食えなかったので、内職という意味ももちろんですけれども「週刊タイムス」に書きまくりましたね。最後に、漫画と詰将棋だけだったです。書かなかったのは。

そういうウォーミングアップを草野球でしておいて、それでこんどは、新聞社の週刊誌をセ・リーグとすれば、パ・リーグができたわけだ。そっちに草野球からスカウトされて入った。だから、週刊誌に入っても、何かそういう昭和二十年の十月のつながりの中でやっているのね》

さらに草柳が、昭和二十年代に評価したノンフィクションがもう一つある。それは、扇谷正造が編集していた頃の『週刊朝日』のトップ記事である。草柳は毎週、『週刊朝日』が出るたびに眼を皿のようにして読み、すごい記事だと思った。しかし、同時に、草柳は『週刊朝日』のトップ記事が、必ずしも全体が一つのトーンで書かれていないことに気づいた。章によって文体に違いがある。

これは、『週刊朝日』のトップ記事が何人かの記者が章ごとに分担して共同執筆していたからだが、草柳は『週刊新潮』にスカウトされた時、『週刊朝日』と違う方法で記事を書くことを考えた。それはアンカー・システムと呼ばれ、取材と記事のまとめを分業化する方法である。これを草柳は、〝パーティー・ジャーナリズム〟とも称したが、『週刊新潮』では最初、草柳が一人で執筆した。

「ヒロシマ」レポート

草柳大蔵が『週刊新潮』のライターとしてスカウトされた経緯については、高橋呉郎の『週刊誌風雲録』に書かれている。それによると、草柳は、『週刊新潮』の二代目編集長となる野平健一と同じく学徒動員の世代であったが、八雲書店にいた頃、『新潮』の編集者だった野平と知りあった。そして、野平が『週刊新潮』の特集班デスクとなった時、草柳が〝安くて、速くて、うまい〟ライターであることを買って、野平が『週刊新潮』によんだのである。

最初は、「タウン」欄のリライトをしたが、佐藤亮一編集長と齋藤十一の眼に適《かな》い、産業経済新聞を辞めて、『週刊新潮』のライター専業になった。そして、創刊号の特集記事「オー・マイ・パパに背くもの――父と子のモラル戦後版」の原稿がつまらなかったので、草柳がリライトすると、見事な記事となった。その実力が評価され、やがて草柳は特集記事を書くようになる。

そして三十二年八月十二日号に「特別レポート　八月六日の遺産——はじめてルポされたABC（原爆傷害調査委員会）の実態」を書いた。この時、草柳はまる四日間、カメラマンの土門拳とともに、広島の街を朝の九時から夜の十時まで歩きまわって取材した。

しかし、この取材は最初からスムーズに行われたわけではない。次のような事情があったことを、岡井耀毅『土門拳の格闘』（成甲書房）が伝えている。

《そんなある日、土門拳に広島の原爆被爆者取材の打診があった。だが、土門はためらった。広島を恐れていたのだ。敗戦の翌年、九州へ行ったとき、荒涼たる原爆原野を列車の窓から眺め、息もそこそこに通過して胸をなでおろした記憶がある。原爆のあとは二十五年から七十年くらいの間はいっさい住めないなどというまことしやかな話がひろがっていたのだった。それから十三年、すでに四十数万の都市に復活してはいたが、土門はまだ放射能に汚染される危険性があるように思っていたのだろう。

気おくれする土門拳に草柳大蔵が熱弁をふるって説得した。リアリズム写真家として鋭く日本の戦後社会の現実を見つめてきた土門拳が広島の現実に眼をそらしてよいのか。いまこそ被爆者の実態に迫るべきではないか——土門は心底からうなずき、『週刊新潮』のグラフ撮影の特派写真家として、昭和三十二年（一九五七年）七月二十三日午後、はじめて広島の土を踏んだ。草柳大蔵、飯塚博雄両記者と撮影助手として研光社社長の永井嘉一、小林龍雄、長女の真魚が同行した》

本書によると、被爆十二年後の広島の取材はなまやさしいものではなかった。それでも『週刊新潮』のレポートは連合国総司令部（GHQ）のお声がかりでできたABCCによる原爆傷害の検査や治療の実態をあばき、ショッキングな内容で大きな反響をよんだ。取材が終わって、記事が掲載されるまでには、こんなこともあった。

《最初この記事は、四ページでまとめられる予定であった。そのため草柳は、四ページ分の記事を書いて編集部にわたした。原稿をわたしたあと、さすがにグッタリとなり、自宅で寝ていた。すると、「草柳さん、草柳さん」とゆり動かす者がいる。みると『週刊新潮』の編集部員である。なんだろう、と思って草柳はおきあがった。

「草柳さん、この記事すごいですね。実は、これ、四ページではもったいないんですけどね」

その編集部員は、いきなりこういった。

「すると、もう一度書きなおすの？」

さすがに、うんざりした気持ちになったが、やはり喜びのほうが大きかった。ライターにとっては、枚数をへらしてくれ、といわれるより、おもしろいからふやしてくれ、といわれるほうがうれしいものだ》（『現代マスコミ・スター』）

結局、このレポートは最初から書きなおし、土門拳の写真を入れて本文八頁、グラビア五頁で構成されることになった。リードと本文の書き出しは、こうなっている。

《昭和二十年八月六日、史上最初の原爆が、広島に投ぜられて十二年が過ぎた。ここ広島、長崎のＡＢＣＣは、生物の名のもとに痛ましい被爆者の資料を収集している。百三十ヵ所に切り刻まれる肉片、集められた二十六万枚の〝原爆戸籍簿〟等々――それらが何を意味するか、これは、その全ぼうを伝えようとする報告書である。

二つのエピソードから報告しよう。

この八月一日から「原子爆弾被爆者の医療等に関する法律」というのが施行されている。内容は、原爆症患者の診断、治療を全額国庫が負担するというもので、予算は一億七千五百万円。医療政策としては一歩前進というところだが、被爆者たちは割り切れない感情をもっている。原爆を浴びてからマル十二年目の措置――その時期の遅速は論外として、この法律には当初、生活援護の目的も加わっていた。その分が予算上で一億円だったが、まず「健康管理」ということでアッサリ削られてしまった。しかし、この問題はさらに時間をかけて国家と話しあえば、解決しうる可能性がある。やり切れないのは、心理的苦痛である。この法律の適用をうけるためには「被爆者健康手帳」というのをもらわなければならない。その際「原爆罹《り》災証明書」をつける必要がある。証明書がなければ、当時の学校長、隣組長、あるいは親類知人などに証明人となってもらう。それもできないと、こんな誓約書を書かなければならない。

「私は申立書のとおり原子爆弾被爆者であり、申立書に記載してあることは事実であることを誓約します」

広島、長崎の人たちは、この証明、誓約を求める政府の無神経さがかなわないという。世界のどこに、自らを原爆症患者といつわる〝勇気〟のあるものがいるだろうか……》

土門拳の格闘

最初、広島の取材をためらっていた土門は、『土門拳の格闘』によると、取材が終わった後も、十一月まで数回にわたって撮影取材を続け、それは写真集『ヒロシマ』（昭和三十三年三月刊）にまとめられた。総数五千八百枚にのぼるネガのうち、八百枚を編集用に引き伸ばし、実際には百七十一枚が使用されたが、《原爆症の手術からはじまる写真には、ショックのあまり編集のさなかに編集部の女性が脳しんとうで倒れたりした》という。

『土門拳の格闘』によると、土門は、『ヒロシマ』に収められた「はじめてのヒロシマ」という文章で《ぼくは、広島へ行って、驚いた。これはいけない、と狼狽した。ぼくなどは「ヒロシマ」を忘れていたというより、実は初めからなにも知ってはいなかったのだ。十三年後の今日もなお「ヒロシマ」は生きていた》と書いたが、作家の野間宏は、写真集『ヒロシマ』をこう評した。

《原爆症とたたかう人たち、原爆症に、大きな勇気をもって土門拳はむかう。このとき彼のカメラは勇気であり、勇気をこえた向うに成立つあらゆるものを見落すことのない対象を対象の背後にある原因とともに、一きょに一づかみにしようとする眼である。そこには戦争を憎み戦争をしりぞけるために一歩一歩力をこめて歩いて行く作者の関心の炎が、いま作者の手によってぬぐわれたばかりのように、写真のはじはじについているように思える。（略）》

『土門拳の格闘』には、これ以外にも、美術評論家の針生一郎、作家の大江健三郎、写真評論家の重森弘淹らによる写真集『ヒロシマ』への絶讃の言葉が列記され、著者の岡井耀毅はこう書いている。

《写真集『ヒロシマ』に寄せた一文「はじめてのヒロシマ」において、土門拳は、「カメラを手にする人間としての、使命感みたいなものに駆りたてられて、憑かれたように広島通いをすることになったという点で、またその結果、こういう本を出すことになったという点で、その日はぼくの生涯にとって忘れがたい日となった」と述べたが、その日、つまり、はじめて広島の土を踏んだ日から新しく拓かれていった土門拳の現実意識は、あきらかに今後のリアリズム写真の方向を見据えていたといえるだろう。『ヒロシマ』を上梓した土門にはもはや迷いはなかったはずである。焦燥感はぬぐい去られ、社会的リアリズムの精髄を確立していく視座に暗い翳はなかったであろう。被爆十三年後のヒロシマの現実に深く関わっていく写真家の自覚と責務は、土門拳においては、同時に、日本の姿への執着、いわば「日本」の原像へとさかのぼっていく必然を内包していた。ヒロシマを凝視するほどに日本及び日本人の有り様に深い関心を抱かざるを得なかった。もともと「文楽」や「室生寺」を撮った土門拳である。以後の土門拳は、「筑豊のこどもたち」を主題化したように社会問題をきびしく精撮していく一方で「古寺巡礼」など民族文化の淵源へのまなざしを深めていくのである》

『土門拳の格闘』を読むと、もし草柳大蔵が広島の取材をためらった土門を説得しなければ、後の土門はいなかったのではないかと思えるが、草柳は「八月六日の遺産」の中で、ABCCによる原爆傷害の調査がどのように行われているかを、次のように伝えている。

《次に死体の解剖がある。いまでは月に十五～十八体が運ばれてくる。ABCCは、死体から平均九十一ヵ所、最高百三十ヵ所の組織体を切りとる。舌、ノド、五臓六腑《ぷ》、横隔膜……これらにオートテクニコンという機械でゼラチンを浸みこませ、一たん固めたものを、二～三ミクロン（一ミクロンは一ミリの千分の一）の薄さにサックと切り刻む。この一片は二枚のガラスにはさまれアルマイトのケースに収められる。都合、百三十枚のガラス片が収まると〝一人前〟の組織が並ぶ。白ケイ灯の下で、原爆症の秘密がアバカレているわけである》

このようなルポルタージュを書くことによって、草柳は週刊誌のライターとしての道を切り拓《ひら》いてゆくが、出版社系週刊誌の世界もにぎやかになってゆく。

出版社系週刊誌の興隆

『週刊新潮』が昭和三十一年に創刊されて以降、ほかの出版社からも週刊誌が創刊されはじめた。岩川隆が『潮』の昭和五十二年三月号に書いた「日本の週刊誌を考える」によれば、三十一年四月に『学生週報』（旺文社）、十月に『週刊アサヒ芸能』（東西芸能出版、徳間書店に改称）、三十二年二月に『週刊女性』（河出書房、八月から主婦と生活社）が創刊される。そして、三十三年四月に『週刊大衆』（双葉社）、『週刊ベースボール』（ベースボール・マガジン社）、七月に『週刊明星』（集英社）、九月に『週刊実話』（実話出版、日本ジャーナル出版に改称）、『週刊ロマンス』（東西新報社）、十二月に『週刊女性自身』（光文社）が創刊された。

こうした動きを反映して、三十三年には週刊誌研究会編『週刊誌　その新しい知識形態』（三一新書）という週刊誌を研究した本も刊行され、三十四年にはさらに週刊誌の数が増える。三月に『週刊少年マガジン』（講談社）、『週刊少年サンデー』（小学館）、四月に『週刊現代』（講談社）、『週刊実話特報』（双葉社）、『週刊野球』（博友社）、『週刊文春』（文藝春秋）、『週刊スリラー』（森脇文庫）、五月に『週刊平凡』（平凡出版）、八月に『漫画サンデー』（実業之日本社）、九月に『特集実話』（日本文華社)、十一月に『週刊コウロン』(中央公論社)などの創刊があいつぐ。

『週刊新潮』が創刊されるまでは、週刊誌は新聞社でしか発行できないと考えられていたのだが、『週刊新潮』が新聞社系の週刊誌に代わって勢いをつけてくると、新潮社以外の出版社も週刊誌の発行を考えるようになったからである。

しかし、ここで補足しておかねばならないことがある。それは、『週刊新潮』の創刊以前に『週刊タイムス』という週刊誌があったのと同じように、昭和三十年五月に創刊された『文学新聞』(文学新聞社)というB5判三二頁の週刊誌があったということである。この事実を伝えているのは、徳間書店の社史『徳間書店の30年』で、同書は『文学新聞』という週刊誌と、その雑誌の発行人について、次のように紹介している。

《社長の三浦徳治は、戦前から小林秀雄、川端康成、横光利一、中山義秀らと交流があり、戦後、札幌創元社をやった出版人である。「文学新聞」はしたがって文芸週刊誌的な色合いが濃かった。筆者を見ても小林秀雄、福田恆存、高見順、田宮虎彦、青野季吉、亀井勝一郎、福永武彦、八木義徳、井上靖、小島信夫、サイデンステッカー、太宰治(未発表詩)などの顔ぶれで、純文学誌の週刊誌化志向がうかがえる。

だが、資本がつづかず、すぐ休刊した。

ついで、昭和三十一年十月、「アサヒ芸能」より十日ばかり遅れて、B5判・カラー表紙の「旬刊小説」(数週間後に「週

『週刊アサヒ芸能』

刊小説」と改題）が創刊された。画家の高沢圭一が（株）東京新書を設立して、発刊したものである。さきの三浦徳治はここに合流する。

内容は短篇小説、翻訳推理小説、評論、連載芸談などで、檀一雄、石塚喜久三、一瀬直行、佐古純一郎、山本健吉、杉森久英、深田久弥などが名前を並べているが、映画評、マンガ、時の話題——たとえばチャタレイ裁判、才女作家の登場など、こまごました記事も盛り込み、週刊誌スタイルを作り上げている。ただ、軽快ではあるが底流に〝文学臭〟があって一般大衆向きでなかったことが、伸び悩みの因だったようである。十カ月後の昭和三十二年八月、休刊となった。

三浦徳治は編集者の感覚から戦後まもなく週刊誌時代の到来を予測し、さきの「文学新聞」「週刊小説」のほか、「週刊批評」「週刊世界」「週刊文芸」などの誌名を特許庁に登録していた。なお「週刊小説」はその後、実業之日本社から発刊されている》

出版社系週刊誌については、こうした事実もあったことを記憶しておかねばならない。この事実を伝えた『徳間書店の30年』は、『週刊アサヒ芸能』が昭和二十九年四月に創刊されたタブロイド判の『アサヒ芸能新聞』をB5判の雑誌に改めたもので、その構想は三十年夏頃から検討され、三十一年一月三週号をB5判で発行し、四月には別冊としてB5判を五万部発行して読者の反応を見たと述べている。そして八月二十八日の社員総会でB5判、グラビア一二頁、本文六四頁、定価三十円で芸能を中心とする幅広い週刊誌という構想が発表され、十月七日に『週刊アサヒ芸能』五万二千部が発行されたとある。その時、題号は変えることになっていたが、それは実行できず、今も同じ題号で発行されている。

トップ屋の抗議

昭和三十一年以後創刊の週刊誌について、岩川隆の「日本の週刊誌を考える」で紹介されたリストで、さらに補足しておくと、三十一年に『学生週報』という週刊誌を創刊した旺文社は、三十五年四月に『週刊テレビ時代』という週刊誌を創刊しているが、両誌とも、あまり長くは続かなかったことである。このうち、『週刊テレビ時代』は昭和三十八年に東京ニュース通信社がA５判で創刊した『TVガイド』よりも早い創刊のテレビ情報誌で、B５判の判型であった。

また、三十四年十一月三日号から創刊の『週刊コウロン』は後に『週刊公論』と改題されるが、創刊の時は、当時週刊誌の定価が三十円であったのに対し、十円安い二十円の定価で出発し、途中で三十円に改めたものの、安い定価は販売店では評判が悪く、部数が伸びず、三十六年八月二十一日号で休刊となった。この雑誌は、トップ記事をほかの週刊誌のように無署名とせず、署名原稿だった。創刊号は大宅壮一が執筆した「敗けてよかった日本」で、休刊号は松本清張の「現地へ飛ぶ　松川事件判決の瞬間」であった。なお、三十五年二月十六日号には、坂出淳という執筆者が「トップ屋は抗議する」という記事を書いているが、坂出は当時、『週刊文春』のトップ記事を書いていた梶山季之のことである。

『週刊テレビ時代』創刊号

この記事は、週刊誌のトップ記事を書くので「トップ屋」と呼ばれるようになった週刊誌のフリーライターのことがテレビ番組になったものの、《ストーリーはなかなかよくできていておもしろいのだが、あまりにもウソが多すぎる》ことに対して抗議したものである。

ところで、ほかの出版社に週刊誌創刊を意識させるようになった『週刊新潮』は、当初は柴田錬三郎の「眠狂四郎無頼控」や五味康祐の「柳生武芸帳」など、連載小説で部数を伸ばした。しかし、その一方で、連載小説以外の特集記事や読み物でも『週刊新潮』らしい特色を見せはじめた。

その根幹になったのは、家庭の主婦を平均的読者像として設定し、ホーム・ジャーナル路線を打ち出した『週刊朝日』と異なるストリート・ジャーナル路線である。街頭で読まれ、家庭に持ち込まれることを考えない編集を行うのがストリート・ジャーナルだが、その方針に基づく特集記事や読み物が掲載されることによって、『週刊新潮』は連載小説だけを売り物にする雑誌というイメージから脱していった。

データ・マン、アンカー・システム

ストリート・ジャーナルとしての『週刊新潮』を実現するためには、記事の取材体制や文体の創造、さらには編集ポリシーの構築を必要とする。この点について、『週刊新潮』は人材に恵まれた。

まず取材体制について。これは、最初、一人で取材、執筆を行っていた草柳大蔵がパーティー・ジャーナリズムという持論を実践し、取材にあたるデータ・マンと記事の仕上げをするアンカーの分業体制によるチームを作ったことである。その時期は、高橋呉郎の『週刊誌風雲録』によれば、昭和三十三年の秋頃で、《アンカーの草柳をふくめて四人のチームが組まれた》という。データ・マンの三人のうち二人は元雑誌編集者で、草柳とは以前からの知りあいであった。

草柳はこのチームで、特集記事を執筆してゆく。共同執筆の方法はとっているが、『週刊朝日』の記事のように、章ごとに取材・執筆を分担するというスタイルではなかった。草柳以外のメンバーは、取材だけを行い、その材料を基に草柳が記事をアンカーとしてまとめる。だから、全体のトーンが統一されており、読者は読みやすい。

このチームを作った時のことを、草柳は扇谷正造との対談で語っている。

《『週刊新潮』は、ストリート・ジャーナルと考える。街で買ってもらって、街で読んでもらって、街で捨てていく。家には持ち込まれなくてもいい。『週刊朝日』の唯一の弱点は、ストリート・ジャーナルとして発生しながらホーム・ジャーナルの性格をもってしまったことだ。このホーム・ジャーナルを突け。諸君、打倒『朝日』！　みんなで勉強しよう。ただし『朝日』は強いから急には落ちない。こういうときは帝国主義の弱い一環から落とすものだ。まず『週刊東京』を分析しよう。「こんなに魅力ない記事を書くな」。そうやって『週刊東京』を超えた。第二に『娯楽読売』だ。『娯楽読売』を落とした。第三は『サンデー毎日』だ。落とした。そこで「諸君、最後の決戦は『週刊朝日』だ」。

ところが書き手がいないのです。

「君らは一ページたりといえども『週刊朝日』を超える記事の書ける記者ではない。僕が『週刊朝日』の最低のところに間に合う記者だ。おまえらはデータだけとってこい。おれがアンカーをやる」

そのときからアンカー・システムという言葉が生まれたんですね。それを梶山季之君だとかが真似て出発していったんです》(『週刊朝日の昭和史』第Ⅱ巻、朝日新聞社)

齋藤十一俗物を誇った

こうしてアンカー・システムによるパーティー・ジャーナリズムの方法によって『週刊新潮』の特集記事は作られるようになるが、どのような内容の記事を作ってゆくかという問題については、草柳チームができる以前から指針を示した人物がいた。それは、柴田錬三郎を連載小説の書き手として起用した齋藤十一である。彼が『週刊新潮』で果たした役割について、『新潮社一〇〇年』という社史で「百年を越えて」という章を担当した高井有一が、こう書いている。

《「週刊新潮」は齋藤十一という個性を抜きにしては語れない。創刊時に編集長佐藤亮一の片腕として雑誌の骨格を定め、九七年に顧問に退くまで、歴代編集長の上にあって、企画、編集を取り仕切った。「金銭欲、色欲、権力欲の三つに興味のない人間はいない。だからこの三つを扱った週刊誌を作る」、或いは「僕は俗物だ、俗物が興味を持つのは金と女と事件」といった齋藤の発言が毀誉褒貶《きよほうへん》を伴って伝えられている》

齋藤の言う《金銭欲、色欲、権力欲》が『週刊新潮』の内容を決定したのだが、齋藤については、齋藤美和編『編集者　齋藤十一』(冬花社)という本が刊行されており、この中で佐野眞一が「伝説の編集者」と題して、齋藤についてこう書いている。

《昭和三十一(一九五六)年二月、出版社系初の週刊誌「週刊新潮」が創刊された。編集長の佐藤亮一の片腕として同誌の創刊に関わった齋藤は、現役を退くまで、企画、編集の現場を全面的に取り仕切った。とりわけ週刊誌の生命線といわれるタイトルは齋藤の独壇場で一切他人に口出しさせることはなかった。

昭和三十三年夏、全日空機が下田沖に墜落したとき、「週刊新潮」は乗客名簿を必死で探す新聞各紙を尻目に、その便をキャンセルした乗客を探して話を聞き出し、特集を組んだ。齋藤の発案になるタイトルは「私は死に神から逃れた　七時三十五分をめぐる運命の人々」だった。

パリ人肉食殺人事件容疑者の佐川一政が心神喪失を理由に日本に強制送還されたとき、齋藤がつけたタイトルも語り草になっている。

「気をつけろ　『佐川君』が歩いている」

二〇〇〇年十二月二十八日、二十世紀最後の仕事納めにあたるこの日の朝、齋藤は心不全のため八十六歳で世を去った。

そして、佐野は齋藤が人間を俗物と考え、自らも俗物と称していたことについてもふれている。

《「人間は誰でもひと皮むけば、金と女と名誉が大好きな俗物です。僕も狂的な俗物です。実際にはもうダメだけど、いまでも女は大好きです。食い意地もきたない。『週刊新潮』ではそれをやりたかったし、いまでもやりたい」

齋藤のなかには文学や音楽をこよなく愛する教養人の顔と、そんな自分は俗物性を隠すためのポーズに過ぎないと感じてしまう編集者の冷静な目と悲しい性《さが》が同居している。

自己矛盾で磨き抜かれたその内面の鏡こそ、齋藤が天才編集者といわれる所以だった。それは作家たちの内面を曇りなく映し出し、眠れる才能をひき出す編集者の最大の資質だった》(同)

佐野によれば、齋藤は「週刊誌で文学をやっている」と言って編集者黒衣説に徹し、マスコミからの取材に応じることはなかった。佐野は『ＡＥＲＡ』の「現代の肖像」で齋藤について書くため、齋藤を取材したのであるが、佐野以前には、岩川隆の『ノンフィクションの技術と思想』（PHP研究所）、『ビジネス・インテリジェンス』が取材できただけで、佐野が平成十一年に取材して以後は、齋藤の死の直前に放映されたTBS番組「ブロードキャスター」がインタビューしている。このうち、岩川、『ビジネス・インテリジェンス』によるインタビューでも、齋藤は人間俗物主義を語っている。〈岩川のインタビュー〉「うちの基本姿勢は〝俗物〟主義でした。人間という存在自体がそうでしょう。どのように聖人ぶっていても、一枚めくれば金、女、その他……それが人間なのですよ。だから、そういう〝人間〟を扱った週刊誌を作ろう……あっさりいえばただそれだけでした」〈『ビジネス・インテリジェンス』〉「申し上げたように僕は俗物ですからね。俗物が興味を持つものは決まっています。金と女と事件」

さらに佐野は、齋藤が人間俗物主義を唱えるようになったのは、若い頃、所属していた「ひとのみち教団」の幹部による忌わしい猥褻行為を知るという形で、神々に裏切られたことによって、齋藤の人間観が形成されたことを明かし、それが週刊誌づくりの基本になったと言う。

《齋藤は「真・善・美」の世界を心のなかでひたすら追い求めながら、その理想とは真逆の「金・色・権力」に対する人間のむきだしの欲望を週刊誌づくりの基本に据えた。毎日クラシックのSPレコードに聞き入る貴族的な生活を送りながら、俗情への関心がひとときたりとも消えなかった男。それが〝聖〟と〝俗〟に相渉る世界を激しく行き来した齋藤十一の生涯だった》（「伝説の編集者」）

次に『週刊新潮』の記事の文体については、草柳以外のライターの文体が『週刊新潮』の主流となってゆくが、その経緯は次節の通りである。

ひたすらデータで語る

『週刊新潮』の初期は、草柳大蔵による文体が主流であった。草柳の文体については、高橋呉郎は、草柳の書いた「八月六日の遺産」というレポートが《ひたすらデータで語る》ことに徹し、八頁の記事に《談話はＡＢＣＣの所長が語る十二行（一行十四字）しか出てこない》ことに注目し、こう指摘していた。

《草柳は、データは地の文で書くのが本筋である、と主張する。談話を入れたほうが、たしかに、読みやすくなるかもしれないが、談話には、話す人の主観や感情もはいってくるので、データの客観性を損なう。また、二十行を超えるような長い談話は、レポートの緊張感を殺《そ》ぐおそれもある。だから、草柳は、話す人の主観や感情を伝える必要のあるコメント以外は、談話をつかわない。それも、せいぜい十二、三行にとどめた》（『週刊誌風雲録』）

ところが、『週刊新潮』には、草柳の文体とは全く反対の文体が登場し、それが主流となる。その文体を作り出したのは、作家の井上光晴である。彼はまだ新人作家時代に野平健一にスカウトされて『週刊新潮』のライターになったとき、談話を長々と用いて、地の文章は談話をつなぐ接着剤の役割しか果たさないような文体で記事を書いた。これを黒沢明の映画『羅生門』の原作となった芥川龍之介の「藪《やぶ》の中」になぞらえて、「藪の中」方式と呼ぶようになった。

芥川の「藪の中」では、事件を複数の登場人物の証言によって再現してゆくが、井上が『週刊新潮』で書いた記事は、「藪の中」と同じく、事件について語る複数の談話を並べるという手法がとられた。この手法について、朝日新聞社編『週刊誌のすべて』が、井上の弁明を紹介しながら、こう述べている。

《「世の中には、殺したといいながら殺してなかったり、殺さないというが実は殺していたり、いろいろな人がいる。

そんな人たちの、筋の通らない発言をへたに解説すると、必ずまちがう。だから、私はナマの声をなるべく正確に伝えるために、コメント中心主義をとった」

と井上さん。

「原稿は話を聞いた人のせりふだけを書いてくれればいい」と注文した》

データ・マンにこんな注文をつけて、井上が書いた記事の文体が『週刊新潮』では主流となり、やがて草柳は『週刊新潮』を去ることになる。

そして、齋藤十一は、昭和五十六年に自分が企画した新たな週刊誌を創刊するが、それについては後の章でふれる。そこで、ここに一つふれておきたいのは、『週刊新潮』は、昭和四十年代に記者の執筆による『マッカーサーの日本』というレポートを連載し、これは四十五年七月に新潮社から単行本として刊行されていることである。同書は五十八年に上・下二巻本で新潮文庫に収められたが、その解説で占領史研究家の神井林二郎が、このレポートを次のように評価している。

《「マッカーサーの日本」が最初に出版されたのは一九七〇年、昭和でいえば四五年の七月で、もう十三年も前のことになる。『週刊新潮』への連載は、その二年前の夏から始まっていた。連載の始まった一九六八年に、鶴見俊輔、小田実《まこと》の両氏が、日本占領の研究に手をつけないと間に合わなくなるぞと呼びかけて、研究グループが生れたのは偶然とはいえない。研究会の度ごとに、この連載は話題になったものである。

トピックの選び方、生き残りの占領関係者に対する迫力に満ちたインタビュー、目を見張るような新史料、そしてサバサバした叙述のスタイル……。日本の占領についてこれほど面白く読ませる企画は、この前にも後にもなかったと私は思っている。四十五回の連載が終って、加筆・再構成を経て本になった時、『マッカーサーの日本』は、私たちのような在野研究者にとっては特に、絶好のガイドブックとなったのである》

『週刊新潮』の取材力は、このように評価されるまでになったのである。

草柳大蔵の『週刊明星』批判

草柳大蔵が『週刊新潮』を去るのは、昭和三十九年の二月頃(『週刊誌風雲録』)であるが、そこに至るまでに、草柳はもう一つ別の週刊誌とも訣別《けつべつ》している。それは、昭和三十三年七月に集英社から創刊された『週刊明星』である。この雑誌は、『平凡』のライバル誌『明星』を成功させた本郷保雄が編集長となって創刊されたが、草柳はこの雑誌からも声をかけられ、創刊時からライターとして参加した。

ところが、彼は『週刊明星』が、創刊して間もない三十三年の秋にスクープした記事に嫌気がさして、十一月いっぱいで同誌を辞めた。そのスクープ記事とは、『週刊明星』が昭和三十三年十一月二十三日号に掲載した五頁の特集「内定した!? 皇太子妃――その人正田美智子さんの素顔」という記事である。この記事をめぐっては、いろいろなドラマがあった。そのドラマを紹介するには、草柳と同じく週刊誌のライターとして大きな力を発揮する人物のことにふれる必要がある。

その人物とは、後に流行作家として売れっ子となる梶山季之である。梶山は戦前の朝鮮に生まれ、戦後は広島に引き揚げた後、上京して妻と喫茶店を経営し、文学修業に励んだ。そして、『文藝春秋』編集長の田川博一がルポ・ライターを育てたいと『週刊朝日』で語ったのに応じ、『文藝春秋』でルポを書くようになる。はじめのうちは、無署名の特集記事を書き、田川から文藝春秋も週刊誌を出すから、《お前どっかでトレーニングやってこいというので、「週刊明星」に行った》(『週刊読書人』昭和四十年八月十六日号)のだが、同誌のライターとなり、警職法改正に反対し「またコワくなる警察官——デートも邪魔する警職法!」という記事を三十三年十一月九日号に執筆した。

この記事は、警職法改正を阻止するうえで大きな役割を果たした。そのうえ、梶山は、皇太子妃候補が正田美智子であるという情報をつかんだ『週刊明星』が十一月十六日号でこのニュースを伝えようとして、東宮教育参与の小泉信三に記事の発表をやめてくれと言われ、一号見送ることになった時、大きな役割を果たした。その時のことを、『週刊明星』の編集長だった本郷保雄が書いている。

《中止ときまって四ページのアナがあいた。もう時間がない。そこでピンチヒッター梶山季之の登場となった。

梶さんは夜の九時から翌日の午前四時まで僅《わず》か七時間で「小説・皇太子の恋」を梶謙介のペンネームで二十枚に書きあげた》(「トップ屋からスーパー作家へ」『積乱雲とともに　梶山季之追悼文集』季節社)

そして、ほかの週刊誌が皇太子妃決定の報道をやるというので、『週刊明星』は十一月二十三日号でこのニュースを掲載したのだが、草柳はこれを批判した。

黒崎勇と『女性自身』

草柳大蔵が『週刊明星』の皇太子妃決定スクープを批判したのは、この記事が報道協定違反だからというのが理由だった。これを契機に、草柳は『週刊明星』のライターを辞めるが、その草柳を以前から注目していた編集者がいた。

それは、昭和三十三年の十二月から女性向けの週刊誌を創刊しようとしていた光文社の黒崎勇である。黒崎は、以前から『週刊新潮』を丹念に読んでおり、新しい週刊誌を創刊するとき、齋藤十一を訪ね、助言をあおいだ。その時、齋藤は、①新聞社のやれないこと、気づかないところを狙う②雑誌としての視点をはっきりと定めてから記事を作る。読者迎合の記事はぜったいに避けるというアドバイスを与えてくれた（岩川隆『ノンフィクションの技術と思想』）。②のアドバイスは、もの真似はだめで、雑誌としての個性を強く出せば出すほど、丈夫で長持ちするということを意味していることがわかった。さらに黒崎は『週刊新潮』を読んでいて、その中にほかのレポートと違った調子のものがあることに注目した。どうやら、同一人物が書いているようなので、黒崎は今度、創刊する女性週刊誌の特集記事はこの人に書いてもらおうと考えた。それが、草柳であった。

『週刊明星』

草柳は『週刊明星』を辞めて、『週刊新潮』のライターと兼任で、黒崎が創刊しようとしていた女性週刊誌に参加することにした。その雑誌は、『週刊女性自身』という題名であった。この題名は、黒崎が新聞を読んでいて見つけた「女性自身のもの―それは個性である」という言葉からつけたものである。最初は、この言葉全部を誌名にしようとしたが、社内の反対があり、『女性自身』となった。それでも、創刊当時は、違和感のある誌名であった。

黒崎は、何か新しいことを始める時は、常識と反対のことをするというのを信条としていた。彼は、戦前、講談社の少年社員であったが、戦後、講談社の子会社として光文社ができた時、講談社から移り、最初、『少年』の編集部員となり、『少女』という雑誌の編集長となった。

この雑誌は、昭和二十年代に少女向けの雑誌として最もよく売れたが、三十三年に女性向けの週刊誌が創刊されることになった時、黒崎は初代編集長を命じられた。その時、黒崎は日本全国をまわって来いといわれ、日本の全ては東京にあるという報告をしている。

誌名でも型破りの名前を考えた黒崎は、『女性自身』創刊号（十二月十二日号）の内容も常識に反するものを考えた。それは、十一月二十七日に発表された皇太子明仁と正田美智子の婚約にふれないということだった。

これについては、社長の神吉晴夫も、ほかの雑誌はやるだろうけど、『女性自身』で扱う必要はないのでは、と言って黒崎の方針に賛成した。だから、黒崎は発表されたばかりの皇太子婚約の記事は掲載しなかった。ところが、思わぬ事態に見舞われる。

創刊号は返品率五割二分の惨敗

ふつう雑誌の創刊号は新しい雑誌の出現ということで、よく売れるはずなのに、『女性自身』の場合は五割二分の返品で、売れたのは四割台という惨憺たる成績だったのである。

では、『女性自身』創刊号は、どんな内容だったのか。特集は三つあり、一つ目は「三つの墓　一瞬！　取り残されたこの父と子」と題するグラビアで、これは狩野川台風の被害者をルポしたもの。二つ目は、「今度こそ夫を返して！　幼な子を抱えて十年　高橋被告の妻　最後の訴え」という松川事件での第二審判決で懲役十五年の有罪判決を宣告された高橋晴雄被告の妻、高橋キイ子が夫の無罪を訴えた六頁におよぶ記事。そして三つ目は「あなたの美をはばむもの　眠られぬファッション・モデル・青木幸枝さんの美容記録」というグラビアである。

このうち、松川事件の被告の妻を扱った記事は、こんなぐあいに書き出されていた。

《……武田久　無罪、鈴木信《しん》　死刑、斎藤千《せん》　無罪、高橋晴雄　懲役十五年……もうつぎの声は耳に入らなかった。

昭和二十八年十二月二十二日、松川事件の第二審の判決。

高橋晴雄被告の妻、高橋キイ子（30）さんは、その放送を米沢の実家で聞いていた。コタツのある居間には家族全員が集まっていた。

皇太子の肖像写真の真下、茶ダンスの上に置かれたラジオから流れてくるアナウンサーの声も、緊張のあまり震えをおびているように思われる。一家の者は、思わずキイ子さんの顔を見、そしてすばやく目を伏せてしまった。

それは、半ば予想していた判決ではあった。だが「今度こそは無罪だ」と、そう信じさせる理由もまた十分あった。第二審の公判で被告に有利な材料がつぎつぎに加えられていたからだ。しかも、長い歳月をかけ、公判は異例の回数百十回も行われたのだ。すでに、事件がおこってから四年あまりになっていた。三年前、気も狂いそうな思いで聞いた第一審の判決（高橋被告　無期懲役）とは違い、この判決は重くおもくのしかかってくるのだった……》

この記事が掲載された『女性自身』の創刊号は昭和三十三年十二月十二日号で、発売日は一週間前の十二月五日だった。十一月二十七日に正式発表された皇太子妃決定のニュースは、扱おうと思えば創刊号に掲載できたはずである。ところが、創刊号で目次になっている皇室関係の記事は、「ニュース・ストーリー　『皇后様』をおどかした男」と「濃縮ゴシップ　清宮に意中の人？」だけである。皇太子に関しては、この「濃縮ゴシップ」に、「殿様芸でない皇太子の学力」という一段見出しの記事があり、その書き出しに「だいぶ前からさわがれていた皇太子妃問題も決定、ようやく一段落した」とあるが、次の節では皇太子の学力についての話題に転じている。

皇太子妃については、「今週の被害届」という読者からの投書欄に「I写真館事務員S子　二十四歳」と名のる女性が「某日、私の勤務するI写真館へ、T新聞とS新聞の記者が訪れ、五反田の正田家の娘さんの写真を拝借したいとのこと」で、正田美智子という女性の写真がないか、問い合わせをしたと報告している。

このように『女性自身』は、名前にちなんで〝ミッチー・ブーム〟と呼ばれた皇太子妃決定のニュースは扱っていないといってよく、その徹底ぶりは、同じ頃発行された『週刊女性』と比較してみるとよくわかる。

百八十度の方向転換

『女性自身』創刊号と同じ頃発売された『週刊女性』とは、昭和三十三年十二月十四日号のことである。おそらくこの雑誌も、発行日付の一週間前に発売されたと思われるので、『女性自身』創刊号が発売されて二日後に店頭に並んだのであろうが、巻頭には一五頁にわたって「皇太子妃・正田美智子さん」という記事を掲載している。その中には正田美智子の出身校である聖心女子大学の先輩にあたる曽野綾子が寄稿した「このよろこび」という文章が添えられている。そして、本文頁の半ばに収められたグラビアでは、五頁にわたって「正田美智子さんの青春アルバム」が特集され、そのなかには軽井沢のテニスコートで皇太子と正田美智子がコート仲間と共に写った写真も収められている。

同じ頃に発売された二つの女性週刊誌は、皇太子妃決定に対し、あまりにも対照的な誌面を作り、このニュースを扱わなかった『女性自身』は五割以上の返品に見舞われ、惨敗した。

『女性自身』創刊号

この事態に、編集長の黒崎勇は《社内の廊下を顔を伏せて歩いた》と、自著の『皆がNO（ノー）ならやってみろ「0（ゼロ）」を〝商品化〟して40年』（リヨン社）で告白し、次の節で、こんな決意を書きとめている。

《だが、終わったことをくよくよしてもはじまらない。一転、

菊印をやろうと心に決めた》
なぜなら、黒崎は《〝ミッチー・ブーム〟は単なるブームではなく、日本人にとって歴史的大事件であることとも思い知らされた》（同）からである。創刊号と百八十度異なる編集路線の実行を決意すると、黒崎は素早く行動を起こした。

二号目の十二月十九日号では、巻頭に「学習院に才媛《さいえん》はいなかった？　柔順と犠牲の名門、聖心女子学院の隠された断面」と「北白川肇子さんの恋　解放されたお妃最有力候補」という記事を掲載した。前者は六頁、後者は四頁の記事である。後者の記事でとりあげられた北白川肇子は、当時、二十歳で学習院大学哲学科一年だが、皇太子妃決定の一週間後、島津日赤社長の長男忠広（二十五歳、中越パルプ社員）との婚約が報道されたことを伝える記事である。北白川肇子は、八年間にわたって「皇太子妃最有力候補」と言われてきた女性である。前者の聖心女子学院の記事は、草柳大蔵が書いたが、こんな書き出しになっている。

《若い娘の間に〝正田調《しょうだちょう》〟というのが流行している。しゃべり方の一種で、落ち着いてゆっくりと、句読点《くとうてん》のあるようにしゃべる。

「はい、それは、あのお方を、ご信頼、申し上げて、おります」

いうまでもなく、皇太子と婚約した当日の、正田美智子さんのエロキューション（しゃべり方）である。その日の正田さんの記者会見は、まことに堂々たるものがあったというのが定評だ。が、作家の曽野綾子さんにいわせると「冗談じゃない。聖心を出れば、誰でもあれくらいの答弁《とうべん》はできる」そうである。いままで聖心女子学院といえば「金持の娘がゆくキリスト教の学校」くらいの認識しかな

かったが、やはり皇太子妃をここまでシッけたとなると、改めて見直さざるをえない》
この後、黒崎は皇室記事を連打する。

〝皇室自身〟皇太子妃の素顔を特写

『女性自身』の内容を、二号目からガラリと変えた黒崎勇は、《臆面《おくめん》もない、無節操であると評されたが、かまわずオンパレードをつづけた。なかでも秘かに画策したことがあった》と前出の自著で述べ、こんな取材をしたと書いている。

《それは美智子妃の、ご家庭での様子をカメラに納めよう。これが撮れれば得がたいスクープである、と。担当者が張り切って、正田家の庭に面したお宅の二階を借りて、夜明けから日没までレンズを向けた》

そして、ついに道路を越え、庭木の間を縫って、正田美智子と父親の英三郎が庭でキャッチボールをしている写真の撮影に成功した。しかし、担当記者がもっとよく撮ろうと身を乗り出したところを、通行人と近所の人に見つかり、警官がやって来た。記者は散々怒られたが、幸いカメラとフィルムだけは持ち帰り、昭和三十四年四月二十四日号の巻末に「本誌特写　ご結婚五日前の素顔」と題して七枚の組み写真として掲載された。

皇太子妃特集の『週刊女性』

四月十日の成婚パレードの報道については、大学の写真部の学生を二十人ぐらい動員し、フィルム一本に千五百円を払った。このように『女性自身』は皇室報道を「継続されるニュース」と呼んで力を入れ、黒崎自身、《『女性自身』ならぬ『皇室自身』、菊印の『女性自身』といわれても仕方がない》と自著に書いている。そして皇室報道を続けたのは、桑原武夫の『「宮本武蔵」と日本人』（講談社現代新書）で、吉川英治の「宮本武蔵」に展開されている「修養」「骨肉愛」「あわれみ」という三つの徳目が日本人のベーシックな徳目に合致していると指摘されていることを参考にして、皇室記事が「日本人の共通概念」に合っているからだと論じている。

『女性自身』の皇室報道は部数の伸びをもたらし、やがて先行誌の『週刊女性』を追い抜くが、その過程で草柳の果たした役割は大きかった。彼は『週刊明星』の仕事をしていた頃の持論を『女性自身』に持ち込み、黒崎に『女性自身』は読者の平均年齢を十七・四歳とし、徹底的にルッキング・マガジンにすべきだと言った。『週刊明星』の時は、この雑誌をハイティーンのための雑誌にすることを提案し、テスト版では、「キミだっていつかは……」といった文体で記事を書いた。草柳はその提案を『女性自身』で実践しようと考え、黒崎がそれに応えた。

足音の聞こえる記事

二号以降、皇室報道に徹するようになった『女性自身』は、創刊の時から他の週刊誌にない特色を持っていた。それは当時、週刊誌の定価が三十円であったのに、四十円の定価をつけたことである。これは、グラビアやカラー口絵を増やし、ゴージャスな感じを与え、読み捨て雑誌でなく、保存用週刊誌にするためだった。これによって、草柳大蔵の言うルッキング・マガジンというアドバイスを実現した。

そして、表紙は日本人でなく、外国人女性をロングで撮ったカラー写真を用いた。クローズアップだと映画雑誌と間違われるからだが、外国人女性の写真を表紙に用いたのは、読者が外国人の写真に異和感を持たなくなったと思ったからである。そして「週刊」という文字は小さくした。

こうした工夫を生かすには、記事の文体もイメージフルなものにしなければならないと草柳は言った。彼はイメージフルでビジュアルな文体をつくりだすため、よく映画を見た。その草柳が『女性自身』で書いた記事で、大きな反響を呼んだのは昭和三十四年一月二十三日号に掲載された「親のない正月」という記事である。これは狩野川台風による水害で多くの死者が出た伊豆で親を失った子どもたちのことをとりあげた記事だが、こんなぐあいに書き出されている。

《昭和三十四年の元旦は、流れ町のホタルかごのうえにも、静かに明けた。

流れ町とは――台風二十二号の被災者たちのために建てられた、簡易住宅の集団地のことである。そういう呼び名をつけたのは、現地の人々だ。町が流されたという絶望的なおそろしさと、流されたあと、荒漠とした復興のあえぎも聞こえない自嘲《じちょう》がこめられているようである。

そしてホタルかごとは、被災者たちの簡易住宅のこと。やっと五坪のバラック建である。近くの山に登ってみると、まるで虫籠《むしかご》のようなたたずまいだ。夜ともなれば、その一つ一つに灯がともる。それがはかないホタルを集めたように見えるのである》

この書出しはイメージフルな文体の典型と言ってよいが、この記事は、こう続く。

《災害地一帯は、このような応急措置をおえると、次の課題をまえにして一服しているような状態だ。それでも人々は、この正月をキッカケに新しい生活に手をつけ始めた。
　正月三日の日が、台風で亡くなった九百二十六人の百カ日にあたっていた。そこで年も改まったとだし、いつまでも死んだ者のことをクヨクヨするのもどうだろうかと、たいがいの家が仏壇の写真をはずしにかかった。が、大人たちは写真に手をかけたとき、思わぬ視線にぶつかった。子供の目である。彼らはクヨクヨすることはなかったが、はじめて迎える〝親のいない正月〟が身に沁みていたのだ》
　そして、この記事は、《親のない子には、もはや同情や激励はたくさんのようだ。必要なのは、あえて言おう。彼らの環境をつくる政治力……そういう伊豆の正月である》と結ばれているが、草柳はこうした記事を、チームを組んで『女性自身』に書いた。黒崎は草柳の記事を「足音の聞こえる記事」と評した。取材がよく行われた記事という意味である。しかし『女性自身』には、草柳のほかにもう一人個性的なライターがいた。

ルポライター・竹中労

『女性自身』における草柳以外の個性的なライターとは、竹中労である。そのことを、森彰英『音羽の杜の遺伝子』（リヨン社）がこう指摘している。

《創刊して間もなく二人のライターが「女性自身」の誌面で存在感を示し始めた。竹中労と草柳大蔵である。二人とも取材記者を率いてチームを編成し、ほとんど毎週、記事の提供を続けた。何から何まで対照的な二人である。それまでの経歴も違う。

竹中労は昭和五年生まれ。東京外語のロシア語科を中退後、無頼の詩人、引揚者援護局雇員、共産党の非合法活動家、沖仲仕、屋台のラーメン屋などを経て夕刊新聞の記者、週刊誌のライターになった。「女性自身」の仕事を始めたいきさつを竹中は著書「ルポライター事始」に書いている。昭和三十四年の冬、「女性自身」の編集者から手紙が来て、ぜひ一度会いたいから電話がほしいという。夕刊紙をやめてライターとして独立したが、竹中は窮乏して部屋には蒲団しかない生活だった。電話代も隣室の社交さん（ホステス）に借りた。急ぎの原稿で出られないと嘘をいうと、京浜蒲田の駅前までハイヤーで迎えに来て、そのまま音羽の旅館に連れて行かれた。すぐにアンカーの仕事をするように言われたが、竹中は「自分で取材しなければ書きません」と肩をそびやかせた。即座に取材手当・週八千円、原稿料一枚千五百円の契約が成立した。初任給が一万二千円前後の時代としては破格である。竹中は生活の安定を得た。

竹中はもっぱら芸能記事を担当した。デビュー作はスキー選手で人気の俳優トニー・ザイラーと共演する鰐淵晴子をインタビューした「私は混血を売り物にしたくない」である。

以後「名もなく貧しく美しく／高峰秀子夫妻を感動させた夫婦愛」「もう一度私の曲を／兄・宮城秀雄を失った宮城まり子」、「女優と恋と友情と／シナリオ作家・南田洋子の誕生まで」、「女ひとり桜の園を守って／東山千栄子・70歳の年輪」、「女ひとりブルースを歩いて／淡谷のり子の恋と人生と歌」などと続く》

竹中は、こうした芸能人の記事以外に、美空ひばりの「自叙伝」を『女性自身』で連載した。その時のことを『完本美空ひばり』（弘文堂、現在はちくま文庫）の「まえがき」で書いているが、この

「まえがき」には、冒頭で当時の週刊誌のライターの名前も記されている。

《一九五八年一一月から六四年七月まで、私は週刊誌「女性自身」のスタッフ・ライター（契約執筆者）であった。そのころは、週刊誌ブームの絶頂期で、「トップ屋」と呼ばれる独立無頼のジャーナリストが、書き手に動員されていた。梶山季之、草柳大蔵、五島勉、青柳淳郎、北川衛、遠矢健一、吉原公一郎などである。それぞれに強烈な個性を持っていたトップ屋たちは、やがて作家になり、評論家になり、あるいは現在もジャーナリズムのアウトサイダーとして活躍している。

私は、「女性自身」で足かけ七年、芸能記事と教養記事とを受けもった。何年も前から、私は美空ひばりに対するイメージを育ててきた。ひばりの「自叙伝」を連載するということで、編集会議を通して取材をはじめたのは、六四年四月の下旬だった。

「自叙伝」は、ひばりの離婚という事態で中止になった。しかし私は、彼女の人生の転機に介在することで、ひばりの偽わらぬ姿にふれることができた。

ひばりにはじめて会ったのは、五月、小林旭と離婚の直前であった。清川虹子さんの紹介で、新宿の中華料理店で食事をすることになった。ひばりは、えんじのスカートに空色のジャンパーという、いかにも庶民的な服装であらわれた。初対面のあいさつをかわして、私が「ひばりさん」と話しかけると、彼女は手を顔の前でふって「お嬢と呼んでね」といった。「清川のママのお友だちなんだから……」いってみれば内輪のつきあいだから「お嬢」と愛称で呼んでくれというのである。ひばりは、そんなふうに、いきなり私の心にとびこんできた》

森彰英の著書によると、竹中と草柳は《服装もライフスタイルも対照的》で、竹中は《やや太目の体で派手なジャケットを着用しているかと思うと、和服の着流しに二重回しという大正文士のような姿で現われるときもあった》。しかし、《草柳は婦人雑誌のグラビアに登場して「取材の相手によって紺を着分ける」と題してファッション論を語るほど、ダンディだった》。

黒崎勇の「ニュースの哲理」

このように対照的な二人に、同じ雑誌で書かせたのが黒崎勇である。黒崎は戦前、講談社に少年社員として入社し、戦時中、五年間、中国の戦場で戦い、二十六歳で講談社に復帰し、光文社へ移った。そして、『少年』の編集部員、『少女』編集長となり、『女性自身』編集長になった経歴はすでに紹介したが、黒崎は『少女』の編集長になった時、大衆のための雑誌を作るには何が必要かを、杉村楚人冠の『最近新聞紙学』の中の「ニュースの哲理」という章で学んだと語っている。

《その中に「人間は全然知らないことを知ろうとするよりも、ある程度知っていることをより詳しく知りたいと、絶えず思っているものである」という一文があります。

これに私はとても共感しました。そこで、「ある程度知っていて、より詳しく知りたい」と思う対象は何か、と自分に問うてみたところ、瞬時にそれは人間である、という答えが返ってきました。

芸能人の動向、皇室の記事、政治家の動き、スポーツ選手の動静といったものは、みんなある程度知っていて、より詳しく知りたいと思う対象であります。したがって、各マスコミがこぞってそれらを取り上げているのは、まさに「ニュースの哲理」にかなっていると言えます。

私どもは、この観点をさらに具体化するために、連載小説の作家にも注文をつけました。小説の冒頭は風景描写などはやめて、一行めから、人間の会話にしてほしいとお願いしました。そういえば、谷崎潤一郎の『細雪』なども、冒頭から会話になっていたと思います。

そうした人間模様の綾というものを、小説やマンガで表現していけば、読者の一人ひとりは、人間の生き方をそこはかとなく、知ることになる。そこに雑誌、そして出版社としての志もあると同時に、ソロバンとの両立も成るものだなと知りました》（「ド素人《どしろうと》『諦念』からの出発」、『出版クラブだより』平成十四年十月一日号）

このような理念で創刊された『女性自身』はスタッフが男性であったが、黒崎は『少女』の編集長時代に《子どもが内に蔵していた大人らしさに向かって呼びかけ》成功したという体験があったので、《そのひそみにならって、女性が内にもっている〝男らしさ〟に呼びかける雑誌にしたらどうかと思いました》（同）と語っている。

そして黒崎は男性の多い編集部であったため、その長所を生かす。

《例えば、料理記事のなかで、調味料〝小さじ一杯〟と説明すれば、女性同士ならなんとなく了解するものを、ド素人で、ことに男だから、どのくらいの〝小さじ〟かと聞く。料理の先生は、呆れたり当惑したりの表情を浮かべる。当時はすでに、核家族化が進み始めていた時期でした。教えてくれるおばあちゃんがいないので、読者にも〝小さじ一杯〟という説明には、混乱がありました。そこで〝小さじ一杯〟の量を規定してやったので、かゆいところへ手がとどいている料理記事という、望外の評判を得ました》（同）

また、黒崎は、編集部員に、こんな指示を出したこともある。

《そんな折り、私が主唱していた「真反対の原理」から「女優のきれいな写真は撮るな」と編集部に指示しました。口をすっぱくして言っていた「ニュースの哲理」からすると、「女優イコールきれい」ということは、みんな知っていること。それをさらに詳しく知りたいというなら、メーキャップする前の女優、ふだん着の女優を見たいということになります。

当時、日本一の美女と言われた山本富士子の写真取材に行こうとするカメラマンに、私は「ふつうの写真を撮るなよ。カメラを意識しないような、例えばオシッコをしているようなところを撮ってくること」と言いました。

カメラマンは、しばらく唖然としていましたが、要するに、ブロマイドのようなあれではないのだなと、納得して出かけて行きました。そして撮ってきた写真は、山本富士子が毛布をひっかぶって、焼きいもをほおばっているというものでした。読者にはかなり話題になりましたが、映画の大映からは「うちの大事な商品に、キズをつけるとは何ごとか」と、出入り差しとめをくらってしまいました》(同)

外国女性の写真を表紙に

写真について、こうした戦略を打ち出した黒崎だが、表紙についても、それまでの雑誌にない工夫をこらした。

《外国女性の表紙採用は、まさに〝本邦初〟でした。しかもロング・アングルの写真を使いました。それまでは、日本女性の、アップの写真の表紙がほとんどでした。そこでアメリカの『セブンティーン』誌の、写真を使用しました。大きなエイトバイテン版で、すばらしくピントが利いているポジフィルムです。斬新なファッション、あかぬけした美しいモデルの立姿です。靴やスカートの長さなど、トータルファッション情報が得られる。また当時、日本の印刷では出しにくい、グリーンやピンク色の鮮やかなこと。書店で並ぶ雑誌の中で、いち早く目に留まる。街で持っていると、動くアクセサリーという誇らしさもありました。読者が表紙を外側に出して、小脇にかかえてくれるという、思ってもみなかったメリットも生じ、新ファッション演出ができたことにもなりました。

これが皮切りとなって、日本の雑誌、TV、ポスター、看板などにも外人女性が登場するようになりました。こんにちの、外国人女性のはんらんを思えば、隔世の感があります。

四十数年前、敢然とやってのけたのは蛮勇でした。ド素人の強みでした。実はこのテの写真は、それまでは買い手がなくて、エージェンシーの倉庫に眠っていたものでした。したがって二束三文、ごっそりと仕入れた。当方にとっては、経済性から言ってもうまい話でした。パリコレクション―当時、日本のファッション誌は、いずれも敬遠して載せていなかった。これが初めての採用でした。昭和三十年代では、あまりに豪華、あまりに夢のまた夢で、現実にそぐわないということだったのでしょうか。表紙に外人女性を採用して、喜ばれたのだから、ごく自然の成り行きで、つづいてミラノ、ニューヨーク・ファッションの大特集を組んで発表しました》(同)

読み捨てからの脱却

黒崎は、さらに工夫をこらす。

《つぎに苦心したことは、それまでは「週刊誌イコール読み捨て」で、電車のあみ棚に置かれっ放しでした。それを女性相手だからこそ、保存に値する週刊誌にしようと考えました。雑誌を生活必需品にはできないが、せめて生活財にしようというわけです。保存に値するには、二つのやり方が必要です。まずモノ自体の外見的魅力を加えること。それまでのように、ザラザラした紙に、手にインクがつきそうな活字ページばかりではダメ。

四色刷りで、グラビアとかオフセット印刷にして、いろどりを添えることです。もう一つ、例えば実用記事。料理記事にかくし味という秘伝のコツがある。読者がこれを読んで、役に立つからスクラップしておこう、という気を起こさせる内容にすること。

化粧とか家事の記事では、その実用度において、かゆいところへ手がとどいた配慮を見せて、新しいアングルから雑誌の質を高めることです。

また旅の記事なら「列車の進行の右側にすわったほうが、紅葉がきれい!」とか、「この品は○○デパートの二階で売っている」と細かく、親切に紹介しました(ところが売場が四階に移動していて、小言をもらったこともありました)。

これによって当時定価三十円という、動かし難い大きな石を動かして、週刊誌の新生面を開こうと狙ったのです。事実、二十円の週刊誌さえ出現した時代です。財布を開いてもらうのは、容易ではないという時代風潮でした。

じつは四十円の『女性自身』にすることは、創刊最大のカケだったのです。でも世間では〝ゴージャス〟という言葉がはやり始め、この感覚に対する憧れが芽吹いていました。ゴージャス――ビジュアル誌――四十円――大丈夫という微かな予感は抱いていました》（同）

四十円の定価にするためには、読者調査もしたが、このような努力によって、『女性自身』は『週刊新潮』に次いで人気雑誌となったのだが、同誌については、まだ証言がある。

一匹狼たちの梁山泊

『女性自身』でフリーランサーとして記事を書いていた長尾三郎が『週刊誌血風録』（講談社文庫）という著書で当時の『女性自身』のライターたちの様子を次のように伝えている。

《『女性自身』の最大の売りものは、（略）皇室関係のグラビアと記事だったが、基本的には芸能、特集、実用の三本柱から成っている。編成は大きく分けてグラビア班と記事班に分かれ、グラビア班はさらにカラーとモノクロに分かれて、ニュース、芸能、ファッション、実用などを担当する。記事班は皇室、芸能を中心にそれこそ何でもありで、ニュース、トピックスや実用情報にも重きがおかれていた。

一般週刊誌として先行した『週刊新潮』は、出版社系の週刊誌らしく、創刊当時は谷崎潤一郎『鴨東綺譚』、大佛次郎『おかしな奴』、五味康祐『柳生武芸帳』の小説三本立てを売りものにし、すぐに柴田錬三郎の『眠狂四郎』の読切り連載が始まり、小説が部数を伸ばす原動力となった。

しかし、若い女性相手の『女性自身』は、まだそれほど小説には重きをおいていない。創刊号は松本清張の『愛と空白の共謀』、創刊第二号は菊村到の『黒い花』、第三号は有馬頼義の『枯葉』という具合で、いずれも読切り小説だった。三島由紀夫などは、女性週刊誌には絶対に寄稿しない、と公言していた。松本清張などのように光文社と関係のある作家以外には、まだ相手にされないというのが本当のところだったかもしれない。

のちに三島由紀夫を『女性自身』に登場させることになるのは児玉隆也である。児玉は、私より一つ年上の昭和十二（一九三七）年五月生まれ。彼も早稲田大学時代に取材記者として働き出し、昭和三十五年四月、早稲田大学第二政治経済学部を卒業して光文社に入社、正式な社員となった。児玉はのちに私や浅井清宏が所属する藤本恭班のデスクとなる。私も浅井も藤本も昭和十三年生まれだった。『女性自身』には昭和三十六年当時、この年代の若僧たち、つまり二十三、四歳の編集者や記者たちが、わがもの顔でのし歩いていたのである。

取材記者たちが〝猟犬〟のように追い求めてきた現場のデータ原稿をもとに、編集者の指示に従って、規定の枚数にまとめ最終原稿に書きあげるのがアンカーである。

文章に練達の人といえば、すぐ作家を連想するかもしれないが、黒崎が目をつけたのはジャーナリスティックな感覚をもつ新聞記者で、まだ読売新聞記者だった三好徹（のち直木賞作家）、共同通信記者の児島襄（のち戦史研究家）などがスカウトされた。私が入った当時のアンカーには草柳大蔵、竹中労、水野泰治、小中陽太郎といった人たちが健筆をふるっていた。（略）

とにかく、その頃の『女性自身』には勢いと活気があった。

元全学連や学生演劇崩れの〝猟犬〟たちが獲物を求めて散り、飛びかかり、戦果をあげて帰還してくる。彼らには、たとえ国家権力といえども、恐れるものは何もなかった。

皇室記事を担当する編集者や記者にしても、別に宮内庁の〝御用記者〟だったわけではない。浩宮が誕生したのは昭和三十五年二月二十三日だが、成長されるにつれ、ヨチヨチ歩きの姿がなんとも愛らしい。グラビアに浩宮の写真が載ると、雑誌がよく売れた。当時編集部ではあの手この手を考え、プランのアイデアを練る。そのあまり、戦前なら〝不敬罪〟で発禁処分間違いないような〝勇み足〟も起こった。まだ髪がはえていない浩宮の頭を「スミでぬって」髪の毛をはやしたり、ヨチヨチ歩きの浩宮のあとを美しい孔雀がついていく写真を「合成し（？）」、グラビアページに掲載したことさえあった。これも「皇室なんて屁とも思っていない」元全学連の連中だから、突っ走った〝暴挙〟だった。

それぞれが『女性自身』に身を寄せてはいるが、誇り高き孤狼、一匹狼みたいな存在、それが取材記者だった。その取材記者たちと丁々発止と激論しながらアンカー原稿を書く、これまた野望を秘めた男たち。双方が記事の作り方をめぐって喧々囂々《ごうごう》とやりあうさまは、まさに〝吹きだまり〟〝武者だまり〟の感を呈し、さながら私が寝泊りしている仕事場「小桜旅館」は梁山泊のようであった》『女性自身』には、草柳大蔵や竹中労以外にも、個性的なライターが結集し、毎号、活気のある誌面作りを行っていたのである。

ちなみに、草柳は昭和三十七年『芸術生活』に「山河に芸術ありて」を連載し、初めて書名で仕事を始めた。この連載は三十九年に講談社から単行本として刊行される。そして、四十二年に『文藝春秋』に連載した「現代王国論」で文藝春秋読者賞を受賞して評論家としての地位を確立し、雑誌や新聞のみならず、テレビなどでも活躍するが、平成十四年に亡くなる。

また、竹中は、ルポライターを名のり、やはり署名で仕事をするようになるが、労働運動などにも関わり、三十九年に『団地七つの大罪』を出版、四十九年から『キネマ旬報』に「日本映画縦断」を連載、旺盛な執筆活動をするが、平成三年に亡くなった。

なお草柳の下で、データ・マンとして取材にあたった松浦総三、平沢正夫、茶本繁正らも、草柳グループが解散して以後、フリーのライターとして独立し、著書を持つ評論家となったが、その後、茶本は亡くなった。

八章

週刊誌黄金時代

出版界あげて週刊誌の時代へ

昭和三十一年に創刊された『週刊新潮』が新聞社系週刊を脅かす存在にまで成長するにつれ、『週刊女性』や『週刊明星』『女性自身』など、出版社系週刊誌が次々と創刊された。三十四年にはさらに創刊が活発となり、出版界は週刊誌の時代へと移行する。

そのことを示すのは、講談社が平成十三年に刊行した『クロニック講談社の90年』という社史である。これによれば、明治四十三年に創業し、戦前、雑誌王国とまで言われた講談社が昭和三十年代になると、かつて隆盛をきわめた雑誌を終刊し、新たな雑誌を創刊せざるを得ない事態が訪れた。その動きのなかで、週刊誌の創刊についても企画がめぐらされるようになった。

そうした動向を『クロニック講談社の90年』は伝えているが、この社史によると、まず昭和三十二年十一月八日発売の十二月号で『キング』が終刊となり、その後身ともいうべき『日本』という雑誌が十一月二十二日に創刊（三十三年一月号）された。

『キング』は大正十四年一月号から創刊され、昭和初期には百万部以上を発行したこともあり、一家をあげて読める雑誌として大きな存在だった。ところが、戦後になって、この雑誌は新しい時代に適応できなくなり、その後を『日本』が受け継ぐことになった。

B５判の大判で国民雑誌を標榜し、誌名募集に四一万九七三八通の応募があった（『クロニック講談社の90年』）この雑誌も、昭和三十年代以降の週刊誌の台頭の中で月刊誌という制約に縛られ、四十一年七月号で休刊した。これに代わって、四十二年一月号からA５判の『現代』が創刊される。

また三十七年にも、講談社は戦前から発行してきた雑誌を十二月号限りで三誌も終刊している。

『講談倶楽部』『少年クラブ』『少女クラブ』で、これらの雑誌も『キング』と同じく、戦前は隆盛であったのに、戦後は勢いを失っていた。ただし『講談倶楽部』に代わる雑誌として、三十八年二月号から中間小説誌として創刊された『小説現代』は今も発行されている。

講談社における雑誌の盛衰は、まさに雑誌が生きものであることを証明しているが、社史によると、講談社は創業五十年を迎えた昭和三十四年の一月に週刊誌の創刊を決断、社長の野間省一は二月二日、臨時社員総会を招集して、この計画を発表した。いよいよ講談社も、週刊誌創刊にふみきることになったのだが、三十四年は講談社だけでなく、ほかの大手出版社でも週刊誌の創刊が行われる。

『マガジン』『サンデー』の創刊

昭和三十四年二月二日に開かれた講談社の臨時社員総会で野間省一社長が発表した週刊誌創刊の計画によると、タイプとしては、一般向きのもの、婦人向きのもの、娯楽的なもの、子ども向きの四つが考えられていた。しかし、いろいろな情勢を考え、「まず一般向きと児童向きの二つをとりあげることになった」と、野間は経過を説明した(『クロニック講談社の90年』)。

この計画はただちに実行に移されるが、創刊予定は三月末で、《編集部は〝初体験〟の仕事に試行錯誤を重ね、不眠不休の状態で、原稿依頼や取材・執筆に飛びまわった》(同)。

誌名は社内公募が行われ、児童向きは『週刊少年マガジン』にすぐ決まったが、一般向きは『週刊日本』が第一候補になったものの、他社で登録されていたので、『週刊現代』と『週刊マガジン』が決選投票となり、『週刊現代』と決まった。創刊四月十二日号は三月三十日に発売された。皇太子成婚を十日後にひかえていたので、トップ記事は「御成婚はこのように行われる」と関係行事の記事を特集、三十五万八千部を発行し、九〇％近くが売れた（同）。

一方、児童向きの『週刊少年マガジン』は創刊号の三月二十六日号が、東京都内では三月十七日に発売された。実は同じ日に小学館からも児童向きの『週刊少年サンデー』が創刊され、これら二誌は後に創刊されるマンガ週刊誌の先駆となるが、これについては、後の節で詳述する。

そこで、一般向き週刊誌に目を向けると、三十四年には『週刊現代』のほかにも、新しい週刊誌が登場した。

『文藝春秋』から『週刊文春』

昭和三十四年という年は、皇太子成婚と週刊誌のあいつぐ創刊が重なった年だが、それを象徴するような全頁広告が四月八日付の新聞に掲載された。その広告には、《あさっては皇太子さまのご結婚》《きょうは週刊文春の発売日》というコピーが用いられていた。そして、《文藝春秋のジェット版》というキャッチフレーズが添えられ、《文藝春秋を大きな航空母艦とすれば「週刊文春」は、その甲板からとび立つ超音速のジェット機です》と謳われていた。

この広告は、『週刊文春』の創刊四月二十日号の発売を知らせるものであったが、創刊号にはこの雑誌の発売二日後に行われる皇太子成婚に関する記事やグラビアが特集され、表紙は皇太子妃となる正田美智子の和服姿のカラー写真であった。

特集記事は「〝孤独の人〟に最良の日――御成婚をめぐる天皇家と民衆――」と題され、第一部＝

「館林」ルポ、第二部＝御成婚の周辺、というぐあいに二部構成となっている。《館林といえば、これまで文福茶釜のおかげで辛うじて名を知られていたにすぎない。この市が群馬県にあることを知っている人は百人中何％ぐらいいただろうか。その館林が、皇太子と美智子さんのご成婚発表以来、美智子さんを生んだ名誉ある市として、一躍ジャーナリズムの売れっ子になってしまった》と書き出されている。第一部を担当したのは、梶山季之である。

梶山は三十四年になって『週刊明星』を辞め、『週刊文春』のライターに転じた。これは田川博一の呼びかけに応えて梶山が月刊の『文藝春秋』でルポルタージュを書きはじめたからで、『週刊明星』の仕事をしていた頃、梶山は田川から「うちが週刊誌を出すときは頼むよ」と言われていた。

梶山は岩川隆、中田建夫らをメンバーに加えて、『週刊文春』の仕事をするようになったが、高橋呉郎の『週刊誌風雲録』によれば、『週刊文春』では当初、社外ライターは梶山グループだけだった。文藝春秋には文章の書ける編集者が多く、『週刊文春』はそうした編集者を集めたからである。ちなみに「〝孤独の人〟に最良の日」の第二部は文藝春秋社員の半藤一利が執筆した。

この頃のことを、共同通信社編『東京　あの時ここで――昭和戦後史の現場――』（新潮文庫）が伝えており、『週刊女性自身』『週刊文春』『週刊現代』など《各誌の巻頭を飾り、多くの頁数が割かれたトピックはミッチー。民間初の皇太子妃誕生の意義や皇室制度といった硬めの記事より、ミッチーの人となり、心温まるエピソード、ファッションなど軟派な記事が誌面を埋めた。「昭和のシンデレラ」を取り上げれば読者の反響を呼び、部数を伸ばす。こうしてミッチーとともに雑誌文化は育くまれ、雑誌が「国民に身近な皇室」とのイメージを広めた》と書いている。

佐佐木茂索の肚の内

しかし、文藝春秋が昭和三十四年に『週刊文春』を創刊するまでには、紆余曲折があった。当時、文藝春秋の社名は文藝春秋新社であったが、同社が週刊誌創刊の構想を練りはじめたのは前年の秋からで、その推進者となったのは、社長の佐佐木茂索であったと、『文藝春秋七十年史』にはある。この社史によると、佐佐木は週刊誌というものの性格や背景となる社会状況を見つめたが、彼は昭和三十一年に『週刊新潮』が創刊されて成功し、以後、『週刊女性』（三十二年）、『週刊大衆』（三十三年）、『週刊明星』（三十三年）などが創刊され、《それぞれが成功といっていい実績を上げた》（同）ことに注目した。そして《社会状況は、情報の伝達のスピードが日々加速される一方となっていた》（同）ことと、《テレビの急速な普及》（同）が出版界にとって《新しい強敵》（同）となってきたことにも目を向けた。そして、

《佐佐木は考えられるすべての条件を検討した上で、文藝春秋新社も、他社の後塵を拝することなきよう、週刊誌の発刊を決断した。社の限りない発展を期すため、『文藝春秋』『オール讀物』につぐ三本目の柱を立てねばならない。それが『週刊文春』なのである。

前年の秋から暮にかけて、数カ月にわたって、連日のように役員会議が続行された。佐佐木の肚は固まっていたが、池島をはじめ幹部の大勢は慎重論に傾いた。しかし、三十四年の新春、佐佐木の鶴の一声で創刊と決した。一月五日、初出社した佐佐木は幹部のだれとも会わず、ただちに上林吾郎を社長室によんでいった。

「社の幹部の反対意見はすべて聞いた。しかし、私は『週刊文春』を刊行することにした。編集長

をキミにやってもらう。思う存分やってくれ。責任は私がとるから」

一月十四日、人事異動が抜き打ちに発令される。編集長に上林、以下『漫画讀本』編集長になってまだ一年の阿部亥太郎をデスクとするなど、各編集部が手薄になるのも委細承知で、引き抜くようにして週刊誌の編集部が編成された（安藤直正が『漫画讀本』編集長になった）。四月の創刊まで、三カ月と準備期間は短かった。

創刊へ向けて、大車輪が音たてて回りはじめた。四月入社予定の、珍しく大量二十名以上を採用した新入社員にも、できるだけ早く出社せよの命が発せられた。さらに佐佐木はいった。

「社の運命を賭ける。これからは全員午前十時までに出社せよ」

そう口でいっただけではなかった。翌朝、寝ぼけ眼をこすりこすり十時までに出社した社員がみたものは、玄関口にどっかと坐って、社員の十時出社をいちいち見届けている社長のおっかない姿であった。

その一方で、佐佐木はすばらしい心遣いを発揮した。『週刊文春』編集部の妻帯者全員の夫人宛に、直筆の手紙を送ったのである。「これからは忙しい仕事の連続となるから、社で徹夜ということもしばしばとなろう。家庭のまとめを宜しく頼む」というような内容であった。「しめた！これからは天下御免で外泊できるな」と喜んだ不埒な部員もいたが、社長の週刊誌に賭ける意気込みに、これを聞いた社員すべてが大いに発奮した。

こうして四月八日、七十五万部という大部数の第一号が、世

『週刊文春』創刊号

にでたのである。佐佐木は社長命令として、百六十人の全社員に「社員は店頭にて各自一冊以上買い求めるように」と伝えた。社員一丸の連帯感をもたせるためにである》

作家でありながら、経営者としても、才覚のあった佐佐木茂索らしいエピソードであるが、『週刊文春』は、こうしたドラマを経て創刊されたのである。『七十年史』は『週刊文春』の創刊によって《これまでのような他に追随を許さぬ総合雑誌『文藝春秋』の天下独往の時代とは違って、食うか食われるかの週刊誌競争の真っ只中に身をおかねばならなくなった》と指摘し、創刊以後の状況を、こう伝えている。

《ある意味では、菊池寛の伝統とは無縁のところで、もっと幅広い一般読者を獲得するため、泥まみれになることを覚悟せねばならないのである。

事実、発刊して十四、五冊まで『週刊文春』はかなり苦戦をしいられた。編集長上林にあてた佐佐木の親書が残されている。

「気にすることはない。君はどんどん仕事を進める事。僕の見当が正しいという確証は何もない。皆に部数を一任した以上、最後の責任は当然僕にある。ただ、人気を上昇させるために、広告その他に細心の注意を払い、一字一句にも最善の全力を、という一事に尽きる」

佐佐木は字義どおり先頭に立っていた。この年の暮、恒例の熱海で行われた忘年会で、池島は挨拶のなかでこういった。

「これで文春の牧歌時代は終る」と。

ならば、振り返ることなく、あとは勇往邁進するのみなのである》

梶山軍団のトップ屋魂

週刊誌の創刊は、文藝春秋のみならず、他の出版社の性格も変えてゆくが、池島信平が言うように『週刊文春』の創刊によって《文春の牧歌時代は終る》のである。そして、牧歌時代の終わった文藝春秋が『週刊文春』によって発展してゆくうえで、大きな貢献をしたのは梶山季之である。

梶山たちは、『週刊文春』で「般若苑物語の怪文書」などの記事でスクープをものにし、『週刊文春』の部数増に寄与するのだが、この記事について紹介しておく必要がある。

「怪文書『般若苑マダム物語』を追って」は、こんな書き出しで、「特別ルポ」と銘打たれている。

《「洗うといったってどんな方法でやるんです？　出版社も著者も架空なんですよ……」

N記者に、そう反問されたとき、思わず私は「ウーム」と唸ってしまった。

机の上に、朱と紫色の表紙の薄っぺらなパンフレットが一冊おかれてあった。B6判・五十六頁。本の題名は、「元外務大臣有田八郎氏夫人・般若苑マダム物語」。

例の都知事選挙では、もっとも悪質な「選挙妨害」と折紙をつけられた、問題の〝怪文書〟である。本の内容をカンタンに説明しておこう》

これに続けて、『元外務大臣有田八郎氏夫人・般若苑物語』が、東京都知事選の候補となった有田八郎の妻である輝井という女性の悪妻ぶりを強調することで有田候補にケチをつけ、落選させたことをリポートしているが、《この〝怪文書〟がどういう経路であらわれたか？　それを調査するのが、私に与えられた仕事であった……。》というぐあいに、取材のプロセスを公開する形で書いている。

このルポは評判となり、二号目から部数が落ちはじめた『週刊文春』を上昇に導く役割を果たした。

『般若苑物語』については、『週刊新潮』（昭和三十四年四月六日号）も「クローズアップ怪文書・般若苑物語」と題してリポートしている。この記事は、草柳大蔵が執筆した。草柳は、このリポートでは、『般若苑物語』以外の怪文書もとりあげているが、高橋呉郎の『週刊誌風雲録』によれば、草柳と梶山のリポートは、対照的だった。梶山が『般若苑物語』という怪文書がどういう経路であらわれたかを取材するプロセスを公開する書き方をしているのに対し、草柳は《怪文書に記された架空の筆者と出版社の正体を洗いだそうとしたプロセスには、いっさい触れていなかった》からである。こうした方法上の違いはあったが、梶山と草柳は、『週刊文春』と『週刊新潮』という二つの媒体で競いあうことになり、梶山も草柳と同じく、取材記者とアンカーの分業というシステムで記事を書いた。

梶山軍団とも呼ばれたグループを構成していたのは、梶山のほかに、岩川隆、加藤憲作、中田建夫、有馬將祠らで、彼らは、梶山が香港で客死した昭和五十年に発行された『別冊新評　梶山季之の世界』で「トップ屋時代の梶山季之」という座談会を行っている。その座談会によると、梶山グループが結成された時は《みんな初対面で、梶山さんを接点にして集まった》（中田）というが、最初、文藝春秋へ梶山がグループを連れて行った時の様子は、こんなぐあいだった。

《岩川　我々が、タクシーで文春の本社に連れて行かれたとき、車の中で、お前たち一人ずつプランを言ってみろといわれて、ぼくは〝右翼物語〟がいいと言った。

有馬　ぼくは、ダイヤモンド物語だったね。

岩川　みんな、何もわかっちゃいない。梶山さんも肚のなかで苦笑されたと思いますね。それで、文春についたら応接室に通されたっけ。

加藤　三階だった。そこへ上林編集長以下スタッフがあらわれてきて、みんな創刊ということで燃えていましたよ。我々が大ベテランというふれこみもあって……（笑）。

岩川　やっぱりオルガナイザーとして梶山さんはたいしたものです。全員ベテランだと紹介して堂々としていたよ。

加藤　あれは梶山さんにとっては、ヒヤヒヤものだけど、一種の賭けだった。

有馬　大バクチだ。》

このように、『週刊文春』の仕事をするようになった梶山グループが評価されるようになったのは、『般若苑物語』の記事だった。

《司会　文春の中で、梶山グループっていうのは、別格だったんですか？

岩川　文春側から聞いているのは、六月に入って『般若苑マダム物語』の真犯人追跡や、『戦艦陸奥爆沈の真相』っていうのをやったんですが、梶山グループが見直されたのは、あのころからだって聞きました。

加藤　そうか。『般若苑物語』で見直したんだろうな、きっと。あれで金一封が出たよ、たしか。

有馬　三千円。

加藤　あれで梶山グループはやるってことになったんだな。

中田　ネタはぼくが持ってきたんだ。有田八郎が都知事選に出て、それにからんで怪文書『般若苑物語』が出た。たまたま片山哲の秘書に会ったら、書いた奴は、だいたい判ってるって言うんだ。これが発端で、梶山さんに先行しろっていわれて、一週間先行取材したんですよ。》

ライターから作家へ

こうして、梶山グループは、『週刊文春』の初期において、大きな役割を果たすことになる。しかし、梶山グループが『週刊文春』で活躍したのは、昭和三十四年から三十六年にかけての三年間で、梶山が週刊誌のライターを辞めて作家に転身して以後は、グループのメンバーは、それぞれが独立して執筆活動にあたるようになる。

梶山が作家に転じることになったのは一つの事件がきっかけとなっている。それは三十六年二月一日夜、中央公論社社長邸を右翼少年が襲い、社長夫人が重傷を負い、お手伝いさんが刺殺されるという事件であった。右翼少年が事件を起こしたのは、前年十二月号の『中央公論』に深沢七郎が発表した「風流夢譚」の中の天皇家についての描写に抗議したのが原因だということになっているが、この事件以後、マスコミはタブーにふれる報道を自粛するようになった。そのため、梶山は「原稿料はいらないから」と言ってマスコミのタブーについての問題を取材して書こうとした。だが、それは実現せず、梶山は週刊誌のライターを辞め、小説の世界へ移ってゆき、昭和三十七年に発表した『黒の試走車』という作品で流行作家となるが、五十年に香港で客死する。

そして、梶山グループの一員である岩川隆も作家になるが、週刊誌のライターから作家になるというケースは、後にも見られる。例えば、大下英治という作家は、昭和四十五年に、作家になる直前の岩川の紹介で『週刊文春』の記者となり、数々のスクープを行うが、五十八年に『小説　三越』という作品を発表し、作家となり、取材記者を抱えて精力的にドキュメント小説を発表し続けている。

テレビのある茶の間の雑誌『週刊平凡』

昭和三十四年には、『週刊現代』『週刊文春』以外にも、五月に平凡出版が『週刊平凡』を創刊し、この雑誌は三十五年に百万部に達した。同誌は、昭和二十年代末に月刊の『平凡』を百万部雑誌にした清水達夫がふたたび編集長となって創刊された。清水は月刊『平凡』が「歌と映画の娯楽雑誌」であったのに対し、『週刊平凡』は「テレビのある茶の間の娯楽雑誌」をキャッチフレーズにした。

《テレビの普及台数が三百万台に達した時期をとらえて創刊しようと、そのときのくるのを待ちかまえました》(『読者とともに20年　平凡出版株式会社小史』)と述べている。

そして、この雑誌で表紙を決める時にヒントになったのは、デザイナーの大橋正の言葉だったという。

《彼は私とさまざまなことを話しあっているうちに、「いまデザイン界には異種交配というテクニックがはやっている」といったのです。異種交配——それはたとえばピカソと日本の尾形光琳の手法をミックスする、というような話です。私はおもしろいと思い、『週刊平凡』の表紙を異種交配で作ることに決めました。政治家と女優、プロ野球の選手と歌手といった組み合わせです》(同)

こう考えた清水は、『週刊平凡』の《創刊号の表紙は、テレビ時代にふさわしいテレビ界の人気者高橋圭三と東宝女優団令子を赤いスポーツカーにのせ、バックは店頭で目立ち、その上読者の想像力が自由にはたらくように白にしました》(同)と述べているが、この表紙を撮影した時のことを、二十八年後に高橋と団が次のように語っている。

《高橋　こうやって創刊号の表紙を見ていると思い出すことがいっぱいありますね。発売は5月でしたが、撮影は2月のとっても寒い日。僕が遅れてずいぶんとお待たせしちゃったんですよ。

団　あらそうでしたっけ。（笑）当時、私は東宝にいて映画の世界しか知らなかったでしょう、だから外部の人たちとお会いするのがとてもうれしかったんです。それもNHKの人気司会者の高橋さんがお相手、胸をワクワクさせながらスタジオに行ったんですよ。

高橋圭三――大正7年生まれ。昭和17年NHK入局。ラジオ『話の泉』、テレビ『私の秘密』などの司会で人気者に。その後フリーとなり参議院議員を経験するなど幅広く活躍。

高橋　それは光栄です。（笑）この表紙に出るとき、NHK内部でも賛否両論がありましてね。まあ、結局は上司と相談のうえ出ることにして、異色の顔合わせが実現したんです。常識的には人気者の俳優同士とかが登場するんでしょうけど、画期的な決断でしたね。この異色の顔合わせを考え実行したところに平凡のユニークさが表われているような気がします。

団　ええ、まったくおっしゃるとおりですわ。

高橋　相手は人気上昇中の団さん、僕も楽しい思いをさせていただいた。（笑）

団令子――昭和11年生まれ。32年東宝入社。『うちの女房』でデビュー。〝お姐ちゃんトリオ〟で活躍。その後演技派女優として地位を確立。41年、濱田晁氏と結婚するが44年死別。

団　それと、すてきだったのがこの赤いスポーツカーでしたね。

高橋　MGだったんですよ。すっかり気に入っちゃって数か月後に同じクルマを買ってしまった。（笑）僕のクルマ好きをちゃんと調べていたんでしょうね。

団　そういえば「こんなスポーツカーで飛ばしてみたい！」とおっしゃっていたけど「日本には高

速道路はないし……」なんてグチをこぼされていましたっけ。
高橋　道路はできたけれど、いまじゃ低速道路だ。（笑）それはともかく、撮影は夏の服装だし、団さんのスカーフを風になびかせるために大きな扇風機を回した。よく風邪をひかなかった。（笑）
団　本当に。（笑）何度も何度もやりましたっけ。でも撮影ってとても楽しかったんですよ。いまだからいえるんですけれど、表紙を飾るってファンサービスのひとつですよね。それなのに自分がお姫様に撮ってもらえることのほうがずっとうれしかったんです。（笑）
高橋　僕はこれがご縁で家族そろって表紙に出たこともあるんですよ。
団　それと編集部がとても家庭的でしたね。撮影は深夜のことが多かったんですが、そのとき食べたオニギリのおいしかったこと。いまも忘れられないですね》（『週刊平凡』昭和六十二年十月六日号）
こんな表紙を実現した清水達夫は独得の表紙哲学を持っていた。

『週刊平凡』創刊号

清水達夫の表紙哲学

『ポパイ』や『ブルータス』の創刊を手がけ、後に平凡出版がマガジンハウスと社名が改称されて以後、社長となった木滑良久は清水の表紙哲学について語っている。

《とにかく清水っていうのは口の重い人で、あんまり多くはしゃべらないんですが、なにより感性で判断する人なんです。うちの会社全体がそうなんですけれど、本をつくる前に、マーケッティング・リサーチをしたり、あるいは、理論的にコンセプトを立てたりということは殆んどやりません。とにかく「こんな本をつくったらおもしろいんじゃないかなあ」ということがチラッと思い浮かぶと、清水はまず表紙を考え出すんです。雑誌の玄関口である表紙のカッコウが大体決まり、判型が決まると、その間におおよその内容が煮つまってくるのです。ですから非常にゆっくりしたペースで、温たためている時間が長いんですね。醸成期間が長くて、なかなか発進しない。こちらが焦れったくなる程ですが、でも、なぜかいつもタイミングがいいんです。それが偶然なのか、あるいは長島茂雄じゃないが、動物的な何かがあるのかわかりませんが》(鈴木均・他『読者を探せ　最新「本読み」事情』学陽書房)

このタイミングのよさは、『週刊平凡』創刊号の表紙で見事に発揮された。それというのも、平凡出版では『週刊平凡』の創刊を昭和三十一年から企画し、実現するまでに三年の歳月を要しているが、いざ創刊されると、この表紙は次のような事態を生み出したからである。

《〝異種交配〟の手法は、また、テレビ時代のその後の様相を、みごとに探りあてていた。いまでは高橋圭三と団令子が、あるいは王貞治と桑野みゆきが、並んで立っているのを見ても、私たちはとくに異様な感じを受けることはない。ごく自然にその様子を見たり、二人の対話を聞いたりすることができる。

何故か。テレビでそういうものを見慣れているからだ。テレビは、この数年のあいだに、映画界・歌謡界・演劇界といった、専門領域の境界線を、どんどん突きくずしていった。ごくあたりまえのように、相互のまじわりをつくり出した。(略)

ある俳優が、ふだんの生活のなかで、好きな歌のメロディをくちずさむように、スタジオで歌をうたう。

ある歌手が、やはりその生活のなかでおこなう、ちょっとした生活上の演技動作を、スタジオ・ドラマのなかにもちこむ。

もちろん、これがそのまま歌であり演技であるということにはならないのだろう。しかしテレビが、異なる分野のタレントたちの交流を通して、そうした日常感覚を歌やドラマにもちこんできたということは、それぞれの専門領域のなかで生きた呼吸を失いがちだった芸に、新たな生命を吹きこむという、非常に重要な意味をもつことだった。『週刊平凡』の表紙は、それを視覚化した》（江藤文夫『見る雑誌する雑誌――平凡文化の発見性と創造性』平凡出版）

江藤によると、〝異種交配〟の手法を使った『週刊平凡』の表紙は《テレビ時代のその後の様相を、みごとに探りあてていた》のだが、そのことを、清水は木滑が言うように、《理論的に》行わず《感性で判断》しながら行う（『読者を探せ』）。

その清水の《感性》を支えるのは、木滑によると、《自分の家のおばあちゃんとか（もう亡くなりましたが）そういう人達が強力なモニターになっている》（同）という。清水は、そういう身のまわりのモニターと《茶の間で一緒にテレビを見ながら、芸能というものに世間の関心度が高いなあと思ったり》（同）して、『週刊平凡』という雑誌の構想を練っていったと指摘している。

これについては、清水自身も《『平凡』をつくり、『週刊平凡』を育てて来た時は、わが家の二人の娘と、母と家内が私にとってはモルモットのような役目を果たしてくれたし、二人の娘は、同じ世代の女性たちの欲求を受信するシャープなアンテナでもあった》（『平凡通信この10年』平凡出版）と告白している。その清水は、『週刊平凡』が百万部を突破した頃、次の週刊誌創刊を考え始めた。

『平凡パンチ』の創刊

三十九年に創刊された男性週刊誌『平凡パンチ』である。この時も、清水は表紙のことをまず考えた。清水はある雑誌の口絵で多摩美術大の女子学生である大橋歩が描いた新鮮なパステル画を見て関心を覚え、他の作品も見せてもらい《その作品は大へん個性的で若い男性をよくつかんだおもしろいもの》（『読者とともに20年』）だったので、大橋の絵を『平凡パンチ』の表紙に用いることにした。こうして清水は、雑誌というものは題名と表紙が決まれば内容は自《おの》ずからできてくるという信念を持つようになる。しかし、『平凡パンチ』創刊の時には、困ったことがあった。

それは、『平凡パンチ』が若い男性向けの雑誌なのに、清水には男の子がいないので、身近に《アンテナ》役の人間がいないことである。ところが、ある日、清水がパリへ旅行した時、案内役を努めてくれたソルボンヌ大学の学生であるベルナール・ベローという青年が来日し、清水の家に居候することになった。清水はベルナールを『平凡パンチ』のモデル読者として考えることにした。そして、清水の長女が婚約することになった青年も、モデル読者とし、さらにフランスに留学していた青年も、モデル読者とした。その結果、得られた成果を、清水はこう書いている。

《……若い男たちと肌で接し、観察するようになってあらためてびっくりしたのは、男と女のたいへんな違いである。

感覚の違い、嗜好の違い、考え方の違い、欲求の違い、なにもかもが違う。私が頭の中でひそかに考えていた『平凡パンチ』の表紙の構想などは、根底からくつがえされてしまった。『平凡』と『週刊平凡』をつくって来た雑誌づくりのベテランなどというウヌボレは、アッという間にどっかへ消しとんでしまった。私はまったくズブの素人、いっぺんここでブランクになって出直さなければとても『平凡パンチ』はつくれないと気づいたのである。

私は一年生になったつもりで、『平凡パンチ』の研究にとりくんだ》(同)

『平凡パンチ』は、こうして創刊されたが、清水はこの雑誌が創刊されると、さらに新しい雑誌を企画した。この雑誌は本文頁にもグラビア用紙を使い、堀内誠一というアートディレクターに参加してもらい、編集の方法も画期的だった。この雑誌は、『ａｎ・ａｎ』という誌名が決まるまで、『エル・ジャポン』と呼ばれ、フランスの雑誌との提携誌だったが、清水は創刊の前に、こんな構想を語っている。

『平凡パンチ』創刊号

《要するに、若い女性が、いま出ている雑誌では、なにかしら不満に思っている、ということね。たとえば女性週刊誌にしても、『女性自身』が出たときといまとでは、ずいぶん内容が変わってきたでしょう。非常にスキャンダリズムが出てきて、ファッションとかモードとかいうものは、女性週刊誌の魅力ではなくなってしまった。ゴシップ中心の雑誌になっちゃったわけだ。

ところが、女の子たちは、そういうものばかりじゃなくて、きれいな、ファッションの雑誌をほしがっている。といっても、月刊で出ている服飾雑誌とは、また違うんだね》(同)

『an・an』は、昭和四十五年に創刊されたが、清水は、新しい雑誌を創刊する時、一つの夢をめぐらす。そのことを、江藤文夫の『見る雑誌する雑誌』に収められた「ミスターウインクアウル誕生記」という文章で書いている。

《『平凡パンチ』を創刊する半年ぐらい前であった。休日の午後わたしは、家族づれで西銀座裏のはなやかな飾窓《ショウウインドウ》を覗きながら歩いていた。家内と娘は婦人服の店の前でたちどまり、わたしはメンズウェアの飾窓があると熱心にのぞきこむ。家内や娘よりどちらかといえばわたしの方が、長い時間ウインドウの前にたっていた。

「ずいぶんご熱心ね、パパなにか買うの」

「いや、いまにね、パンチ・モードというのが、こういうところにならぶようになるんだよ」

「あら、そんなことまだわからないじゃない……」

「きっとそうなるさ。パンチ・シャツとかパンチ・スカートとかパンチ・ネクタイとか……」

私は確信があった。やがて五月に『平凡パンチ』を創刊する。週刊誌としてはじめての男性週刊誌。カッコいい表紙。銀座を歩く若者たちがくるっとまいて手に持ったり、Gパンのおしりのポケットにつっこんだりしてくれるだろう。グラビアページのパンチモードはそのまま銀座の飾窓《ショウウィンドウ》にならべられる。『平凡パンチ』は若者の生活になくてはならない週刊誌になる……。そんな夢を抱きながらの銀座の午後だった》(同)

この清水の編集ノウハウで面白いのは、いざ雑誌が出来上ると、そのときは、もう飽きていることである。このことについて、木滑良久は、こう語っている。

《それから……清水の創造的エネルギーの底にあるのは、多分私もそうなんですが、言葉は適当でないかもしれませんが飽きるということなんです。清水というのは形ができて本ができたなと思うと、もう委せたという感じになるんですね。極端にいうとつくるまでのプロセスが好きなんですね》(『読者を探せ』)

さらに木滑は、〝飽きる〟ということの意味を、こう語る。

《〝飽きる〟ということ——そんな風に言ったら清水に叱られちゃうかもしれないんですが、とにかく、今までザラ紙、活版で特集記事に大袈裟なタイトルをつけたりしてやっていると、もうこれは嫌で、きれいな紙の本をつくりたいという、そういう欲望が出てくるわけです。しばらく小型の本をつくっていると、今度は大きな判型のものをつくりたくなる。大きいのがしばらく続くと、次はちっちゃい本がつくりたいという、厚い本をつくっていると、薄い本をつくりたくなるという、そういう繰り返しなんですね》(同)

そのため、清水達夫は『週刊平凡』『平凡パンチ』『an・an』を創刊して以後も、木滑良久や甘粕章らに編集の指揮をとらせながら、五十一年に『ポパイ』、五十二年に『クロワッサン』、五十五年に『ブルータス』、五十六年に『ダカーポ』というぐあいに、新しい雑誌を次々と創刊していったのである。

子どもの週刊誌がないな……

『週刊文春』『週刊平凡』『週刊現代』などが創刊された昭和三十四年という年は、大人向けの週刊誌だけでなく、子ども向けの週刊誌も創刊された年であった。これまで、子ども向けの雑誌は、少年向けであれ、少女向けであれ、月刊雑誌として発行されてきた。

ところが、三十四年は、子ども向けの雑誌にも週刊で発行されるものが登場した。講談社の『週刊少年マガジン』(以下『少年マガジン』)と小学館の『週刊少年サンデー』(以下『少年サンデー』)である。

これら二つの雑誌は、強力なライバル誌として創刊される。そして、両誌は後のマンガ・ブームを生むが、両誌が創刊されるまでには、さまざまなドラマがあった。そのドラマは、平成二十一年、両誌が創刊五十年を迎えたのを機に大野茂『サンデーとマガジン　創刊と死闘の15年』(光文社新書)という本や読売新聞に三月十七日から随時、連載された「マンガ50年」などでも描かれ、NHKのテレビ番組のドキュメンタリーにもなったが、それ以前にも、内田勝『〈奇〉の発想』(三五館)、宮原昭夫『実録！　少年マガジン編集奮闘記』(講談社)などの本でも描かれている。そして、『小学館の80年　1922〜2002』、『クロニック講談社の90年』などの社史でも、両誌創刊の経緯についてふれている。そこで、これらの資料を手がかりに『少年サンデー』と『少年マガジン』がどのようにして創刊され、成長していったかをたどってみるが、『サンデーとマガジン』の冒頭に次のように印象的なエピソードが紹介されている。

《1958年(昭和33)、初秋の気配を感じながら、小学館の豊田亀市《とよたきいち》は、池袋の街を歩いていた。街頭宣伝だろうか、駅前の雑踏で、道行く人に何かを配っている。豊田が近づくと、手渡されたのは小さなマッチ箱だった。箱には谷内六郎の絵と『週刊新潮』の文字が印刷されている。刹那《せつな》に思った。

（あぁ、そうだ、子どもの週刊誌って、まだないな……そろそろやってもいいんじゃないかな）

2年前に創刊された『週刊新潮』は、取材力や営業力の不足など、事前の不足を吹き飛ばし、大成功していた。週刊誌は、新聞社のように取材網がしっかりしていて、速報体制が整っていなければ、発行継続は不可能だという先入観を見事にひっくり返したことになる。

豊田は箱から1本のマッチを取り出して火を点《つ》けると、タバコの煙をくゆらせながら、自分がこの数年の間、出版人として夢想してきたことを、いよいよ実行に移す時が来たと悟った。

（子どもの週刊誌を出そう。今しかない。今こそ、その時だ）》

マンガを中心にした少年週刊誌

『サンデーとマガジン』によると、豊田は昭和三十一年に『週刊新潮』の創刊号が出たその日の夜、日記に週刊少年誌のアイデアをつけ始めたというが、それは彼が洋書輸入の丸善に足繁く通って外国の雑誌の動向に目を光らせていたからである。そのため、『週刊新潮』の創刊号を見て、すぐに同誌がアメリカの週刊誌『ニューヨーカー』を参考にしていることを見抜いたが、それ以前に、豊田はフランスの『パイロット』という週刊少年誌に注目していた。

その雑誌には、「スパイ・バイ・スパイ」という白と黒のスパイが繰り広げるコメディ・マンガが連載されており、豊田はそのマンガの日本での出版権を取ろうとして、現地に行き、関係者を訪ねたことがある。《海外渡航が大変な時代に、そこまで行動したのは、週刊少年誌、そしてマンガのポテンシャルにいち早く豊田が気づいていたからである》（同）が、マンガに対して、そのように強い思いを抱き、週刊少年誌の存在を早くから知っていた豊田を、『週刊新潮』の宣伝マッチが刺激したのである。その豊田は池袋でマッチをもらった翌日、社長の相賀徹夫を訪ね、「社長、子ども向けの週刊誌を、そろそろ出してみたらどうでしょうか」と提案した。豊田と相賀は、同じ大正十四年生まれの三十三歳で、二人とも学徒出陣の体験者であるため、豊田は日頃から気軽に社長室に出入りしていたためである（同）。

相賀は、豊田の提案に対して、「うん、やろう」と気軽に応じた。ふだんは、何かもの事を決める時、慎重な態度をとる相賀だが、その時は、豊田が逆に「えっ、役員会にも何にもかけなくていいんですか？」と聞き直すほど、決断が早かった。「うん、まだどこもやっていないことに、挑戦してみたくなったんですよ」と、相賀が答えたと、『サンデーとマガジン』にはある。当時、豊田は小学館の学年別雑誌のうち、低学年誌の編集長であったが、『小学館の80年』は、豊田がまだ悪書の代表と思われていた《漫画の魅力にいち早く注目し、教育的意義を優先させる学習路線とは別に、子どもの本音に向かい合った、娯楽性を追求する児童雑誌を確立する必要を強く感じ始めていた》と書き、豊田の行動について、こう記している。

《五八年秋、豊田は漫画を中心に据えた新しいタイプの総合少年週刊誌を提案する。思いがけないことに、徹夫社長は即座に同意した。同年暮、豊田は木下芳雄、梶谷信男、堧水尾道雄、渡辺恒雄の四名を集めて編集方針を熟議した。その結果、学習雑誌の延長にあって娯楽色を強く打ち出した少年週刊誌の柱を、スポーツ、漫画、科学、テレビの四本に決定した。

五九年正月早々、同じメンバーが具体的プランを持ち寄って企画が煮詰められ、発売日を五月五日(子どもの日)と予定して編集作業を開始した。当初、表紙、スポーツ、科学他全般を木下、漫画と読物を梶谷、テレビとニュースを塽水尾、整理を渡辺といった役割分担であった。創刊スタッフは十三名であった》

こうして、スタッフ、編集方針、役割分担などが決まると、これまで月刊誌の編集しか体験していなかったスタッフは、集英社の『週刊明星』編集部に一晩だけの〝留学〟をして週刊誌の仕事の内容を実地に勉強した。しかし、仕事の順序がつかめず、呆然としているだけだった。

《皆、不慣れな分野にぶっつけで取り組んだのである。

毎晩十一時頃、帰り支度を始めると、徹夫社長が決まって顔を出し、その日の状況を尋ねた。豊田の説明が終わると、「お腹すかない？　ラーメンでもご馳走してよ」という流れで、白山通りの三幸園へ繰り出したこともしばしばであった。スタッフは、徹夫社長の並々ならぬ思い入れを強く感じた。

執筆者の人選に当たっては、豊田が斬新な指示を出した。

読物の中心には学習雑誌の常連の児童文学者ではなくて、当時、テレビで評判の連続ドラマ『日真名氏飛び出す』のシナリオ・ライター、双葉十三郎による探偵小説『口笛探偵長』を据えて新機軸を打ち出した。挿絵も大人向けで迫力のある絵を描く石原豪人の起用を指示して、周囲の意表を衝いた。また漫画の原案にも、人気のラジオ・ドラマ『一丁目一番地』を手がけた放送作家・脚本家の高

垣葵《まもる》を起用して、学習雑誌的な思考方法を打ち壊していった》(同)

トキワ荘グループの登場

豊田たちは、さらに仕事をすすめていった。

《当時、小学館の編集者は、月刊娯楽誌の漫画家群と学習雑誌の漫画家群を異質なものと考えていた。こうした状況で、豊田の眼にはその学習雑誌の漫画は上品であっても面白くはないと映った。雑誌が成功するためには面白い連載漫画が絶対必要であった。

豊田は娯楽誌の強烈な漫画よりも、さらに強いアピールを持った新しい漫画を学習雑誌から生み出したいと考えた。そして漫画家の人選に当たり、デッサン力に優れ、明るい漫画を描くという基準を据えた。

欲しかった漫画家は手塚治虫と横山光輝である。また隠し玉として寺田ヒロオがいた。寺田の野球漫画はどうしても必要だった》(同)

この時、《豊田は、当時既に神様的存在だった手塚治虫こそ小学館のイメージに最もよく合致した漫画家と考え、その独占契約を画策し、月に七本近い原稿料に見合うギャラを試算してみた》(同)が、それは相賀社長の手当を遥かに上まわる額であった。それにもかかわらず、相賀社長は《にんまり笑って了解したという》(同)。しかし、これは手塚が受け入れず、豊田の構想は実現しなかった。

《だが、この熱意により『スリル博士』の連載協力を約束してもらうことができたのであった》(同)。

そして、横山光輝は昭和三十六年から六年間にわたり、『伊賀の影丸』を『少年サンデー』に連載し、寺田ヒロオは『スポーツマン金太郎』を創刊号から連載する。寺田は豊島区椎名町のトキワ荘アパートに住んでいた。木造二階建て二十二室のこのアパートは兵庫県宝塚市に実家のある手塚治虫が東京の住まいに借りていたが、寺田をはじめ『漫画少年』という雑誌に投稿していた藤本弘と我孫子素雄（後の藤子不二雄）、石森章太郎、赤塚不二夫、鈴木伸一、森安なおやらが入居し、毎日訪ねてくる永田竹丸、つのだじろうらも住むようになる。豊田たちにとっては、これら《トキワ荘グループへの接近が、後に多大な成果をもたらすことになったのはいうまでもない》（同）が、藤子不二雄は高垣葵原案のＳＦ海洋劇『海の王子』を『少年サンデー』の創刊号から三年にわたって連載した。

《ＳＦ海洋活劇『海の王子』は、三か月の予定が、人気に支えられて足かけ三年に及ぶ長期連載となったのである。ほかにも、新週刊誌には、益子かつみの時代物でテレビ番組の漫画化『南蛮小天狗』、それに横山隆一による『宇宙少年トンダー』という、水も漏らさぬ布陣がそろった。漫画を中心に置きながら、漫画をタブー視する世間への配慮から、表紙を巨人軍の長嶋茂雄とし、一見、スポーツ誌と見まがう体裁としたのである。誌名は『週刊少年サンデー』に決定した》（同）

土日は『サンデー』を読もう

『少年サンデー』という題名については、読売新聞連載の「マンガ50年」（三月十七日付）が、こう指摘している。

《「勉強一辺倒の学習雑誌を壊したい」。それが豊田の夢だった。「学習雑誌の月月火水木金金みたいな窮屈さが面白くなかった。『サンデー』にしたのは、学習雑誌に〝日曜〟がなかったから」》

また、『サンデーとマガジン』は、こんなエピソードを紹介している。

《新雑誌のネーミングについて、豊田はかねてから腹案があった。

新年会の席で、相賀を前に話を切り出した。

「社長、週刊少年誌のタイトル、『少年サンデー』でやりたいんですが……」

「あぁ、いいね！」相賀の瞳が輝く。酒の勢いも借りて、豊田はたたみ掛けた。

「別に日曜発売ってことじゃないんですが、この雑誌を読むとまるで日曜日のように楽しい気分に浸れるような『少年サンデー』って名前、太陽のイメージで、明るくっていいでしょう？　月〜金は学年誌、土日はサンデーを読もう、ってどうですか？」

「うん、それで行こう！　ただし、毎日新聞の『サンデー毎日』ってのがあるから、それだけ毎日新聞に渡りをつけてくださいよ」

賛意を示しながらも、用心の人らしく、相賀は細かい〝危機管理〟の指示を忘れなかった》

当時、小学館は毎日新聞のベスト五に入る大口広告主だったので、『サンデー毎日』と『少年サンデー』という誌名の類似は問題にならなかった。

『少年サンデー』創刊の準備は、このように進められていったが、この雑誌のライバルとなる『少年マガジン』について、『クロニック講談社の90年』は、こう書いている。

《講談社の週刊誌としてまず『週刊少年マガジン』が誕生する。日本で初の少年週刊誌である。創刊の三月二十六日号が東京都内で発売になったのは三月十七日だった。

B５判、本文八四ページ、定価四十円。「大ずもう春場所特集」で、表紙も朝潮《あさしお》太郎が少年を抱いている構図である。

連載小説は川内康範《かわうちこうはん》の「月光仮面第6部」と林房雄の「探偵京四郎」だった。「月光仮面」は子どもたちの人気の初のテレビ映画で、昭和三十三年（一九五八）に『少年クラブ』五月号から漫画化して連載、たいへんな話題になったものの続編だ。

漫画は「左近右近」「13号発進せよ」「疾風《しっぷう》十字星」など本誌に五本と、別冊に「天兵童子」「新吾十番勝負」「西鉄稲尾選手物語」の三冊の漫画がついた。ほかはスポーツ読み物・クイズ・グラフなどだった。漫画の比率は本誌だけで三十七％、別冊付録を加えて六十％弱だった。

定価が当時の一般週刊誌や『週刊少年サンデー』（小学館）の三十円より十円高かったのは、別冊付録つきのためだった。

創刊号は二十万五千部、予想以上の売れ行きだったが、漫画の別冊付録の輸送で問題がおきた。当時の国鉄から、これでは普通週刊誌と同じには扱えないというクレームがついたのだ。仕方なしに付録企画が進行中の第四号までは月刊誌なみの扱いとし、東京周辺はトラックで輸送した。別冊付録のなくなった第五号からは、定価も三十円となった》

火を吹く定価のさぐり合い

『クロニック講談社の90年』は、このように『少年マガジン』の創刊経緯を紹介しているが、『小学館の80年』によると、両誌が三月十七日発売に落ち着くまでには、すさまじいかけ引きがあった。小学館の相賀社長は大日本印刷に泊り込んで指揮にあたり、《結局、予め準備してきたテスト版を本番に切り替えて間に合わせたが、定価決定は最後まで腹の探り合いとなった》(『小学館の80年』)。

《同日発売だけに、定価の探り合いも微妙で、表紙入稿時には二十円、三十円、四十円、五十円の四種のネームを指定する攪乱戦法をとった。印刷段階では、時間ぎりぎりまでスミ版印刷を待たせ、『少年マガジン』側がもう待てなくなって四十円を刷り込み始めたのを確認したうえで、十四日夜、『少年サンデー』は十円安い三十円の定価を刷り始めた。

『少年サンデー』はB5判、九二ページ、創刊記念付録『プロ野球オールスター集』を付けて、三十万部発行からスタートした。

一方、講談社は漫画家対策の遅れを、別冊漫画付録三冊によって対抗した。初版は二十万五〇〇〇部発行であった。火の噴くような激突から始まった少年週刊誌であったが、採算部数に達するまでには数年間を要したのである》(同)

引用した部分の末尾にある《採算部数に達するまでには数年間を要したのである》という事情は、『少年マガジン』も同じで、『クロニック講談社の90年』には、『少年マガジン』の《読者は小学五・六年生が大部分、(略)広く読まれるようになるには数年かかる》と書かれている。

そして、『講談社創業八十周年によせて　緑なす音羽の杜に――OBたちの記録』(講談社OB会幹事会)に収められた井岡芳次の「『少年マガジン』創刊秘話」は発売日と付録について、こんな事情があったことを伝えている。

《野間省一社長から少年週刊誌の創刊の構想が告げられてから一ヵ月半になろうとしていた。〝日本で最初の少年週刊誌〟をめざして、小学館でも準備が進められているらしいという情報が伝えられており、そのため編集作業は極秘のうちに進められた。ところが印刷は同じ大日本印刷とあって、情報はお互いに筒抜け。当初、三月二十六日の創刊を予定していたが、小学館は二十五日らしいという。ならばウチは二十三日で行こう。いや二十日、十九日だと目まぐるしく変る状況に、編集も業務も販売もてんてこまい。ついに発売日は十七日まで繰り上がり、これ以上は物理的に無理というところに追い込まれていた。

そんな発売日繰り上げ競争の最中、困ったことが勃発した。極秘に進めていた別冊付録の一冊に〝待った〟がかかったのである。

当時の週刊誌は何れも三十円だった関係で、小学館は三十円のスタートを決めていたが、こちらは漫画の別冊付録を三冊付けて四十円で出発することにしていた。当時の少年誌は漫画の別冊付録全盛時代だったから、週刊誌といえども漫画の別冊は絶対必要との考えであった。

ただ〝付録つき〟ということが相手に知られないために徹底した隠密行動をとった。前述のように本誌は大日本印刷に依頼したが、付録は、『少年クラブ』を印刷していた二葉印刷にまわし、『少年クラブ』の付録として進行するという徹底ぶりであった》

〝待った〟がかかった別冊付録とは、「西鉄稲尾選手物語」で、《西鉄ライオンズの球団事務所から、付録にするのは困るといってきたのである》（同）。この付録は、東宝が「鉄腕稲尾投手物語」という題名で製作し完成寸前になっていた映画のシナリ

『週刊少年サンデー』創刊号

オをもとにしたマンガであったが、《この映画の漫画化についてはW書房と東宝、それに西鉄を含めた三者の間に独占契約が結ばれていた》ことを理由に、付録にするのは困ると言ってきたのである。

そこで、かつて『キング』や『日本』の編集部で芸能ページを担当したことのある井岡が東宝の宣伝部と交渉し、単行本と付録の違いを強調し、タイトルを変えるということで宣伝部長の許可証をもらい、オープン戦で名古屋に来ていた西鉄ライオンズの球団課長と交渉した。井岡は三原監督や大下選手などとも知りあいであることを述べたが、西鉄ライオンズの球団課長は「ここまでこじれてしまいますと、三十万や五十万の端《はした》金でというわけにはいきませんよ」と言った。しかし、格安の一万円の和解金を払うことで印刷機をまわせるまでに持っていった。それは、校了寸前のことであった。

『少年マガジン』が創刊されるまでには、こんな苦労もあったが、『少年サンデー』と同じく、創刊後も苦労は続いた。初代編集長の牧野武朗は「少年マガジンは実にやりにくい雑誌でしたね。大苦労をした。軌道にのり出すまでに二年数ヵ月かかったでしょう」と語っている(『出版界の仕掛人　編集者の素顔』創出版)。牧野によると、《泥沼の不調から脱出のきっかけは、三十六年八月十三日号の「西部劇けん銃・ライフル特集号」だった》(同)が、この牧野武朗論を書いた塩澤実信は、牧野が「西部劇けん銃・ライフル特集号」を発行した理由を、こう伝えている。

《牧野は、少年が目先の流行に動かされることがなく、もっと大きなブームに左右されることを探知したのだ。しかも、ブームの胎動を感知して、その鼻先にブームの核(コア)をちらつかせると、すさまじい連動作用をおこすのを目のあたりに見たのである。

「古切手コレクション特集号」の「切手プレゼント」がそれだった。業者から大量に仕入れた古切手を、送料と手数料だけで読者に送るというこの企画は、実に三十万通の申込みを受けた。少年間に猖獗《しょうけつ》をきわめる切手ブームの先駆けとなった》

　牧野の企画を実行したのは、内田勝である。内田は、東京教育大学を卒業し、昭和三十四年に講談社に入社、『少年マガジン』編集部に配属され、後に同誌編集長になるが、牧野が「西部劇けん銃・ライフル特集号」を企画する経緯について、『「奇」の発想　みんな『少年マガジン』が教えてくれた』（三五館）で、こう書いている。

《ある日の編集会議で、牧野編集長から、〝読めば得する少年マガジン〟という新しいスローガンが示され、読者が欲しいと思っても入手の困難な物（宝物的なアイテム）を市場価格よりも安くプレゼントする企画を始めたいが、最適の物は何かを調査、研究して欲しい旨例の如く厳命が下された。そんな〝宝物〟がその辺に手軽に転がっているわけもなく、「ああ、また編集長の無理難題が始まったか」と、自分に白羽の矢を立てられるのを恐れて、みんなは一斉に顔を伏せた（編集会議といっても、おおむねこんな塩梅《あんばい》であった）。ぼくも先輩たちに従ってあわてて下を向いたのだが、ぐるっと一わたり見渡した編集長が、「内田君、どうかね」と、たちまち特命が下ってしまった（愚痴ってもいたしかたないが、こういう場面では新入社員がワリを喰うのが常なのだ）。

　翌日から担当の仕事の合い間を縫って、都内のデパートの玩具売場廻りを始めたが、昭和三〇年代後半のそのころ、玩具と

『週刊少年マガジン』創刊号

いっても、ブリキ細工かセルロイド製の幼児向きのものばかりで、『マガジン』読者にとって〝宝物〟といえるほどの商品は見当たらず、毎週の編集会議は宿題を果たせぬぼくには針の筵《むしろ》のようだった》

一カ月くらい経って、内田は銀座の松屋デパートで、こんな商品に出あう。

《一カ月目くらいだろうか、銀座の松屋デパートで、それまでどこにも見かけなかった商品がいきなり目に飛び込んできた。コルト・ピースメーカー、スミス&ウェッソンなどと横文字の名称が印刷された台紙に、金属製（！）のミニチュアのモデル拳銃がそれぞれ一丁ずつ張りつけられていて、全部で二十種類くらいがウインドに並べられていた。テレビが急速に普及する中で、力道山のプロレスと並ぶ人気番組に、ハリウッド製の西部劇（「ララミー牧場」「ローハイド」「拳銃無宿」など）があり、ハイライト・シーンはガン・ファイトだった。テレビ西部劇のヒーローたちが愛用するミニチュア拳銃のコレクションという狙いで、読者プレゼントの頁を作れば、かならずやヒットするに違いない。〝犬も歩けば棒に当たる〟とは、言い得て妙なるかなと、ぼくはひとり胸を高鳴らせた。

早速、売場の責任者に名刺を出し、モデル拳銃のメーカー名を確かめると、蔵前にある倉持商店だと教えてくれ、その足で、蔵前に直行し、倉持商店の営業部長の方と面談した。それによると、アメリカの大手玩具メーカーの下請けで、輸出用として製造しているが、ひょっとして日本でも売れるかもしれないと、銀座・松屋デパート一店だけでテスト販売を始めたばかりだという。慣れないことなので、おずおずと値段交渉をすると、あまりにも素人っぽい〝商取り引き〟の様《さま》を見て、多分に同情してくれた節もあったが、雑誌で取り上げられれば当該商品の宣伝にもなるからということで、破格の安値で納入してもらえることに決まった》（同）

内田は《日頃、企画の選別にきびしい牧野編集長も、この時ばかりはすごく気に入ってくれて、「拳銃大プレゼント」企画はほどなく誌面化できた》(同)と書いているが、この時のプレゼントの品代、送料分として寄せられた切手の処分をする時、切手商という商売を通して趣味の切手の世界を知り、プレゼント企画の第二弾「切手大プレゼント」が始められる。

マンガ週刊誌への脱皮

牧野は、〝読めば得する少年マガジン〟というスローガンを実践することによって、《泥沼の不調から脱出》(『出版界の仕掛人』)するきっかけをつかんだのだが、〝読めば得する〟というのは、牧野の編集ポリシーの根幹にあるものだった。彼は、講談社に入社して最初に配属された『少女クラブ』で国語辞典の付録を企画し、《戦前戦後を通じて最高といわれる程の売れ足の早さで、全国の書店、小学校から直接注文も相次いで、瞠目すべき記録をつくった》(同)ことがある。そして、『少年マガジン』の編集長を退いた後、創刊以来、《五年半経っても軌道に乗らない》(同)『週刊現代』の編集長を野間省一社長の要請で引き受け、《サラリーマンの日常生活でいちばん関心の深いものは仕事に関係したもの》なので、《マイホーム・個人生活をレベルアップする手応えのある特集》(同)を掲載することで、《四十年十二月には、前年比で二十万部の伸び、翌年十二月には十七万部と、二年間で実売三十七万部という見事なリリーフ編集長》(同)をはたした。これも〝読めば得する〟という編集ポリシーの実践にほかならない。

〝読めば得する少年マガジン〟という編集方針を打ち出し泥沼の不調を脱した『少年マガジン』だ

が、創刊当初は『少年サンデー』に部数でリードされた。『サンデーとマガジン』の第四章「サンデー快進撃」によれば、『少年サンデー』は、昭和三十七年四月十五日号から連載が始まった赤塚不二夫の「おそ松くん」によってギャグ・マンガというジャンルを拓き、『少年マガジン』との差をつける。このマンガは「シェー」という流行語まで生み出すほどの大ヒットをしたが、『少年サンデー』は四本のレギュラーマンガを六本に増やし、マンガ週刊誌としての色彩を強めた。そして、ギャグ・マンガとして藤子不二雄の「オバケのQ太郎」が加わり、横山光輝の「伊賀の影丸」と「おそ松くん」のトリオで《62～64年の三年間で、50万部VS.30万部と、ライバル・マガジンをみるみる引き離していった》(『サンデーとマガジン』)のである。

シナリオ作家とマンガ家の分業

これに対して、『少年マガジン』はどう対応したのか。それは、牧野武朗が考え出した新たな編集方法が武器となった。牧野は《マンガにオリジナルの原作をつけるという斬新なアイデアを開発する》(『出版界の仕掛人』)が、この方法が『少年マガジン』を救うことになる。牧野が、この方法を生み出したのは、次のような理由による。

《「昔のマンガはさしみのつまだったが、戦後は物語性の強いストーリー漫画が主流になってきて、頁数も二十、三十頁と多くなってきましたね。しかも一人で、あちこちの雑誌に描いている」

牧野は、才能ある漫画家でも、これでは面白いものは書けるはずはないと考えたのである。ストーリーを書く人と、絵を描く人を分け、システマティックな制作方法をとったらどうか、という考えが浮んだのはその時だった。ヒントになったのは、落語や万才のようなものでも台本作家がいるということだった。

「マンガの原作オリジナルを誰かが作って、マンガ家が描くという分業の形をとれば、質の高い、いいマンガが出来るのではないか」

牧野は、講談社内でこのアイデアの開陳をこころみたが、賛成はえられなかった。ましてマンガ家には反対する人が多かった。

「方法としては、将来を見通すと間違ってはいないと思いましたからね、説得してみたのですが、賛成してくれたのは作家梶原一騎さんとか……漫画家の吉田竜夫さんなど……ごく少数の方々でした」》(同)

梶原一騎の入魂

牧野の考えた《マンガにオリジナルの原作をつける》という方法は、昭和四十年に編集長となった内田勝に受けつがれ、やがて『少年マガジン』に連載される『巨人の星』『あしたのジョー』『愛と誠』などの作品を生み出してゆく。これらの作品は、いずれも梶原一騎の原作で、作画は『巨人の星』が川崎のぼる、『あしたのジョー』がちばてつや、『愛と誠』がながやす巧であった(『あしたのジョー』は高森朝雄の名前で執筆)。内田はこれらのマンガの原作は《〝入魂の作〟でなければならず、いわば〝原稿料かせぎの仕事〟から生み出された作品を読者の目に晒《さら》すことは、もう止めにすべきだ》(『「奇」の発想』)と考えた。梶原は、牧野に頼まれて、吉田竜夫とのコンビで「チャンピオン太」というマンガの原作を書いていたが、その時はまだ〝原稿料かせぎの仕事〟という意識があった。

そこで、内田は梶原に言った。「梶原さん、『マガジン』の佐藤紅緑になって下さい」。内田がそう言ったのは、彼が編集長を命じられた時、会社の図書室で読みふけった戦前の『少年倶楽部』に田河水泡のマンガ「のらくろ」とともに載っていた佐藤紅緑の「あゝ玉杯に花うけて」という小説を読んで感激していたからである。梶原も、佐藤紅緑のことは、よく知っていた。梶原は言った。「内田さん、判った。自分が秘かに敬愛していた紅緑にあやかり、マンガを男一生の晴れの舞台と心得て、根《こん》の続く限りやらせてもらいます」(同)

〝入魂の作〟である梶原の原作になるマンガは、こうして『少年マガジン』に掲載されることになった。そして、梶原の原作になる「巨人の星」と、梶原が高森朝雄の名前で原作を書いた「あしたのジョー」が同時に連載されていた昭和四十五年の初頭、『少年マガジン』は、当時としては画期的ともいうべき百五十万部という部数に達した。その時、『少年マガジン』は創刊以来、部数の面で差をつけられていた『少年サンデー』を上まわったのである。以後、少年週刊誌のジャンルには、『少年チャンピオン』『少年キング』などの雑誌が登場し、さらに最後発の『少年ジャンプ』が六百万部以上の大部数を発行したこともある。

このように少年週刊誌は、マンガ週刊誌という巨大なジャンルを拓いたのだが、ここで一つ紹介しておかねばならないのは、『少年サンデー』を創刊した豊田亀市は、戦前の講談社が発行していた『少年倶楽部』に影響を受け、『少年サンデー』の創刊号には《講談社の「少年倶楽部」の全盛時代の要素が半分入っているんですよ》（『サンデーとマガジン』）と告白していることである。また、『少年マガジン』編集長となった内田勝は、編集長を命じられた時、『少年倶楽部』編集長だった加藤謙一のアドバイスを受け、彼の編集した『少年倶楽部』を熟読した。そこには、田河水泡の「のらくろ」や佐藤紅緑の小説「あゝ玉杯に花うけて」などが連載されていた。それらに感動した内田は、梶原一騎に「『少年マガジン』の佐藤紅緑になって下さい」と言ったのである。

また、もう一人戦前の『少年倶楽部』に影響を受けたのは、内田の下にいて、後に『少年マガジン』編集長となる宮原昭夫である。彼は『実録！　少年マガジン編集奮闘記』という自著で、「ちかいの魔球」という野球マンガをプロデュースをし、さらに「巨人の星」のプロデュースにも関わったが、その時、「宮本武蔵」のような大河小説を目指した《大河漫画》を実現したいと考えたと告白し、さらに全盛期の『少年倶楽部』を熟読したと述べているが、こうしたエピソードに接すると、『少年サンデー』も『少年マガジン』も『少年倶楽部』の生まれ替わりではないかと思えてくる。

その『少年サンデー』と『少年マガジン』は、創刊五十周年を迎えた平成二十一年三月二十七日、両誌の「大同窓会」を開いた。当日は、マンガ家や小学館、講談社の関係者一千人が集まった。出席者の一人であるマンガ家の矢口高雄は、「マンガは世界共通語になったが、サンデー・マガジンが果たした役割は大きかった」と語った（「東京新聞」平成二十一年三月二十六日）が、矢口は、それらの雑誌が「百年後、紙媒体のままであるかどうかはわからない」とも語った。そして、この記事では、《少子化や娯楽の多様化で、漫画誌の発行部数は下落の一途をたどっている》ことをグラフで示し、《一九九八年には最大記録の四百五十万部の号もあった『マガジン』も、最近は百七十万部前後にとどまっている》とマンガ週刊誌の近況を伝えている。このように、昨今は厳しい状態にあるマンガ週刊誌であるが、このジャンルでは、五十年の間に激しい競争が演じられたのである。その主役を担った相賀徹夫と内田勝は、平成二十年に亡くなった。

九章

アン・ノンから『FOCUS』へ

未婚をターゲットに、女性誌が変化

これまで少年週刊誌を含めて週刊誌の興亡をたどってきたが、昭和三十年代に入って出版社が週刊誌を発行するようになると、かつて雑誌の主役であった月刊誌の世界に変化が起きる。そのことを『クロニック講談社の90年』は、（社）全国出版協会・出版科学研究所調べのデータを基に数字で示している。それによると、昭和三十年の雑誌の発行部数の比率は、月刊誌が七八・六％、週刊誌が二一・四％だったが、三十四年には月刊誌四六％、週刊誌五四％と逆転する。そして三十年を一〇〇とした月刊誌の部数は、三十四年になってもあまり変わっていないのに、三十四年の週刊誌の部数は三十年に比べると五倍の伸びを見せている。三十年代に入ると、週刊誌が大きく雑誌の興亡を左右するようになり、月刊誌では特に女性誌が変化する。その兆しは、『週刊新潮』が創刊される前年の三十年から見られ、この年の九月号から講談社が創刊した『若い女性』が以後の女性誌の変化を象徴していた。

この雑誌は服飾に重点をおき、《未婚女性だけにターゲットをしぼった初めての実用雑誌》（『クロニック講談社の90年』）で、《当時、婦人雑誌と名のつく月刊誌は20余誌あったが、「婦人倶楽部」「主婦の友」「主婦と生活」「婦人生活」など家庭婦人を対象とするものが中心で、これら婦人家庭雑誌四誌で読者二百万部といわれていた》（同）なかでの新しいタイプの女性誌だった。『若い女性』はこれまでの婦人家庭雑誌がA５判の判型であったのに対しB５判の大判で二六二頁、定価は百三十円だった。表紙には一般雑誌では珍しかった原色写真印刷が用いられ、女優の北原三枝をモデルに起用し、グラフィックデザイナー木部清のレイアウトが新鮮な感じを与えた。顔面の左側をトリミングする思いきったレイアウトだった。

メインタイトルの下に「young ladies」とアルファベットのサブタイトルが添えられ、表紙の右側に縦書きで「初秋のトップ・モード特集号」という文字が印刷されていた。創刊号十二万部は東京、大阪の書店では、二、三日で売り切れ、三十一年の新年号は二十五万部に達する（同）。

この雑誌は、久保田裕が初代編集長となったが、彼は次のような意図で創刊したと述べている。

《婦人雑誌の付録だけほしい、中でも服飾面だけほしいという人がかなり多い。こうした服飾面だけに関心が強いのは、未婚の人に多い。その要求の強い年齢層にこたえて、服飾を中心としたところの実用性、ここにポイントがおかれた。読物、記事、また服飾記事その他についても、すべてそうである。それに昭和二十九年から三十年にかけては、服飾一般について、世間の関心がたかまっていた。いわゆる服飾ブームへの登り坂で、AラインだとかBラインだと騒がれていたので、新雑誌の創刊には、時期的にもちょうどよかった》（『講談社の歩んだ五十年・昭和編』）

『若い女性』創刊号

こうした意図で創刊された『若い女性』は、従来の婦人家庭誌が、小説から実用記事まで万遍なく掲載していたのに対し、服飾関係の記事に焦点をしぼった。そして、写真や口絵なども新鮮なレイアウトを心がけ、広告にも新機軸を出し、朝日広告賞を受賞した。

『若い女性』という誌名は、社長の野間省一が考えた（同）が、この雑誌は、後の女性誌に影響を与えた。それは読者を若い女性にしぼり、内容が服飾にしぼられ、総合的な雑誌でなくクラスマガジンという方向を打ち出し、判型を大きくすることによって新しい女性誌のスタイルを作り出したからである。

このうち、判型に関しては、『若い女性』が創刊された年の翌年、昭和三十一年に婦人家庭誌の『主婦の友』に変化があった。

『主婦の友』の大判化

昭和三十一年の三月号から『主婦の友』が従来のA5判からB5判の大判に判型を変えたのである。それとともに、同誌は婦人家庭誌の売り物であった別冊付録を毎号つけることを廃止し、綴じ込み付録にして、定価を下げることにした。

当時、婦人家庭誌は『主婦の友』『婦人倶楽部』『婦人生活』『主婦と生活』などがあった。これらの中で最も歴史が古いのは『主婦の友』で、大正六年の創刊、次いで『婦人倶楽部』（最初は『婦人くらぶ』）が同九年、『主婦と生活』が昭和二十一年、『婦人生活』が二十二年の創刊である。

戦後創刊の二誌は、戦前に婦人家庭誌のスタイルを築いた先行二誌を踏襲する形で発行され、四誌は題名を隠すと見分けがつかないと評されたこともある。しかし、そのようななかにあって、『主婦の友』は婦人家庭誌のリーダー役を果たし、他誌に先がけてA5判をB5判に変えたのである。

浜崎廣『雑誌の死に方〝生き物〟としての雑誌、その生態学』（出版ニュース社）によれば、日本の女性誌の元祖は、明治十七年六月、近藤賢三、巌本善治らによって創刊された『女学新誌』である。しかし、近藤と巌本は発行元（修正社）と意見対立して十八年七月に『女学雑誌』を創刊する。

そして、三十四年に博文館から『女学世界』、三十九年に実業之日本社から『婦人世界』、四十三年に都河竜による『婦女界』、大正五年に中央公論社から『婦人公論』の創刊があり、六年三月に石川武美が『主婦之友』を創刊した。

この雑誌は、当時、下町のオカミさんといった意味合いの強かった「主婦」という言葉をあえて用いて、庶民的な婦人家庭誌を目指して発行され、石川は別冊付録や型紙などの付録で新機軸を打ち出した。そして、昭和二十九年一月号から、誌名の『主婦之友』を『主婦の友』に改め、三十一年には大判化した。

こうした実績によって、石川は昭和三十三年に第六回菊池寛賞を受賞した。その時の受賞理由は「婦人生活雑誌の型を創造し、これを発展させた」というのが第一の理由で、「最近の婦人生活雑誌の大判化に先鞭をつけた」というのが第二の理由だった。

大判になった『主婦の友』

『主婦の友』の大判化に、ほかの婦人家庭誌も見ならうことになったからである。『主婦の友』は四十二年一月号でもさらに第二次の大判化を行い、この時はB5判より左右が約三センチ広いAB判を採用した。別冊付録は読者からの要望で、三十五年六月号から毎号付けることにした。婦人家庭誌は新年号の付録には家計簿というスタイルが定着し、四十二年新年号の婦人家庭誌四誌は四百十五万部を発行、前年の新年号よりも百万部多い発行部数を記録した（『クロニック講談社の90年』）。

別冊付録をやめ綴じ込み付録に

こうした推移はあったものの、石川武美が『主婦の友』を大判化し、別冊付録を廃止することを考えたのは、婦人家庭誌の前途に強い危機感を持っていたからである。そのことについて、『週刊読書人』昭和四十八年六月十一日号の「戦後出版ヒット企画史」が、次のように書いている。

《現在、婦人雑誌は「婦人公論」などを除き、その大部分が大判であるが、この先鞭をつけたのが、実は『主婦の友』であったということである。もちろん、女性誌の大判化については、前回でも紹介したとおり、講談社から昭和三十年の九月に創刊された「若い女性」によって、その構想が開かれているが、A５判を基調とした婦人家庭誌の場合、そのトップバッターは、「主婦の友」である。

石川氏が、かねてから研究していた「主婦の友」の大判化を同社の幹部社員に発表したのは、昭和三十年十二月八日のことであった。そのときの石川氏の構想は、三十一年の三月号から大判化を断行し、同時に普通号の定価が百八十円だったのを百三十五円に値下げし、別冊付録を新年号とも年五回だけに制限するというものであった。

この構想を発表するという日の朝、石川氏は、

〝あたかもよし四十年目の今日の日ぞ、十二月八日発行の朝〟

という歌をつくっている。これは、ちょうど三十九年前（大正五年）のこの日、房州の犬吠崎で、「主婦の友」の創刊を決意したという思い出をこめた歌であった。

つまり、石川氏にとっては、雑誌の大判化は新しい雑誌を創刊することと同じであったのだ。この歌にはそうした決意がこめられているが、石川氏からこの構想を聞かされた社員は、さすがに緊張し

た。

その当時、外部でも「同業者は狼狽し、また心配した。婦人誌の大判化と、別冊付録の制限は、みずから墓穴を掘るものではないかと評論したもののもあった」と同社の社史である「主婦の友社の五十年」には記述されている。

しかし、石川氏はあえてこの計画の実行にふみ切った。そうしなければ、そのころ、すでにマンネリ化しつつあった婦人雑誌の低調さを破ることは出来ないと思ったからである
「戦後出版ヒット企画史」は、このように、『主婦の友』の大判化を評価し、さらにこう書いている。

《『主婦の友』の場合、戦後における改革は、実はこれがはじめてではない。昭和二十八年十二月、まず社名を「主婦之友社」から「主婦の友社」に改め、昭和二十九年の新年号では誌名も「主婦の友」というふうに、「之」の字が平仮名の「の」の字に改められた。

これによって同誌は、大いに新鮮な印象を与えることになったのだが、石川氏はこれだけの改革には満足しなかった。雑誌を大判化し、見る雑誌としての魅力をふやすこと、そして毎月の付録を年五回にして定価を下げること――こういう思いきった改革以外にマンネリ化を破る道はないというのが石川氏の決意であった。社員もこの意をくんで、準備は着々と進められた。

池島信平氏の著書である『雑誌記者』によれば、そのころの心境を、石川はつぎのように語ったという。

「付録を整理しなければならぬ。雑誌の定価も安くしなければなりません。――大型にするしか道はないのです。いまの出版界の状態で、『主婦の友』を大型にするということは、例えれば、芝浦沖

で四万トンの戦艦の方向転換をするようなものです。ヘタに動かせば、浅瀬に座礁ですよ。しかし、艦の方向を変えなければならない。やりますよ。失敗すれば、私がハダカになればよいのです……」

考えてみれば、このとき石川氏が整理しようと思っていた別冊付録を最初に婦人雑誌につけたのは、当の石川氏であった。大正七年の新年号の「主婦の友」につけられた「開運易占」がそれだが、当時はこの付録だけでも売っていたものである。そしてやがてどの婦人雑誌にも別冊付録がつくようになり、婦人誌界の付録合戦が頂点に達したのは、昭和九年のことである。この年の新年号の「主婦の友」は、十五種の付録をつけて、世間をあっといわせた。

こういう経験をもつ石川氏は、その反面、無用な競争を避けるためにも、付録は整理した方がよいという考えの持主であった。大判化とともに、年数回に付録を制限しようとしたのは、このような要因があったからである。しかし一挙に付録をなくすことは、抵抗もともなう。そこで考え出されたのが、本誌の巻末に付けられた綴じ込み付録であった。

そして、編集上の工夫としては、綴じ込み付録以外にグラフィックな特集をいくつかつくり、いままで小さな記事にしか扱われなかったテーマに思いきってページをさき、包丁だけの知識を数十ページにわたりグラビアで扱う「特集・家庭の包丁読本」というような記事も掲載した。

この大判化した「主婦の友」が店頭にあらわれると、やはり迫力は抜群だった。やがて他の婦人誌も、これを見習わざるを得なくなった》

こうして、『主婦の友』は婦人家庭誌大判化の先鞭をつけることになったのである。

〝三種の神器〟を否定する

石川武美が経営にあたった主婦の友社には、戦後の雑誌界で大きな力を発揮した編集者がいた。その一人は、集英社で『明星』『週刊明星』を成功に導いた本郷保雄で、彼についてはすでにふれたが、もう一人は、女性雑誌に新しい路線を拓いた今井田勲である。彼は服飾雑誌の『装苑』を発行する文化出版局で昭和三十六年九月号から『ミセス』という女性雑誌を創刊、この雑誌で、従来の婦人家庭誌が売り物としてきた付録は付けず、内容の面では婦人家庭誌の〝三種の神器〟を否定する編集を行った。

〝三種の神器〟とは皇室記事、スキャンダル、セックス記事だが、今井田はこれを扱わないことにした。そのため、最初は苦戦したが、時間をかけて、『ミセス』を高年齢向けの女性誌として定着させた。『ミセス』は、最初は隔月刊の雑誌であったが、八万部でスタートし、三十七年の三月号から月刊になった。しかし、創刊から三年間は赤字で、その総額は一億円を突破した。そのため、取次会社の人から「君はいったい何年婦人雑誌をやっていたのかね。婦人雑誌に絶対必要な〝三種の神器〟をはずして、この雑誌が売れると思うの?」と言われた。

そう言われて、今井田は真剣に考えた。しかし、その忠告には、どうしても従うことができなかった。それというのも、今井田は女性雑誌の〝三種の神器〟と言われる皇室記事・スキャンダル記事・セックス記事を廃し、付録をつけることをやめ、

『ミセス』

女性雑誌の理想像を追求しようと思ったからである。

今井田は戦前勤めていた主婦之友社を辞めて、戦後は『婦人の国』という『婦人公論』と『主婦の友』の中間をねらった雑誌で、政治問題も扱い、豊島与志雄や田中英光などの純文学作家にも執筆してもらった。しかし、経営者にめぐまれず、廃刊となった。そして、昭和二十六年、文化出版局に入り、『装苑』の編集長となり、十年後に『ミセス』を創刊したのだが、その今井田の『ミセス』についても、「戦後出版ヒット企画史」（昭和四十九年四月九日号）が紹介した。

今井田にインタビューしてまとめられているが、今井田は『主婦之友』の編集部にいた頃、《この雑誌は、読めば読むほど味があり、読者に親切な婦人雑誌だが、残念なことに近代性に欠けている》（同）ことと、《この雑誌が理想とするのは、堅実に家庭を守るよきハウスキーパーとしての女性》（同）であることに不満を持っていたと語っている。これが基点となって、今井田の婦人家庭誌の理想像が築かれてゆくのである。

それが〝三種の神器〟の否定であり、付録の廃止であり、《従来の婦人雑誌とは違った教養性を女性に与えたい》という願いを雑誌によって実現することだった。そこで、今井田は外国に行って女性雑誌を調べ、テスト版も作ってみたりしたが、〝三種の神器〟の一つである皇室記事を扱わないとは言っても、今井田は極端な皇室否定論者でもなく、天皇主義者でもないことである。今井田は、日本のジャーナリズムが皇室をとりあげるとき、興味本位になることがいやだったのである。同じことは、芸能スキャンダルやセックス記事についても言える。興味本位はいやだというのが、今井田の信条だった。

では『ミセス』は何をやろうとしたのか。それは本物主義と、生活のにおいを持った美の追求である。この二つを追求するには、雑誌の判型も、タテをB5判、ヨコをA4判というワイド判にして、誌面のレイアウトもアート・ディレクターを採用することによって、すっきりとした誌面を作ることにした。こうした努力によって、創刊から二年目ぐらいに部数が上向きとなり、昭和四十八年にはABC調査で五十三万部という部数になった。しかし、今井田は、『ミセス』の本当の読者は二十万部ぐらいと考え、新年号に家計簿の付録をつけてほしいという読者がいると、「あなたはこの雑誌の読者にふさわしくありませんから、どうぞほかの雑誌を買ってください」と言った。こうした編集理念によって、『ミセス』は、女性誌に新しいジャンルを開拓したのである。

『an・an』の創刊

昭和四十五年三月、平凡出版から創刊された『an・an』も女性誌に新しいジャンルを拓いた。この雑誌は、前章で記したように、フランスの『ELLE（エル）』という女性誌との提携誌だが、月二回刊、A4判のファッション誌であった。誌名はロンドンのパンダの名前からつけられた。創刊について、清水達夫が書いている。

《『アンアン』を創刊したのは、一九七〇年の三月三日であるから、もう一五年の昔になる。三月三日というのは、女性誌なので、女の節句の雛まつりの日を創刊の日に決めたのである。創刊号の編集長は芝崎文。いまはもう現役を退いてわが社の顧問である。そして、アートディレクターとして、堀内誠一氏が担当してくれた。堀内誠一さんこそ、私は今日のアンアンの生みの親、育ての親のアートディレクターであると断言する。堀内誠一氏なくて『アンアン』の存在はあり得なかったであろう。『アンアン』の創刊は、雑誌ジャーナリズムにもファッションジャーナリズムにも、大きな話題を投げた》(『二人で一人の物語』)

清水はさらに、こんな証言もしている。

《……『アンアン』という女性ファッション誌を創刊する大分以前に、私は女性誌のタイトルとして、『ジャンヌ』という女性誌を企画していたことがある。『ジャンヌ』というのはフランス語の誌名で、堀内誠一氏のつくってくれたロゴタイプもしゃれていて私はとても気にいっていた。表紙はイラストレーターに描いてもらうつもりで、すでにある画家の作品でテスト版の束見本もできていた。その「ジャンヌ」を心ひそかにあたためているとき、フランスの女性週刊誌『エル(ELLE)』の日本版発行の話がもちこまれてきたのである。

「清水さん、エルの日本版を出す気はない?……」

と、私に話をもってきてくれたのは「フランスソワール」の日本特派員マルセル・ジュグラリス氏と、その夫人のしのぶさんである。

「もし、清水さんがその気があるなら私たち夫婦が仲介の労をとるわ」

という、親切な話である。

「『エル』ならおもしろい話ですね」

私は女性誌を出す腹づもりはあったから、相手がフランスを代表する『エル』ならこの話はぜひ乗ろうという気持ちであった。それとマルセル・ジュグラリス氏は前からよく知っていて、とても信頼できるいい人だったし、夫人のしのぶさんはフランス語の達人で、もと東宝の女優糸見偲さんである。そして、『週刊平凡』に彼女の手記を連載したこともあった。

「じゃァ具体的に話をすすめましょう」

『エル』は、「フランスソワール」という夕刊紙と同じ会社で発行していて、新聞社の方は、ご主人のピエール氏が社長、『エル』の方は、夫人のエレーヌ・ラザレフさんが社長兼編集長であった。そして、しのぶさんが具体的に交渉する相手は、「フランスソワール」紙の副社長であるシャルル・ゴンボー氏と、ニコル・クラランスさんであった。なんでも、戦争中、ラザレフ夫人はアメリカにいて、第二次大戦の終了したときに、ニューヨークから一枚のカラーフィルムをもってパリに帰ってきたということである。そして、そのカラーフィルムを表紙にして、『ＥＬＬＥ』が創刊されたのである。思えばわが『平凡』も終戦直後の創刊、『ＥＬＬＥ』も終戦直後の創刊である》（同）

『an・an』創刊号

六本木に編集室を置く

また、堀内誠一は、創刊の頃を次のように回想している。

《『アンアン』は『エル』と提携したこともあって、海外、特にパリとフランスロケによる、旅とファッションを主要素としました。ディスカバー・ジャパンのキャンペーンもアメリカのそれにならって始まる時期と接し、〝遠くへ行きたい〟の永六輔の歌も復活していた頃です。

ファッションモデルやカメラマン、スタイリストといった職業の人達が服飾デザイナーと同様、毛色の変ったタレント、かっこいい職業として登場する世の傾向とも一致していました。

私の案で編集室は若者の新しい盛り場になった六本木に開くことにしました。そして編集室を舞台として、雑誌作り、ないしファッション作りの過程そのものを内容にしようと考えたのです。スタイリストの仕事の紹介、モデルクラブのルポ、モデルをマネキン人形でなく新しい職業女性のスターとすること、カメラマン、イラストレーターなども同様に。こうした楽屋落ち的な方法は、同社の〝見る雑誌からする雑誌へ〟というムーヴメントの延長でした。

服飾ページはアドセンター出のタレント、金子功氏のデザイン服を中心に、吉田大朋、立木義浩、立木三朗、沢渡朔、篠山紀信、斉藤亢などの写真家と自在に組ませて、気前よく誌面を開放して腕をふるってもらいました。

服飾界もイッセイやケンゾー、山本寛斎など新人の台頭期でもあり、ブティックも揃って、誌面に登場した服はどこそこで買えるという、元来、欧米の服飾誌が持っていた機能を活用できる条件がとのいつつあった点、タイミングも良かったのです。

海外ロケが売りというのは、私の夢の実現でもあって、おかげでキャパが『ライフ』について言った〝空飛ぶじゅうたん〟の効用を楽しませてもらいました。フランス、アメリカは勿論で、東欧やポルトガル、モロッコなど。

インド・ロケは本当はファッション写真のバックの他に欲もあって、暗黒舞踏の土方巽さんに同行を願ったのでしたが（ベナレスのヨガ苦行僧みたいなことをしてもらって妙な映像を作りたかった）、出発前に先祖の墓参りを済ましてから、とか色々な理由をのべたてて実現しませんでした。外国ぎらいなのでしょう。

誌面を飾った写真を選んで、高島屋で写真展「これがファッション写真だ――展」を開いたりしましたが、正直、私がADをしていた三年間は投資段階で、私は又も清水さんに遊ばせてもらったことになります》（堀内誠一『父の時代・私の時代　わがエディトリアル・デザイン史』マガジンハウス）

このような経緯で創刊された『an・an』は、従来の女性誌にない特色を持っていた。

用紙は、本文頁もオールグラビア用紙を用い、従来の女性誌が本文頁とグラビア頁の用紙を区分けしていたのを改めた。そのため、本文頁でもカラー印刷のイラストや写真を用いることが可能になったが、従来の雑誌造りが通用しないという苦労もあったことを『an・an』スタッフで、後に同誌編集長となる赤木洋一が書いている。

《一冊まるごとグラビアの『アンアン』は、活版印刷が常識だった雑誌の世界では画期的だったが、雑誌の作り手にとっては未知の難問を突きつけられることでもあった。カラーはともかく、半分近くあるモノクロページはどう構成すればよいのだろう。活版雑誌のように字ばかりではせっかくのグラビアが泣く。活版雑誌でグラビアといえば写真ページなのだ。そうかといってビジュアルだけのファッション写真誌というわけでもない。すべては手探りだった》（赤木洋一『「アンアン」1970』平凡社新書）

アンノン族を生み出す

『ａｎ・ａｎ』の造り方は、後の女性誌に影響を与える。例えば、昭和五十二年七月に集英社が『ＣＯＳＭＯＰＯＬＩＴＡＮ』誌との特約という形で創刊した月刊の『ＭＯＲＥ（モア）』は全頁がグラビア用紙で、これ以後創刊される女性誌は『ＭＯＲＥ』の造り方を踏襲する。

その『ＭＯＲＥ』を創刊した集英社は、四十六年五月に『ａｎ・ａｎ』に対抗する形で、『ｎｏｎ・ｎｏ』を月二回刊で創刊した。この『ｎｏｎ・ｎｏ』と『ａｎ・ａｎ』は、若い女性のライフスタイルに大きな影響を与える役割を果たした。

それは、アンノン族という名で呼ばれる女性たちを作り出したことである。アンノン族とは、『ａｎ・ａｎ』『ｎｏｎ・ｎｏ』を持って旅をする女性たちのことである。そうしたライフスタイルの女性が目立つようになったのは、両誌が旅の記事を売り物にしたからである。

ちなみにアンノン族という言葉は堀内誠一の『父の時代――私の時代』によると、《最初に定義したのは上野駅のお巡りさんだった。朝日新聞に家出娘の記事が出た時、「最近は又多くなりましたよ、勘でこの娘はそうだと解るんですが、恰好は、ほらアンノンとかいう雑誌によく出てるような服の娘が居るでしょうが……」と語った》という。

そのアンノン族がどのようにして誕生したのかは、森彰英『「ディスカバー・ジャパン」の時代――新しい旅を創造した、史上最大のキャンペーン』（交通新聞社）に詳しい。同書によると、『ａｎ・ａｎ』『ｎｏｎ・ｎｏ』の創刊と、国鉄による「ディスカバー・ジャパン」のキャンペーンが時期を同じくしたことが、アンノン族誕生に寄与した。

『「ディスカバー・ジャパン」の時代』によれば、まだJRになる前の国鉄は、昭和四十五年三月十四日から九月十三日まで大阪・千里丘陵で開催された日本万国博覧会の入場者六千四百万人のうち、二千二百万人を列車で輸送し、うち九百万人を新幹線で運んだ。

しかし、国鉄では万博の始まる半年前に万博が終わった後、万博期間中に増発した列車がガラガラの状態で走ることになる事態を想定した対策を考え始めていた。つまり、ポスト万博の対策だが、その時、考えられたのは、多数の客を家から駅に向かわせ、切符を買ってもらうためのキャンペーンを、新幹線のターミナルがあり在来線の発着点である東京・名古屋・大阪地区で重点的に展開するというものだった。旅の主役は二、三十代の女性とし、協賛などの形で他の企業の協力も求めることにした。

四十五年が明けると、国鉄と電通の協力で具体的な対策が練られ、その結果が「ディスカバー・ジャパン」というキャンペーンになる。キャンペーンは、万博が終わった十月から始められた。

『non•no』創刊号

森によると、その年三月に創刊された『an・an』は、第一号で「ユリとその撮影隊　ヨーロッパ訪問」、第二号で「パリコレクション70」を特集するなど、海外ロケを伴う企画を柱としていたが、やがて京都や萩など、日本の旅に関する特集を行うようになる。『non・no』も最初から旅の特集に力を入れ、両誌の旅特集と国鉄の「ディスカバー・ジャパン」のキャンペーンがアンノン族を生み出した。彼女たちは旅を好み、ファッションにも関心が強かった。

休刊ささやかれるが六号目で大ヒット

光文社が最初隔月刊で、昭和五十年六月から創刊した『ＪＪ』という女性誌は、こうした若い女性のファッション感覚に応える雑誌となった。『ＪＪ』は最初『別冊女性自身』という題名を考えたが、Josei Jishinの頭文字のＪＪが題名となった。そして五十三年の四月号から月刊となるが、『ＪＪ』の創刊の経緯と同誌の編集意図について、初代編集長の並河良（現光文社会長）が語っている。

《『別冊女性自身』の編集長になったんですね。今まで実用の仕事が多かったので、その辺を取り出して別冊にしよう、と考えたのです。一号目は〈ビューティ特集〉ですね。三日めで92％というぐらい売れたのですが、でも、だんだん女性週刊誌の実用記事に期待するという人は減ってきて売りものではなくなってきていたんです。『ａｎ・ａｎ』『ｎｏｎ・ｎｏ』も出た時期で、やっぱりそこと勝負しないと人は買ってくれない。同じ内容でも判型が古いと古く見えるので、判型はとりあえず、流行りのかたちにする。でも『ａｎ・ａｎ』の亜流には見られたくない。それを否定したところで何かできないだろうかと考えたんです。でもタイトルが『別冊女性自身』でしょう。デザイナーのところに持って行ったら、漢字六つなんて中国の雑誌じゃあるまいし、と言われ、『女性自身』の頭文字をとって『ＪＪ』と大きく入れ、サブに「別冊女性自身」と入れたらどうかと言われた。じゃあ『ＪＪ』をタイトルにしましょう、とその場で決めちゃったんです》（『週刊読書人』平成十七年六月十日号）

これに続けて『ＪＪ』が扱おうとしたファッションについても、並河は語っている。

《『JJ』がやろうとしたファッションは、都会の普通の人が着る、普通の健康な服です。これは、業界の人にとっては我慢がならない。大嫌いなものだったのです。だから協力してくれる人がいない。モデルもいない、カメラも協力しない。仕方がなく実際にそういう格好をしている実例をページに載せたらどうだろうか、と始めたことなんです。

学校には「ミス○○」と呼ばれるようなリーダーがいますね。その子が何を着て、どんな持物を持ち、靴は何を履いているかというようなことを丁寧に撮って、今美しいとはこういうことじゃないか、と見せたわけです。試行錯誤の結果そういう風になったんですね。本物がいるわけですから、ファッションだけでなく背負っている自分の生活そのものが全部表れている。それがおもしろかったんですね。そういうことで割合早く読者モデルのスタイルが完成したんです。初めは隔月ではじめました。

――月刊になるときは相当部数も。

並河　月刊になる頃はそうですね。創刊から一年はまったくひどい成績でした。もう止めよう、と毎回会議がありました。もう一号、と頼んで六号目が爆発的に売れたんです。〈化粧大図鑑〉というすごいタイトルで。当時はニュートラもだいぶ主流としてページを作れるようになっていました》（同）

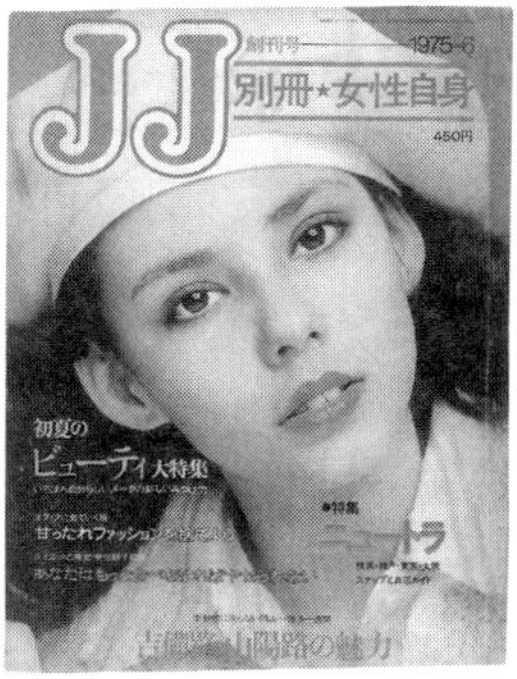

『JJ』創刊号

この雑誌は「読者モデル」という新しいタイプのモデルを作り、ニュートラというファッションを流行させ、創刊号では「大特集　ニュートラ　あなたもニュートラを始めよう」をスナップ写真と記事で掲載、〝THE SMILING BEAUTY〟という美容特集も行った。ニュートラとはニュー・トラディショナルの略で、これまでのファッションが業界先行で一部の人にしか着られないファッションであったのに対し、ニュートラは実用的で生活の中のファッションを追求した。ニュートラが横浜で作られたのがハマトラで、これらのファッションを『JJ』は読者の生活感覚と遊離しない形で紹介した。そのため、モデルには女子大生を起用し、それが「読者モデル」と言われた。そして『JJ』の読者は〈J・Jガール〉と呼ばれ、十八歳から二十二歳ぐらいにかけての女性が核となり、田中康夫の『なんとなく、クリスタル』という小説にも登場するが、並河は彼女たちの成長に対応して平成七年には、『VERY』という三十代向けのファッション誌を創刊して成功させる。そのことで、女性誌の世界はまた変わる。

遊びを自分のものにし始めた女性たち

女性誌の世界の変化とは、年齢によるラインナップ作戦が強まったことである。光文社を例にとると、『JJ』（二十歳前後向け）、『CLASSY』（キャリア向け）、『VERY』（三十代向け）、『STORY』（四十代向け）、『HEARS』（五十代向け）というぐあいに年齢による雑誌の配置が行われている。

このような女性誌の変化については、芹沢俊介が「『女性雑誌』の時代精神」という論文で分析している。彼はこの論文で女性誌をネーミング（誌名）の変遷、記事と広告の融合、テーマの変遷という面から論じているが、ネーミングについては、こう論じている。

《ネーミングから眺めたときの女性雑誌の最初の革命期は一九七〇年である。この年にファッション雑誌『アンアン』（ａｎ・ａｎ）が創刊され、翌年『ノンノ』（ｎｏｎ・ｎｏ）が続いた。『アンアン』以前の女性雑誌は『婦人之友』『ミセス』『家庭画報』『暮しの手帖』『ショッピング』等々、女性向けであることを明確にうたっていた。

『アンアン』や『ノンノ』というネーミングが革命的である点は、タイトルから指示性を一掃したことである。これからは女性雑誌であることを伝えるのに、婦人や女性や暮らしや家庭や買物という女性に帰属するとされている記号やシンボルや概念を用いる必要がなくなったのである。

にもかかわらず『アンアン』『ノンノ』は間違いなく女性を対象としていることが分るネーミングであった。若い女性の気分や感性を表出していたのであり、それは意味不明であっても、新しい「女性雑誌」のタイトルであることを誰もがその音と響きから感じとることができたのである。これがいかに革命的であったかは、後に続いた創刊雑誌の誌名を見れば知れよう。『ＪＪ』『キャンキャン』『リー』『サンサン』『ヴィヴィ』といった音と響きだけで女性雑誌であることを表出する道が開かれた。ネーミングにおける差異は、ファッションや美やライフスタイルに対する女性の感性や世代の背景を産み出していったのである。

『MORE』創刊号

『モア』『クロワッサン』『ウィズ』なども、こうした指示性の、音と響きへの解体とその差異化の競い合いのなかから産出されたことは、指摘しておく価値はあると思う》（『ブームの社

会現象学』筑摩書房所収）

芹沢は一九七〇年という年の特色についても、この論文で論じている。

《一九七〇年という年は、経済的には高度成長期の終った時期に当っており、時代は以降、その調整期に入るのである。物質的生活面における全体的な底上げは一応の達成を見たのである。この頃から、収入の増大よりも余暇が増える方を選ぶという気運が、くっきりと浮びあがってきた。このような事態は、個別的な差異の追求へと関心の総体を傾注してゆくきっかけを、人々に提供したと言える。別なとらえ方をすれば、人々の関心が、生活とか暮らしという地平を離陸しはじめたことを意味したのである。こうした生活とか暮らしという地平からの離陸をさして〈遊び〉と呼んでみよう。この時期の女性をめぐる新しい状況とは、この〈遊び〉に象徴させることができる。女性はこの時期に至ってはじめて、〈遊び〉を自分のものと感じはじめたのである。あるいは〈遊び〉を暮らしや生活に組み込んだと言いかえてもいいだろう。

新しい「女性雑誌」が、それまでの婦人、家庭、生活、主婦、暮らしといった指示性の強いネーミングを捨て、指示性の感じられないナンセンス・シンボルを選びとったことの意味は、ここにある。ナンセンス・シンボルは、女性が戦後はじめて自分のものにしはじめた〈遊び〉と対応していたのである。『アンアン』や『ノンノ』が、生活総体の一部としてこれまで組みこまれ、誌面に配分されていたファッションだけを取り出し、強調し、突出させていったのは、女性が〈遊び〉を自分のものにしはじめたことが現実として感受できたからである。『アンアン』や『ノンノ』という誌名とその内容であるファッションを通して、新しい「女性雑誌」は、女性がもう家庭や暮らしの次元だけにとど

まっていないということを時代へ向けて告知したのである》

「遊び」から「生活」へ着陸

さらに、芹沢は続ける。

《しかし『アンアン』『ノンノ』で開始された誌名のナンセンス・シンボルの時代は、ここにきて終った感が深い。ナンセンス・シンボルの時代の終焉を、一九八五年の『オレンジページ』の創刊に象徴させることができる。『オレンジページ』に発し『レタスクラブ』『ベジタ』『パンプキン』と続く系譜は、ネーミングに指示性が戻ってきたことを示している。ただし、これらの指示性、つまり意味（センス）はナンセンスを通過しているゆえにもはや女性に帰属させることは不可能である。また『アンアン』『ノンノ』のように、音や響きでもって「女性雑誌」であることを表現しようとしているわけでもない。新しい「女性雑誌」は、誌名において女性から完全に分離したと言えよう。『オレンジページ』は「生活便利マガジン」と副題されている。『レタスクラブ』は「生活いきいき」というコピーが付けられている。『ベジタ』は「新・野菜人生活カタログ」である。『パンプキン』は「心、いきいき　ヒントマガジン」であり、創刊号は「快適生活にレッツ・ビギン号」というコピーが付けられている。

これで了解できるとおり、これらの雑誌は〈生活〉というところに狙いを定めている。『アンアン』『ノンノ』が象徴している生活からの離陸すなわち〈遊び〉が狙いなのではないのだ。それでも決定的に新しいと感じられるのは、ここで言う〈生活〉が、かつての婦人や主婦や家庭を直接に引きずった〈生活〉ではない点である。この点でも女性から分離している。〈遊び〉を通過した〈生活〉であること、必要性を離脱した生活であることが、新しいのだ。ナンセンスを通過したセンスが新しいように》（同）

芹沢は、女性誌におけるテーマの変遷についても論じている。

《ところで伝統的な「女性雑誌」と新しいそれとの内容面における違いは、前者がなるべくたくさんのテーマを一冊に詰めこんでいるのに対し、後者は一冊を一テーマに絞っていることである。ひとつのテーマからさまざまな領域を眺めるという手法あるいは、特集をメインテーマに費やし、残りのページを各テーマに小さく配分するという編集の仕方がとられている。

このようにテーマを絞ること、突出させることが可能になったのは、繰り返すけれども、一九七〇年の『アンアン』の創刊以来である。『アンアン』につぐ『ノンノ』、この二誌によって最初に取りあげられたテーマは、ファッションであった。そしてファッションの時代は一九八五年の『オレンジページ』の創刊まで続いた、と大雑把に考えることができる。『オレンジページ』の登場は、雑誌の内容の主流がファッションから食に移ったことを明らかにした》（同）

台所に立つ男たち

そして、芹沢は《ファッションから食への潮流の移行は、〈遊び〉から〈実用〉へと人々の関心が転換したことを伝えているであろうか。答えはイエスであり、同時にノーである。なぜなら現在の食の状況は、必要というレベルをとうに超えた段階にあるからだ》と述べ、こう論じている。

《生活という概念が、衣・食・住の三本の柱で成り立っていた時代の〈実用〉という観念と、いまの〈実用〉という観念はまるで異なっている。伝統的な「女性雑誌」が衰退してゆく大きな理由のひとつに、古い生活概念、古い〈実用〉という概念を基盤に内容づくりをしていたことがあげられよう。生活という概念は、もう〈遊び〉を核にしなくては成り立たない。この点を踏まえた〈実用〉の観念が産み出されているのが現在である。『オレンジページ』以降の新しい「女性雑誌」の基盤となっているのはこのような新しい生活体の新しい〈実用〉性である。

伝統的な生活の概念では、台所は女性の領域であり、したがって料理や食の知識は、女性専用の〈実用〉性であった。この考え方はいまでは完全に崩壊している。男が台所仕事をすることについて、男性の六八パーセント、女性の八二パーセントが「いいことだ」と答えている。こうした数字は生活とか女性とか家族というイメージが人々の意識のなかで組み替えられつつあることを示している。新しい「女性雑誌」はこのことに象徴されるような伝統的な女性像の崩壊と死をとても見事に編集の仕方にくりこんでいるのである》(同)

芹沢の分析は、一九七〇(昭和四十五年)における『an・an』登場以後の女性誌の変化を見事に分析しており、それ以後の女性誌の世界の卓抜な見取図となっている。女性誌の変化とは、伝統的な女性像の変化と死を繰りこんだ編集によってもたらされたという指摘は鋭い。

こうした変化のため、婦人家庭誌として最も歴史の古い『主婦の友』が平成二十年六月号をもって、創刊九十一年で終刊した。同誌は『婦人生活』『主婦と生活』『婦人倶楽部』など同類誌が退場した後、主婦と生活社の『すてきな奥さん』(平成二年創刊)や学研の『おはよう奥さん』(同七年創刊）と同じく、読者からの提案による実用記事を掲載する雑誌に衣替えしたが、ついに終刊となった。これは、女性誌が年齢別、内容別にセグメント化し、かつて大部数を発行していた婦人家庭誌のような総合的な内容の女性誌が成り立たなくなったことと照応する現象である。

『主婦の友』の最終号は「年間あと30万円！　貯蓄アップ家計診断」を特集し、別冊付録として「主婦之友大正六年創刊号（抜粋）」と『『主婦の友』91年に見る大正、昭和、平成『暮らしの知恵』総編」を付けていたが、それによると、『主婦の友』は創刊号で「お金を上手に遣ふ五つの秘訣」「懸賞発表家計の實験」という記事を掲載していた。

評論や主観を排除した『ぴあ』

女性雑誌の章で、一九七〇（昭和四十五）年に創刊された『ａｎ・ａｎ』が、その後の、女性誌に与えた影響についてふれたが、実は女性誌のみならず、ほかの雑誌も、一九七〇年代において変化が見られる。

その象徴となるのは、一九七二（昭和四十七）年であるが、この年のことについては、坪内裕三が『１９７２「はじまりのおわり」と「おわりのはじまり」』（文春文庫）という著書で論じている。坪内は一九七二年という年が戦後文化の分岐点になった年であると指摘し、その一つとして、この年創刊された『ぴあ』が七二年以前の文化と七二年以後を区分けする雑誌の象徴になったことを論じ、その部分で筆者の書いた文章を引用している。

その文章とは、筆者が共著で出した『変貌する読書空間』（学陽書房）のために書き、後に『ベストセラー考現学』(メディアパル)という著書に収めた文章である。このなかで、筆者は『ぴあ』を次のように紹介した。

《『ぴあ』は、一九七二年(昭和四七年)八月に中央大学映画研究会の学生と、TBS報道局で知りあったバイト仲間の計七人の学生によって創刊された。斎藤精一『雑誌大研究』(日本工業新聞社)によれば、〈学生時代、映画サークルに所属して読むことの多かった映画雑誌につまらなさを感じた一人の学生が、もっと自分たちに必要なものを、と考えて友だちとつくったのが、『ぴあ』という雑誌〉であったというが、ここに登場する〈一人の学生〉とは、一九五〇年生まれの矢内廣氏である。

創刊号の発行部数は一万部足らずであったが、創刊三年後の七五年一月には三万五〇〇〇部、七六年一月には九万部を突破しその年の七月には一三万部、七八年上半期のABC公査部数は二三万五八四八部、七九年には三二万部を越え、月刊から隔週刊となり、すでに四〇万部以上となっている。

『ぴあ』創刊号

この雑誌は、映画、演劇、音楽、FM番組、美術、イベント、講座、本などについてのガイド情報を主要内容としており、自己PRとして、次のように宣言している。

〈評論や主観をまじえた文章を取り除き、どんな小さい情報でも取り上げて誌面のすみずみまで反映される徹底した編集——これが『ぴあ』の特長です。既存の雑誌のようなつくられた楽しさではなく、一人一人が『ぴあ』を失われた若者たちの情報拠点とし、新しいコミュニケーションの場として『ぴあ』から

アクションを起こしはじめる——そんな部分ではむしろ『ぴあ』は物言わぬ饒舌誌といえるでしょう〉

この自己PR文にもあるように、同誌は〈評論や主観をまじえた文章を取り除き、どんな小さな情報でも取り上げて〉ゆくという点に特色があるが、この評論を排するという編集方針には、一九七〇年以後の状況が投影されていたことは無視してはならない。なぜなら、矢内廣氏はこんなことを語っているからだ。

〈創刊した（昭和）四七年当時は、僕たちの眼には、コトバは全く力を失ってダウンしたように見えた。評論家の吐くコトバは、何人をも説得し、動かすことはできないように思えた。僕達にとって真に必要な情報は何か？　よく考えてみると、いつ・どこで・なにがあるか、それが分かれば、あとはもう何も必要なものはない。仲間七人で創刊の準備をしているときに達したこの認識が『ぴあ』のスタイルを生みだした。『ぴあ』があるかぎりこのスタイルは不変です〉（『サンデー毎日』一九七六年一〇月二四日号）

要するに矢内氏の言わんとすることは、一九六九年から七〇年にかけての大学闘争によって、言葉に対する不信が学生の間に生まれ、従来の評論に見られる言葉による饒舌を排し、むしろ、言葉を映画やイベントの情報を伝える記号におきかえたということなのだが、このような内容の『ぴあ』が、情報だけでなく評論も掲載している『シティロード』よりも部数において上まわってゆくというのが、七四年以降の読書状況の特色である》

断絶された情報の蓄積になる

そして、筆者は『ぴあ』や『ポパイ』などの特色についても、この本で論じた。

《『ぴあ』について、尾崎秀樹・宗武朝子『雑誌の時代――その興亡のドラマ』（主婦の友社）では、こんな感想がのべられている。

《〈「ヤングの活字離れを心配する声をよく聞きますが、『ぴあ』でみる限り全くそんなけはいは見られない」と言った林編集長の言葉は印象的だった。『ぴあ』は、早くから退潮を伝えられる「活字」を武器として、劇画世代層に新しい読者を創造し、革命をもたらした雑誌と評価できると思います〉

しかし、この評価は正しいだろうか。確かにこの雑誌には、写植で極度に縮写された「活字」がぎっしりと入っているが、それは真に「活字」媒体といえるかどうかは疑問である。

それというのも、この雑誌に入っている「活字」による情報は、従来の活字媒体が持っていた一つの価値観で統一された体系性はなく、一つ一つが断絶された情報の集積に過ぎぬからだ。そして、この雑誌で唯一の長い記事と思われる「ニュースレーダー」欄の記事にしても、一編あたりの長さは四〇〇字詰原稿用紙で三枚半くらいである。せいぜいコラムにしか過ぎない。

ここに盛られているのは、確かに活字による情報ではあるが、それは従来の活字に比べて異質のものである。そのことを、この雑誌は示しているのだが、こういう活字の変質を教えてくれるのは、『POPEY（ポパイ）』という雑誌もそうである。

『ポパイ』は一九七六年（昭和五一年）に創刊され、最初は隔月のパイロット版を出し、七七年三月から月二回刊となったが、この雑誌の売物は、巻頭の「POP-eye」というコラムである。このコラムはアメリカで現在起こっていることとか、珍しい品物を紹介する情報欄だが、このコラムで一番長い記事が、やはり『ぴあ』の「ニュースレーダー」と同じく、四〇〇字詰原稿用紙で三枚半、約一四〇〇字である。

『ポパイ』は、そのぐらいの長さのコラム的記事が何編も入っており、あとはせいぜい見開き二頁で終わるような記事だけで、けっして一編の記事が四〇〇字詰原稿用紙で二〇枚も三〇枚もあるような記事はない。そのかわりに、写真やイラストがゴチャゴチャと入っている。

これは、『ポパイ』がもともとカタログの延長上につくられたものであるからだが、この雑誌においても、活字は『ぴあ』と同じく変質している。カタログ的な網羅性は追求されているものの、活字が持っている論理的統一性や体系性はない。

そのために、『ポパイ』は初期のころ〝コラム・マガジン〟と称していたが、あっという間に部数が急増し、七〇年代の人気雑誌となり、後発誌として『Hot Dog PRESS（ホットドッグ・プレス）』の出現を促すほどに成長した。『ポパイ』の主要読者はシティ・ボーイとよばれる都会のヤングで、学生や独身男性が多く、なかには女性もいるという。

彼らはこの『ポパイ』から一編あたり一四〇〇字平均の断片的情報を得るのだが、これはけっして活字を読んでいるとはいえない》

読む側が選ぶ――カタログとなった雑誌

筆者は、このように、一九七〇年代に出現した『ぴあ』と『ポパイ』という雑誌をとりあげ、これらの雑誌には、活字による情報が掲載されていても、それは従来の雑誌に掲載された情報と違うものであることを指摘した。この問題については、小石原昭、清水英夫、立花隆による「活字文化の今日と明日」という座談会（『サントリークォータリー』昭和六十一年九月発行）での立花の発言と照応させてみると、より明確になる。立花は、一九八〇年代の雑誌の特色を、次のように論じていた。

《文化状況というのは何を指すかが問題ですけれども、一つには、僕は読者の側の変化というのがあると思うんですよ。それは、いわゆるカタログ的な雑誌のあり方ね。いろんなものを集めてホッチキスで止めるだけみたいな発想で編集される。現在の雑誌の相当部分はそれでできてるわけですよね。読者もまた満足するんですね。要するに細切れな知識がワーッとあっちこっちあって、それで読む側が自分勝手に取捨選択するわけです。本来、編集というのは、一つの雑誌なら雑誌を一貫したものとしてつくって、読者にこう読んでもらいたいという一つのプログラムを与えるんだけれども、今はそういうプログラムなしで、読者に、まあ勝手に読んでください、どれでも手当り次第取ってくださいみたいなねえ。要するに懐石料理を一度に全部ポーンと出して、「好きなものをつまんでください」というスタイルになっちゃって、それが読者に受けるという、そういう文化状況というのは確かにあると思うんです》

立花によれば、八〇年代の雑誌の相当部分は、《カタログ的な雑誌》で、《コマ切れな知識がワーッとあっちこっちあって、それで読む側が自分勝手に取捨選択する》という形で読まれているというのだが、このような雑誌状況は、七〇年代における『ぴあ』や『ポパイ』などの登場によって作られたと言ってよい。

そして、この座談会が行われる五年前の一九八一（昭和五十六）年に、一枚の写真とコラム風の文章を見開き二頁に掲載して頁をめくるたびに、新しいトピックを紹介し、まるでテレビのチャンネルをひねるたびに番組が変わってゆくのと感じが似ているため、〝ペーパー・テレビ〟と称された雑誌が登場していた。新潮社から創刊された写真週刊誌の『ＦＯＣＵＳ』である。

ペーパー・テレビ、写真週刊誌の登場

この雑誌は、昭和五十六年十月三十日号（二十三日の金曜日発売）から創刊されたが、判型はＡ４変型判で全頁、グラビア用紙を用い、六八頁の薄型雑誌であった。この雑誌で特徴的なのは、写真と文章がセットになった全ての記事に、「outlaw」「scene」「dropout」「family」「hero」「off limits」「open」など、英語によるインデックスが付けられていることである。そして、ＦＯＣＵＳ１、ＦＯＣＵＳ２、といった頁もあり、「erotica」「history」などは連載となっている。

実は、筆者はこの雑誌が創刊される時、初代編集長の後藤章夫（故人）に取材し、テスト版も見せてもらったが、その時、印象に残ったのは、peep（のぞき）というインデックスのページだった。テスト版ではジョン・レノン夫妻のベッドインの写真とコラム風の文章が掲載されていたが、創刊号のpeepは「自分で自分を覗くとき――ある自販機カメラマンの実験」という見出しで、自販機で売られる〝猥本〟の写真を撮り続けてきたカメラマンが自分と女性モデルとのベッドインの様子をラブホテルの鏡を利用して撮った二枚の写真と文章で構成している。

peepというインデックスの頁が印象に残ったのは、peepという言葉に、この雑誌の特色がよく表れ

ているると思ったからである。一般には写真週刊誌と呼ばれるようになった『FOCUS』は、当初、苦戦したものの、あらゆる事象をpeepするという編集の方針が受け、一時、二百万部に達する部数を発行し、類似誌として『FRIDAY』（講談社）、『FLASH』（光文社）、『TOUCH』（小学館）、『Emma』（文藝春秋）などが発行されたが、今は『FRIDAY』と『FLASH』が残っているだけである。

齋藤十一の後悔

写真週刊誌は五誌のうち、『FOCUS』を始め三誌が消えていったのだが、それは後に述べるように、peepという編集方針が災いしたということもある。『FOCUS』は『週刊新潮』の〝陰の天皇〟と言われた齋藤十一が企画した雑誌であった。そのことについて、『編集者　齋藤十一』に、二つの証言が収められている。一つは、『週刊新潮』の編集長を務めた松田宏によるものである。

《齋藤さんには様々な伝説がある。その一つが、フォーカス創刊のきっかけは「殺人犯の顔が見たい」というものだった。私はそれは違うのではないかと思っている。こんな事件があった。福岡県の裁判所の判事が、出廷した女被告をじっと見つめているうちに「その気になって」、女被告の自宅を密かに訪ね、減刑するのでどうか、と関係を迫ったのだ。この事件を知った齋藤さんは、「判事をその気にさせた女とは、どんな顔をしてるんだ」。

写真を探せということだ。女被告の写真は週刊新潮に掲載されたが、齋藤さんは満足されなかった。この時、齋藤さんのどこかに写真週刊誌のイメージができたのではないかと、私は思っている》

もう一つは、齋藤の妻、美和による証言である。

《「ＦＯＣＵＳ」を作るにあたって齋藤が意識したのは、アメリカの写真誌「ＬＩＦＥ」です。人間の滑稽さ、愛らしさ、荘厳さを表現する写真が盛り沢山の写真誌を日本でも作りたい、と。「週刊新潮」では活字で人間を描いた。ならば今度は写真で人間を描く雑誌を作りたい、そう考えたのでしょう。創刊準備にあたって、齋藤は写真家の田沼武能《たけよし》さんに「無名でも力のある若いカメラマンを十人集めてくれ」と声をかけています。「優秀なカメラマンがいなければこの雑誌は成立しない」と話していましたが、ずいぶんとカメラマン探しに力を注いだようです。

また、齋藤が珍しく和英辞典を半日ほどじっくり眺めていたことがありました。何をしているのか覗きますと、帳面にいくつもの単語を書きつけている。

「judgement」「doubt」「trouble」……単語は欧文表記のまま、「ＦＯＣＵＳ」の各々の誌面をくくるキイワードになりました。

そして「ＦＯＣＵＳ」は大ヒット。写真週刊誌ブームが巻き起こって、部数が二百万部を超えたときには、「これまでで一番の仕事だったなあ」と本当に嬉しそうでした。

ただ、それからしばらくして、誌面が齋藤の思っていたのとは別の方向へずれていったようです。もちろん雑誌は生き物です。後発のライバル誌が芸能スキャンダルに力を入れて部数を伸ばせばそちらもケアしなければならなかったでしょうし……。晩年、ちょっとこぼしていましたね。

「よい素質を持った雑誌だったのに、残念だ。もうちょっとタッチして、雑誌の方向性をしっかり根付かせておけばよかった」》

『FOCUS』が創刊される時、宣伝用のリーフレットが作られたが、そこには、こんなコピーが印刷されていた。

写真で時代を読む。フォトジャーナル・ウィークリー　フォーカス
新潮社より10月23日創刊
●写真と文字で二度読ませる。ニュータイプの週刊誌。
●大竹省二、中村正也、稲越功一、大石芳野、十文字美信、藤原新也ほか、第一線写真家100名による〝現場参加〟。
●軽く、鋭く、愛をこめて新潮社25年ぶりの新雑誌。
●定価150円　毎週金曜日発売

写真と文字で二度読ませる『FOCUS』

「写真と文字で二度読ませる」をキャッチフレーズとした『FOCUS』は、写真とともに、文章も読ませた。創刊号のpeepの文章は、こんなぐあいである。

《「じゃ始めようか」。タバコの吸殻をつぶしてカメラマンがたちあがる。モデルは頷いて服を脱ぐ。カメラのセットが終る。ここまではどこにでもあるヌード撮影現場の一コマである。

しかし、今日は、カメラマンも脱ぐのだ。パンティも前貼りもない、生れたまんまの姿で二人はベッドイン。女が男の股間に顔をうずめると、男は〝そこそこ、もっと目を伏せて〟などとポーズをつ

けながらシャッターを押しまくる。バスルームに移れば、女をバックから攻めながらパチリ、イスに坐ってダッコチャン・スタイルでパチリ――いずれもラブホテル備えつけの鏡を利用して、おのが痴態を撮りまくる。

「もうクタクタ。ふつうのセックスより何倍も疲れるよ」と言うのは石垣章さん。この2年間で「日本の股ぐら」「女子高校生堕胎」「淫獣の館」(発禁)など100冊以上の〝猥本〟を世に出し、実に200余りのワレメちゃんを撮りつづけてきた自販機専門のカメラマンである。(後略)》

このコラム風の文章は評判となり、創刊一周年を迎えた頃には、こんな光景も見られた。

《〝写真で時代を読む〟をキャッチ・フレーズに登場した『FOCUS』が、創刊一周年を迎えようとしている。

創刊当時の評価はあまり芳しくなかったが、今やたいへんな人気。ことに夜の盛り場では、ダントツのナンバーワン。あるサラリーマン氏は、手に持っていた九月十日号を開きながら、いう。

「写真がイイよな。これなんか、よくぞ撮ってくれたよ」

〈決定版「夏ダカラ、コウナッタ」――東京・北新宿に出現した大胆こんがりギャル〉と題したページを指さし、ニヤニヤ笑う。

と、連れのキャリア・ガール嬢、『FOCUS』を引ったくり、パラパラとめくりながら、「記事の書き方が、私は好きなの。ねえねえ、これ読んで。おっかしいんだから!」

最近よく、こういった光景を見かける。

写真とコラムで二度読める週刊誌『FOCUS』は、今まさにその本領を発揮しているわけであ

る》（穂高亜樹『創刊誌大研究』大陸書房）

「たけし事件」で凋落

しかし、『ＦＯＣＵＳ』に端を発する写真週刊誌も、やがて曲り角に立たされるきっかけとなる事件が起きた。夕刊フジの昭和六十一年十二月十日付がこんな記事を掲載している。

《１９８６（昭和61）年12月9日午前3時10分ごろ、東京都文京区音羽町の講談社本館5階、写真週刊誌「フライデー」編集室に、ビートたけしこと北野武（39）が「たけし軍団」の仲間11人を率いて乗り込み、「愛人問題の取材のやり方が強引すぎる。抗議に来た」と入口付近でフライデー編集部次長と押し問答となった。

たけしらは「応対が悪い。横柄だ」と観音開きのドアを開けて編集室内に〝乱入〟。部屋にあった雨傘や小型消火器を持ち出し、室内で振り回したあと、居合わせた5人に殴る蹴るの暴行をした》

『FOCUS』創刊号

『ＦＯＣＵＳ』に次ぐ二番手の写真週刊誌である『ＦＲＩＤＡＹ』によるビートたけし（現・北野武）の愛人報道に怒って、彼とたけし軍団が『ＦＲＩＤＡＹ』の編集室に殴り込んだ事件は、次のような事態を生んだ。

《写真週刊誌の「Ｅｍｍａ」（エンマ、文藝春秋発刊）が五月六日発売の五月十二日号で廃刊されることが決まり、十五日午前開かれた同社の幹部会で発表された。ＦＦ現象と呼ばれるブームを起こした写真誌は後続の三誌を含めた〝3FET〟が激しい部数争いをし続けたが、「たけし事件」をきっかけに軒並み売れ行きが大幅にダウン、写真週刊誌で初めての廃刊に追い込まれた》(毎日新聞、昭和六十二年四月十五日付)

『Emma』は、昭和六十年六月に創刊され、最初は隔週刊だったが、途中で週刊になった。最高六十万部あった部数が三十万部にまで落ち込み、たけし事件以後、《写真週刊誌のスキャンダラスなのぞき見趣味や、取材方法》への批判が高まり、一号発行するたびに一千万円を超える赤字が出るようになり、休刊になったと、このニュースは伝えている。

同誌は創刊の時に制作した宣伝ビラで、「覗いて/見たいか?/創刊号」というコピーを用い、Bunshun people Magazineを標榜していたが、写真週刊誌はpeep(のぞく)というキーワードで伸び、このキーワードが命取りにもなったのである。

なお、『FOCUS』が創刊された昭和五十六年は、『週刊宝石』(光文社)や月二回刊の『ダカーポ』(マガジンハウス)も創刊されたが、これらの雑誌も今はない。

十章

いよいよ雑誌の時代がやってきた

加藤秀俊の「中間文化論」

これまで、戦後雑誌の興亡を、主要な雑誌の生成に関するエピソードを紹介しながらたどってきたが、いよいよ総括の章に入りたいと思う。

そのために、まず引用したいのは、社会学者の加藤秀俊が昭和三十二年三月号の『中央公論』に執筆した「中間文化論」という論文である。この論文は、後に『中間文化』(平凡社)という著書の母体となるが、加藤はこの論文を次のように書き出している。

《私の考えでは、戦後の日本文化はすでに二つの段階を經過して、いまや第三期にはいってきている。その三つの段階とは何か。私はこれを假に高級文化中心の段階(High-brow dominant)、大衆文化中心の段階(Low-brow dominant)および中間文化中心の段階(Middle-brow dominant)として區別ができるように思う。つまり、現代は中間文化の時代である》

加藤は、昭和三十二年の時点で、戦後の文化をこのように区分けして整理し、各期の文化を、その時期に隆盛だった雑誌によって象徴させる。まず、第一期。

《第一期、すなわち高級文化中心の段階は、およそ一九四五年から五〇年ころまでをふくむ時期である。この時期の文化を象徴するものは高級總合雑誌ジャーナリズムだ。年表を操ってみればすぐわかることだが、敗戦後五ヶ月目の一九四六年一月には『中央公論』『改造』という二つのふるい歴史をもつ雑誌が復刊し、『世界』『人間』『展望』が創刊された。これらの雑誌のほかにも『世界評論』があり、『日本評論』があり、『潮流』があったたし、當世風の用語法を使えば、この「總合雑誌ブーム」にのつて朝日、讀賣もそれぞれ『朝日評論』『讀賣評論』を發刊した。これら總合雑誌は發行部

数が限られていたため、ヤミ値で賣られたり、抱き合わせで賣られたりしたこともある》

そして——

《これを受けつぐ第二期の文化、すなわち大衆文化の時代（一九五〇—五五）を象徴するのは、火焰ビンと『平凡』とである。「民主國家」への期待を裏切られた日本人は、二つの極にきびしく分化した。少數派はマルクス主義の旗の下に、そして多數派はアソビの旗の下に。つまり、自由な政治・國家論への関心は、それをどうにでもして貫きとおすという純粋派と、あきらめよくアソビの世界に轉進する穏健派とに分解したのだ。

『平凡』が創刊されたのは一九四五年十二月だから、『世界』よりその生誕は一ヶ月早い。しかし、『平凡』がその發行部數をグングン伸して全國民的なコミュニケイション・メディアとして注目をあつめたのは一九五〇年以降のことであつた。『平凡』のほかにも『明星』があり、『ロマンス』が出た。そしてパチンコ屋がズラリとならんで景氣よく玉を出していたのも、だいたい朝鮮戦争の時期以後である。第一期が極度に政治的であったのにくらべると、第二期の文化は極度に非政治的、乃至は反政治的であつた》

加藤は第一期、第二期の戦後文化を以上のように整理し、さらに論を進める。

新書文化から週刊誌文化へ

《戦後第一期を象徴するものが總合雑誌であり、第二期の立役者が『平凡』であるとするなら、第三期、すなわち中間文化の代表はさしづめ週刊誌ということになろう。週刊誌、乃至週刊誌的文化には總合雜誌的な高尚な志向と娯楽一邊倒の精神とのすぐれた妥協がある。つまり、中間文化とは、高級文化と大衆文化との中間的形態をとる文化のことにほかならない。(略)》

そして、第三期の中間文化については、その特色を次のように述べている。

《私の見たところでは、中間文化のハシリは一九五四年からはじまる「新書ブーム」であり、また雜誌『知性』の發刊であつた。「新書」という形式は決して新しいものではない。しかし、各出版社が競つて「〇〇新書」を刊行しはじめ、それがよく賣れたというのは五四年ころからだ。まつたく、現在では特定の新書をさがすことにさえ相當の時間がかかる。それほど新書の數は多いのである。さて、「新書」にはいくつかの特色があるが、一般的にいえば、その内容的特質の第一は常識主義とも呼ばれるものではないか。(略)

さまざまの學問的・専門的分野の中心的な課題を、平易に簡潔に整理したこれらの新書のうちには、専門領域でのすぐれた業績として数えうるものも何冊かはあつたが、その多くは、「常識」としてこのくらいは知つていてもらいたい、といつたような調子の内容のものであつた。

それは専門書でもなく、また單なる讀みものでもない。その中間にある何ものかである。

雜誌『知性』が一應成功した最大の理由は、ちようどこの新書のもつ輕便な常識主義のラインを狙つたからだ(六全協以後の共産黨の意氣があまり上らず、それにかわつて常識派の思想がつよくなつているのもこれと同じ傾向かもしれない)。つまり『世界』のラインと『平凡』のラインの中間にピントを合わせた新書や『知性』の照準は正しかつた(婦人雜誌の世界でも『婦人倶楽部』と『婦人公論』のあいだに『若い女性』が進出した)。

さて、新書によって先鞭をつけられた中間文化は週刊誌の全盛から本格化する。週刊誌のよって立つところもやはり常識主義だが、週刊誌は一週間という短期的な常識に力点をかけるところに特色がある。短期的な常識主義とはゴシップ精神と呼んでもよい。ひとの噂、流行風俗に關する話題、はやりことば、新語のたぐいが週刊誌によって次から次へと提供される。『週刊朝日』の「ロータリー」や「たちばなし」欄はその先驅的なものであるが、こういったゴシップ精神をいちばん上手にとらえたのは何といっても『週刊新潮』であった。『週刊新潮』はその週のありとあらゆる新情報をゴシップ的價値の高い短文にまとめてわれわれに提供してくれる。全國各新聞のなかから面白い記事を再録したり、有名人が個人的に欲しがっているものを掲示したり、ゴシップ的資料の蒐集は實に藝が細かい》

昭和三十二年の時点での加藤による以上のような戦後文化の整理は、本書での戦後雑誌のとりあげ方と順序が共通している。すなわち、本書でも、昭和二十年代から三十年代にかけては、総合雑誌、娯楽大衆誌、週刊誌という順序で雑誌をとりあげた。そして、『暮しの手帖』に象徴される生活誌、『少年サンデー』『少年マガジン』が拓いたマンガ雑誌、女性雑誌、『ぴあ』以後のカタログ型情報誌や写真週刊誌などについて展望したが、そのように歩んだ戦後の雑誌は一九七〇年代に変化した。

その変化とは、前章で述べたように、一九七〇年代以前の雑誌においては、一つのテーマを、ページを超えて展開するアナログ型の内容の伝え方をした編集が行われていたのに対し、七〇年代以降は読者の価値評価に頼ってカタログ風に内容を伝えるデジタル型の編集が行われるようになったことである。

そのような変化の中で、一九九七（平成九）年以来、雑誌の売上げが前年比マイナス成長を続けるようになり、月刊総合誌の分野で、平成二十年から二十一年にかけて、『論座』（朝日新聞出版）、『月刊現代』（講談社）、『月刊PLAYBOY』（集英社）、『諸君！』（文藝春秋）などが消えていった。

しかし、雑誌の盛衰は、今回が初めてではない。例えば、加藤秀俊が、戦後の文化を第一期、第二期、第三期と区分けして論じた「中間文化論」という論文で、第一期の文化である総合雑誌が主流であった時代の初期に大きな力を持っていたのは『新生』や『人間』だが、これらの雑誌は『文藝春秋』にとって代わられ、休刊に追い込まれた。

読者の要求レベルに答えられているか？

同じような現象は、第二期にも見られる。この時期に『平凡』が主流になる前は、『ロマンス』が大きな力を持っていた。しかし、この雑誌は、『平凡』が隆盛になった頃、哀れな末路をむかえる。

そして、第三期の文化の象徴である週刊誌。『週刊朝日』の戦後の出発点は実にみじめなものだった。それが、どのように隆盛になっていったかを、本書ではたどったが、その『週刊朝日』も『週刊新潮』や『女性自身』にとって代わられる。だから、それが、どのように行われたかを改めて見てゆくことで、現在の雑誌不振を打開する方途が見えてくるのではないか。未来を展望するには、過去に学ぶ以外にないからだ。それを歴史的考察と呼びたいが、雑誌ジャーナリズムの変遷もそのような視点から検証する必要がある。本書に紹介した過去の雑誌の盛衰の事例は、それを示唆している。

とは言っても、過去の雑誌編集の方法が現在も全て通用するというわけではない。日本における過去の雑誌編集のノウハウが、今は通用しなくなっているという現実もある。この点については、平成二十一年六月に日本雑誌協会理事長となった上野徹が語った言葉が示唆的である。上野は、東京新聞夕刊六月九日付掲載のインタビュー記事で、「雑誌全体の売れ行き不振については」という記者の質問に対して、こう答えている。

《携帯電話やインターネット普及の影響は確かにあるが、何よりも読者が出版物に要求するレベルが、昔よりずっと高くなった》

この認識は、現在の雑誌編集者が持つべきである。なぜなら、日本の雑誌は、これまで、一冊の中にいろいろな情報を収載することがサービスであるという考え方で編集されているものが多かったため、一編当りの情報の質が低くなり、これに対して、読者は不満を持ち始めたからである。

このことについて、高橋文夫は『雑誌よ、甦れ・「情報津波」時代のジャーナリズム』（晶文社）という著書で《かつての最大・単一の読者層だった「日本的中産階級」がいまや空洞化し力を失いつつあることをあらためて認識し、読み手の細分化や専門化に対応した雑誌づくり》を提唱しているが、そのことを考えるうえで参考になるのは、近年、経済週刊誌といわれる『週刊東洋経済』や『週刊ダイヤモンド』などがＡＢＣ調査で、このところ、部数を落としている総合週刊誌に対し、わずかでも右肩上りを示していることである。これらの雑誌は、毎号特集主義をとり、その特集も、一つのテーマに四〇頁以上を費し、情報が充実している。例えば、『東洋経済』平成二十一年八月二十九日号の「知られざる出版革命とアマゾンの正体」という特集は五四頁にわたるもので、アメリカでも取材して二十本以上の記事で構成し、充実した内容である。

これが読者に評価されているのだが、この事実に、総合週刊誌は学ぶべきである。これに対し、総合週刊誌は、センセーショナリズムに走ることによって、部数の下降を防ごうとしているが、そのことが平成二十一年に新聞、雑誌で大きく報じられた朝日新聞阪神支局襲撃事件の真犯人をめぐる『週刊新潮』の誤報事件につながっていると言ってよい。

また、以前の雑誌状況に比べて異っているのは、無料で手に入るフリーマガジンが登場し、それらの雑誌が有料の雑誌に脅威を与えていることである。例えば、リクルート発行の『R25』は週刊で六十万部を発行しているが、木曜日の配布日には、専用ラックが夕方までに空になり、市販の週刊誌に影響を与えるほどの人気がある。

『R25』の初代編集長の藤井大輔が書いた『「R25」のつくりかた』(日本経済新聞出版社)を読むと、同誌は読者に受けるフリーマガジンをつくるノウハウをさまざまな模索をしながら構築しており、無料誌だからと言って読者を獲得できるものではないことを示唆している。そのノウハウは、有料誌編集のノウハウに通じるものがある。

読む雑誌の復権はなるか

さらに、現在の雑誌編集者が考えなければならない問題について、フリー編集者の仲俣暁生《なかまたあきお》が、朝日新聞六月二十一日付に「雑誌の未来」と題して書いており、仲俣は二〇〇七年にイギリスでタイラー・ブリュデが発行した「モノクル」という文化やビジネス、デザインの最新動向を伝える雑誌を紹介し、この雑誌が読者に支持されていることにふれ、その理由をこう書いている。

《「モノクル」に支持が集まる理由は、明確な編集ビジョンがあるからだ。この手の雑誌にしては圧倒的に活字が多く、話題もバラエティーに富んでいる。「見る雑誌」ではなく、あくまで「読む雑誌」なのだ》

そして、仲俣はこう指摘している。

《日本の商業雑誌の特徴は、編集者や発行人の個性が消されていることだ。読者に対するマーケティングばかりが重視され、編集主体の顔が見えにくい。情報チャンネルが多様化した今、編集者が主体性を放棄しているような雑誌に、読者も広告主も魅力を感じないのは当然だろう》

また、仲俣は雑誌の《定価の大幅な引き上げ》を主張し、販路をキオスクやコンビニでなく、書店を重視することを提案し、ネットを有効に使い、《新しいスタイルとビジョンをもった「読む雑誌」の誕生》を提案している。

この仲俣の提案で想起されるのは、過去において日本の雑誌が好調だった時は、編集者の「顔」が見えていたことである。『文藝春秋』の池島信平、『平凡』の清水達夫、『週刊朝日』の扇谷正造、『週刊新潮』の齋藤十一、『暮しの手帖』の花森安治、『女性自身』の黒崎勇、『少年マガジン』の内田勝などの「顔」を思い浮かべることができる。しかし、現在の雑誌界で個性的な編集者の「顔」を思い浮べることはむつかしい。

さらに、これからの雑誌でもう一度考えるべきことは、雑誌がジャーナリズムとして持っている力を発揮することである。この点については、昭和四十九年十一月号の『文藝春秋』が立花隆の「田中角栄研究——その金脈と人脈」と児玉隆也の「淋しき越山会の女王」を掲載し、金権内閣と言われた田中角栄首相を辞任に追いこんだという例がある。

この時の編集長だった田中健五はこんな信念を持っていた。

《私は編集方針として、何でも新聞のやらないこと、新聞の逆をいけば成り立つだろうと、非常に素朴な信念ですが、基本的に考えてやってきたのです。大新聞も非常に画一化され、雑誌もなんとなく新聞の後追をやっていれば安心だというようなものが底流にある気がいたします。マスコミがみんな同じ様なことをいうのはうまくないんじゃないか、だからこそ新聞の裏側をいってやろうと考えたのです》(田中健五・小林一郎「ジローのトップ対談」『新風』平成元年11月号、書店新風会)

この信念によって、田中が編集長だった『文藝春秋』は、新聞がやり得なかった倒閣を行い、雑誌ジャーナリズムの力を示した。

しかし、この時、すんなりと、記事が掲載出来たわけではなかった。塩田潮の『田中角栄失脚』(文春新書)によれば、発売前に、こんなことがあった。

《四十九年九月二十七日、『文藝春秋』十一月号の編集作業はすべて完了した。出版の世界ではこれを校了と呼ぶ。

雑誌づくりは編集部の手を離れる。後は印刷、製本を経て発送、発売という流れである。

校了前、編集作業がまだ続いていたときであった。

「田中君、ちょっときてくれないか」

文藝春秋の役員の一人が田中編集長に声をかけた。田中編集長は役員室に出かけていく。

「自民党の江崎真澄氏が、『文藝春秋』で田中総理のことを取り上げるらしいが、どんなことをやっているのかと聞いてきた」

この役員は江崎から問い合わせがあったことを告げた。

（略）

この役員は以前から江崎とは個人的なつきあいがあった。江崎はそれを頼りに文藝春秋を訪れた。だが、予約なしの押しかけ訪問だったと見えて、頼みの役員と面談できたかどうかもはっきりしない。一言、伝言を書き添えた自分の名刺を置いていっただけかもしれない。

役員に呼ばれた田中編集長は言葉少なに答える。

「田中角栄のことはやっています。だけど、内容はすでに言われているようなことでして」

田中編集長は曖昧な返事しかしない。この役員も「絶対に止めろ」と言ったりはしなかった》

この時のことについては、田中健五自身も、産経新聞の「話の肖像画・編集者時代」（平成十二年四月五日付）で、記者が「田中角栄研究」について「圧力というのはあったんですか」と質問したことに対して、こう答えている。

《それはじわっとはありましたよ。田中派の大物政治家の一人が、人を介して沢村三木男社長（当時）に、なんかいってきたことがあったようです。しかし、社から僕への圧力はなかった。それがわが社の素晴らしいところです。それから僕のところにも、一、二けん制がありました。だけど、僕が一番心配したのは、「文藝春秋」が出たときに、ほかのメディアがどちらの側につくか、ということです。とくに新聞がどう出るか心配だった》

田中は、こんな心配をしたが、二つのメディアが田中を援護した。そのことを『田中角栄失脚』

は、こう伝えている。まず、朝日新聞の「天声人語」を執筆していた深代惇郎の反応である。

《「取材させてほしい」

田中編集長に真っ先に電話をかけてきたのは朝日新聞の深代惇郎であった。社会部次長、論説委員、ヨーロッパ総局長などを歴任した後、四十八年二月から五十年十二月に死去するまで朝日の名物コラム「天声人語」を執筆した。名文家として知られた有名記者である。『文藝春秋』の田中編集長よりも一歳年下だが、旧制府立一中の同窓だった。

深代が電話をかけてきたのは発売前である。見本誌を入手して記事を読み、画期的な仕事だと思った。発売直後に自ら文藝春秋を訪ね、田中に会って話を聞いた。

深代は四十九年十月十九日付の朝日新聞朝刊の「天声人語」にこんな文章で始まるコラムを書いた。

「雑誌『文藝春秋』十一月号が特集した『田中角栄研究――その金脈と人脈』のレポートは、もっと問題にされるべきだ。もしここに書かれてある内容が事実ならば、そのような人を総理大臣に持ちたくない。もし事実でないならば、首相は身の潔白を自分の言葉で説明すべきではないか」》

さらに、もう一つのメディアから反応があった。『週刊新潮』である。

《『文藝春秋』の発売日の四、五日前、十月四、五日頃に『週刊新潮』編集部の赤塚一（後に新潮社広告部長）から文藝春秋に取材の申し込みがあった。

『週刊新潮』は「田中角栄研究」の前評判を耳にした。「『文藝春秋』が次号で、田中角栄について何やらすごいことをやっているらしい」という噂を聞き込んだ。『週刊新潮』で企画の決定権を握っていたのは『週刊新潮』の生みの親で「新潮社の天皇」といわれた取締役の齋藤十一（後に新潮社専務）である。

「業界に流れている噂がほんとうなら、これは大変なことだ。どのメディアかなんて関係ない。お先走りと言われてもいいから、積極的に取り上げろ」

齋藤は編集部に命じた。

『週刊新潮』は文藝春秋発行の『週刊文春』とは競争関係にある。週刊誌と月刊誌の違いはあっても、ライバル他社の雑誌記事を積極的に評価する方向で取り上げるケースは稀である。

『週刊新潮』も『文藝春秋』十一月号の「田中角栄研究」の記事を発売前に手に入れた。編集部で赤塚が担当となる。

「これは天下がひっくり返るぞ」

赤塚は記事を読んでうなった。

『文藝春秋』昭和49年11月号

すぐに『文藝春秋』の田中編集長に連絡を入れる。週末だったので自宅に電話したら、「旅行中」と言われた。連絡がとれ、山手線の池袋駅東口の「こやま」という喫茶店で落ち合うことになった。出版関係者が打ち合わせなどによく使ったコーヒーのうまい喫茶店であった。

田中編集長のほうは、『週刊新潮』の取材を受けることにしたものの、相手はライバル社の辛口で知られる週刊誌だから、けちをつけられるのではないかと心配だった。だが、取材を受けて、予想外に好意的だったので、むしろびっくりした。

ひととおり話を聞いた後、赤塚は田中編集長に一点、確認を求めた。

「うちのほうの発売は『文藝春秋』の翌日ですが、記事を見れば『文藝春秋』を発売前に読んで書いたことがわかります。大丈夫ですか」

『週刊新潮』は毎週木曜日の発売で、この週は十月十日である。記事の校了は八日の朝だから、九日発売の『文藝春秋』はその時点でまだ世に出ていない。『文藝春秋』側がそこを許容できるかどうかを尋ねたのだった。

「ぜひやって下さい」

田中編集長は即座にＯＫした。

赤塚はその後に執筆者の立花と児玉の二人にも会って話を聞いた。そうやってできたのが、前掲の「ついに記事差し止め出来なかった『田中角栄研究』に書かれた『衝撃』の章」である。『週刊新潮』四十九年十月十七日号は、こんな見出しでライバル社の雑誌の紹介記事を五頁にわたって掲載したのだ》(同)

こうして、『文藝春秋』の「田中角栄研究」は、雑誌の発売直後から新聞のコラムと週刊誌の二つのメディアにとりあげられた。しかし、新聞のニュースとしては、なかなかとりあげられず、十月二十二日に外人記者クラブで田中角栄が外国人記者と会見して以後、ようやく政治面のニュースとして扱われるようになる。そして、十二月九日、田中は首相の座を下りる。金権内閣と言われた田中がどのようにして金脈を形成したかを明らかにした立花隆の「田中角栄研究」と、田中の女性秘書である佐藤昭《あき》（＝現在は昭子）に照明をあてた児玉隆也の「淋しき越山会の女王」は、内閣を倒した。

立花のレポートについては、「あのレポートで書かれていることはわれわれが知っている事実ばかりだ」と新聞記者は言ったが、このレポートは資料以外に取材によって知られざる事実を明かし、日本における調査報道の先駆と評価された。以後、調査報道は新聞でも行われるようになるが、記者クラブに入り得ない雑誌が、ジャーナリズムとして大きな力を発揮した例として、『文藝春秋』の特集は評価されるべきである。そして、雑誌にはこのように新聞にできないジャーナリズム精神を発揮した報道もできることを認識すべきである。そうでなければ、単なる「雑誌」という器を作ることになってしまい、そのような雑誌は存在する価値がないことを、編集者は認識すべきである。

物書き・佐野眞一の諫言

現在の雑誌界については、雑誌の休刊が目立つようになって以後、さまざまな論が展開されるようになった。たとえば、ノンフィクション作家の佐野眞一は、こう論じている。

《相次ぐ雑誌の休刊は、広告収入の激減が原因とされている。だが、出版関係者には、ちょっと立ち止まって考えてほしい。

いまさら言うまでもないことだが、雑誌を含めた出版活動は、英語でpublishという。その語源は公的を意味するpublicである。雑誌にしろ、単行本にしろ、出版活動は好むと好まざると、公的意味合いと社会的使命を帯びている。

それを版元の資本の論理だけで、休刊にしていいものだろうか。休刊を決める前に、ページ数を減らす、筆者を絞る、原稿料を下げるなどの社内努力が講じられてもよかったのではないか。

このまま休刊ラッシュがつづけば、これまで権力の暴走を監視してきた雑誌ジャーナリズムの機能は、完全に息の根をとめられてしまう。

休刊した「現代」と「PALYBOY」日本版は、私個人にとっても大事な発表媒体だった。「現代」最終号（二〇〇九年一月号）には『誰にも書けなかった石原慎太郎』（講談社文庫）に収録した加筆稿を書いたし、「PALYBOY」日本版には、休刊する直前まで三年あまりにわたって「沖縄コンフィデンシャル」（その後『沖縄　だれにも書かれたくなかった戦後史』と改題して集英社インターナショナルから刊行）を連載した。

わが田に水を引くような言い方になるが、雑誌がなくなってしまえば、自分のテーマを書いて生活の方便《たつき》を得る方途も閉ざされてしまう。

われわれ物書きにとって、雑誌の休刊は生活不安に直結している。雑誌の休刊は、物書きにとって、〝派遣切り〟とまったく同じ構造になっている。私の周りの物書きのなかには、真剣に職業替えを考えている人が少なくない》（「雑誌ジャーナリズムは蘇生できるか」『世界』平成二十一年五月号）

泣き言はやめ、初心に戻る

佐野の論文に見られるように、総合雑誌の休刊は単に雑誌の休刊にとどまらず、ノンフィクション作家が執筆活動を続けられるかどうかという問題も問うているので、他のノンフィクション作家からの発言もあった。たとえば、斎藤貴男は、こんな告白をしている。

《ノンフィクション――個人的には調査報道とかルポルタージュの形容のほうが好きなのだが――の分野のジャーナリズムが、将来とも生き残れるものなのか、どうか。市場原理だけに拠る限り、もはや娯楽以外には金儲けや処世術といった、読者の実利に直結しない言論表現など成立しない時代なのかと天を仰ぎたくもなるけれど、泣き言はもうやめる。

大新聞やテレビを中心とする組織ジャーナリズムが権力のほとんど宣伝機関になり下がった現状で、フリーランサーの仕事の意義そのものはかつてなく高まっている、はずだ。世間の受け止め方がどうだろうと、有効な発表媒体があろうとなかろうと。ならば取材すべきこと、追求しなければならないことは、いくらでもある道理》（「泣き言はやめる。初心に戻る。やり遂げる。」『月刊現代』平成二十一年一月号）

斎藤は、自殺についてのルポを、角川学芸出版のウェブマガジンで連載する予定もあるが、これは《紙の商業媒体から締め出されかねないノンフィクションに、新たな活路を見出さんとの模索も兼ねる》というが、岩瀬達哉は、同じ『月刊現代』で、こんな思いを吐露している。それは、インターネットと関わる。

《インターネットが提供する情報は確かに便利だ。ただ、それだけで人々の求めるストーリーを満たすことはできない。ネット情報が氾濫すればするほど、むしろ表層ではなく深層へ向けた、通説ではなく本質に迫ることを読者は雑誌に期待するのではないだろうか。

この求めに応じていくには、やはり、丹念な事実の掘り起こししかない。いまどき流行らない取材スタイルなのかもしれない。

だが、私はあえて、この手法こそが、今後ますます必要とされていくと確信する。資料の渉猟を基本とし、徹底して人を訪ね歩く、雑誌が得意とした手法である》（「表層でなく深層へ、通説でなく本質に」）

WEB上の言論者は雑誌を滅ぼすか

インターネットは雑誌のみでなく、新聞にも影響を与え、さらに民放テレビの広告収入を低下させる力を持つまでに至っているが、インターネットと紙媒体である雑誌との関係については、『論座』に「『丸山眞男』をひっぱたきたい」という論文を執筆して注目された赤木智弘が「なぜ『論座』は死んだのか」（『「当たり前」をひっぱたく　過ちを見過ごさないために』河出書房新社所収）という論文で、インターネットの普及が論壇誌をどのようにして衰弱させたかを、分析している。

《……世間の論壇離れの原因は何だろうか。やはり最大の原因は、インターネットの普及における、「言論者の多様化」ではないかと思う。

言論の多様化というと、幅広い分野から英知を集めるという意味になるが、言論者の多様化とは、言論を語る人自体が多様化するということだ。

かつての論壇誌、いや論壇誌に限らずテレビや雑誌、新聞や単行本に至るまで、そうした媒体にはすべて編集者によって選ばれた、研究者や言論人のみが文章を掲載することができた。自分の言論を多くの人に伝えるというのは、一部の人たちの特権であった。

しかし、インターネットの登場により、多くの人たちが編集者の選択に頼ることなく、自らの言論を多くの人に直接伝えられるようになった。この時点で「言論を伝達する」という単純な意味でのメディアの役割は薄まっていた。

そしてそれは、インターネットが目指した未来そのものである。特定の誰かが社会への発言機会を独占するのではなく、より幅広い論者が、自らの意見を自由に社会に伝達することのできる社会こそが、インターネットの目指した「言論の自由」であった。

言論の自由は、幅広い人たちに言論スペースを開放したとともに、言論の質を下げる結果となった。その言論を行なうに足らない人たちもまた同時に言論を自由に展開し始めたのだ。

もちろん、そうした事態に対して、言論の自由を大切にする人たちは、「そうした質の低い言論は、その他のちゃんとした言論によって否定される」として、言論の自由による多様な言論が、間違った言論を否定し、全体として正しい議論が残るという、いわば言論の自由競争が成立するのだと考えた。まぁ、かくいう私も、そう考えていた。

しかし、いざインターネットが一般的になって一〇年以上経ってみると、どうもそうでもないことがわかってきた》

論壇は消え去るのか

赤木は、インターネットの普及が「言論者の多様化」を促し、論壇離れをすすめ、ひいては「言論を伝達する」メディアの役割が薄まったというが、では論壇誌としての総合誌は亡びてしまうのか。

これについて、赤木はノーと言う。

《確かに、言論ユーザーサイドの視点に立てば、言論など数多い趣味の一つであり、より手軽かつより楽しいものであればいいのかもしれない。しかし、本当に言論がそんな価値でしかないのであれば、その内容は一体どうなってしまうのだろうか？

私は、言論に対して、ユーザーサイドであるとともに、こうして言論をユーザーに送るサプライヤー（送り手）側でもある。サプライヤーである私の意見としては、やはり私の言論を酒の肴にしてもいいのだけれど、できればちゃんと読んで、内容について考えてほしいと思う。ついでに実践してくれればうれしい。

しかし、言論があくまでもユーザーの趣味の範疇でしかないのであれば、言論を書く人間の思いは決して報われることはない。ここに、失われかけている論壇誌の役割を考えるヒントがあるのではないか》

赤木は、自分が言論ユーザーであると共に、言論をユーザーに送るサプライヤーでもあるという自覚に立って、インターネットと異る論壇誌の役割を考える。

《そもそも、私がこのように文章を書いてお金をいただけるようになったのは、当時の「論座」編集者が私に声をかけてくれたからである。もしそのようなことがなければ、私の文章はただネットの中で誰かのコミュニケーションのために浪費され、それまでだっただろう。そしてそれはお金の話だけではなく、私の思いを「論座」という論壇誌を通じて、社会に伝わるものに変えてくれたのである。

インターネットが広く利用されるようになり、私たちは多様な言説を、パソコンの前や携帯電話で簡単に取得できるようになった。市井には驚くほどに博識な人が一杯いて、そうした人たちが旬の時期に自由な文章を書いて、無料で公開している。そんなときに一ヵ月後に有料でわざわざ書店に行って買わなければならない論壇誌は、もう時代遅れである。

参照するにしても、ネット上の文章はリンクを貼れば全文を読み手に紹介できて、引用もコピー&ペーストで一発だ。一方、論壇誌は参考文献に書名を載せても、読者はそれを手に入れなければ読めないし、引用するときは本を開いてわざわざ手打ちでコピーしなければならない。論壇誌は論文利用という点で考えても手間である。

しかし、それでも論壇誌にはネットに勝ることもあるはずだ。私がまさに「論座」という論壇誌の力でデビューすることができたのは、論壇誌の強みを考えるヒントになるはずだ。

「論座」は休刊しても、論壇というベースは当面なくなることはない。今からでも論壇の側にいる人間は、論壇という場所をいかにして継続し、ネットと違った視点で新しい言論を掘り出してくるかということを考えなければならないと、私は思う》

文書資料の優位性

赤木は、インターネットが普及してもネットに優る力が論壇誌にはあると言うが、同じように、インターネットと対比して、雑誌を評価するのは坪内祐三である。坪内は歴史を振り返るという行為にふれながら、このように論じる。

《いかにインターネットが普及しようとも、例えば雑誌という媒体が消失してしまったなら、歴史を上手に振り返ることはできない。

明治大正の歴史（特に文化史）の流れの把握に対して私はそれなりの自負心を持っている。

その力を私は早稲田大学中央図書館の雑誌バックナンバー書庫で鍛えた。

たとえば明治時代に絞ると、『太陽』や『日本及日本人』、『中央公論』などの総合誌を中心に、別に具体的なテーマがあるわけでなく、アット・ランダムに二〜三年分を棚から取り出し、目次を眺め、面白そうな記事（無署名コラムも見逃せない）を読んだりコピーした。

その作業（というより私にとってお楽しみ）を繰り返す内に、明治は身近なものになり、個々の時期へのパースペクティブを持てるようになった。

その頃の雑誌（特に主要雑誌）は今や次々にフロッピーディスク化され、パソコンで簡単に検索可能になった。

しかしそのような検索だけではきちんと歴史を体感し振り返ることができない（パソコンを駆使した若手学者たちの業績はいかに資料検索が網羅的であっても、言葉が、つまり歴史が、立ち上ってこない）。

つまり、文書資料だからこそ、歴史を、その同時代性と共に把握することができるのだ。

そのために雑誌はまだまだ、いや今こそ、必要なのである。

バブル時代に雑誌は広告主導型になった。バブル崩壊後もその構造に変化はなかった。今回の大不況によって遂にその構造が壊れようとしている。それはとても健康的なことだ。

パソコンのおかげで、レイアウトを含め雑誌は安く作れるようになった。ネットによって独自の宣伝販売も行なえる。となると二万部雑誌であってもその売り上げ実績だけで採算がとれるだろう。いよいよ雑誌の時代がやって来た》（「雑誌ジャーナリズムは亡びない」『新潮45』平成二十一年五月号）

坪内は、パソコンが従来の印刷技術にかわって、安く雑誌を作れる手段になり、宣伝販売もネットを使えることを指摘し、今や雑誌の時代が来たと言うが、インターネットを雑誌に応用する試みとしては、講談社が平成二十一年に実現した。そのことを、東京新聞（平成二十一年九月十五日付）が伝えている。

《雑誌に載せた原稿をインターネット上で全文無料公開する試みが講談社で始まった。同社によると商業出版としては日本初ではないかとしている。四日に創刊された雑誌『G2』を軸にしたもので、昨年末に休刊した『月刊現代』の後継プロジェクトだ。藤田康雄編集長は「単行本、雑誌、ネット三位一体のノンフィクション新機軸メディアを目指す」としている》

講談社は、このように、単行本、雑誌、ネット三位一体で、休刊した『月刊現代』の後継メディアを作り出したのであるが、その際、問われるべきことがある。それは、編集者の力である。そのことを、出版ニュース社代表の清田義昭が次のように論じている。

《……インターネット、ケータイなどが読者の指向を変えている。その影響を出版界がうけていることも事実だ。わたしは、こういう時代だからこそ、出版は、編集者の企画力が問われると思う。九五年に「ウィンドウズ95」が発売されてインターネット時代の到来の時に、あらためて編集者の時代がきたと思った。あれから十年以上を経た現在、編集者が著者とともにつくるコンテンツが重要だといいたい。編集者=出版者の独自性が出版物を生み出し、それが出版社（者）のイメージをつくっていく。過去に出版された膨大なもののなかから現在必要なものを復刊するのも編集者の目である。新たな企画を考えるのも編集者である。いま出版界に求められるのは編集者の企画力であることを再確認したい》（「やはり編集者の時代だ」『ｍｙｂ』二十五号）

インターネットの利便性を本当に生かすことができるのは、編集者の力なのであるが、その編集者には、さらに求められる課題がある。それは、雑誌がジャーナリズムとして持っている役割を改めて自覚することである。これについては、既に述べたが、もう一度、繰返しておく。この問題については、『週刊金曜日』編集長の北村肇も論じている。

雑誌のジャーナリズム性

《(略）私は、『週刊金曜日』以前の毎日新聞社会部記者時代のほうが長い。新聞が最近なんで売れないのか。こんなの当たり前、もともと消費者は新聞を隅から隅までは読んでいないし、10分くらいしか読んでいない。新聞は惰性で購読しているだけで、要するに昔の新聞代は固定費だったが今はそうではない。新聞は今読まれなくなったのではなく、昔から読まれていなかった。では雑誌はなぜ買われるかというと、ひとつは暇つぶし。２００円や３００円で暇つぶしができるのであれば安いものだということで買われている。しかし今、暇つぶしはネットやケータイだ。暇つぶしのものとしてやっている限り、雑誌は売れないし、広告も入ってこない。問題は、新聞や雑誌のジャーナリズム性が終わっているのかどうかだ。そこを議論していかなければ、雑誌も新聞も再生の道はない。ジャーナリズム性が劣化をしているのかどうか、どう変えればいいのか、をきちんと議論していけば、新聞も雑誌もなくなりはしない。ネットネットといっても、ネットの市民記者と、我々プロを一緒にされたら困る。プロと市民記者を同列に語るなんてとんでもない。新聞、雑誌がジャーナリズム性で頑張ればネットに負けるはずがない。僕のところは広告取っていないから何でもやれるけど、広告を取っていても何でもやればいいじゃないですか（略）》（「『週刊誌』が何をしたのか」『総合ジャーナリズム研究』二〇〇九号）

雑誌のジャーナリズム性については、雑誌が厳しい状況にある現在においてこそ、論じられるべきであり、その大切さを、今こそ編集者は自覚すべきである。そうでなければ、編集者は単に「雑誌」という名の器を作っているだけになる。そのことが、いかに空しいことであるかは、『暮しの手帖』の編集長であった花森安治の言葉が示唆している。花森は言った。《『暮しの手帖』を出版するのは手段である。目的は、苦しいいまの暮しを少しでも、なんとかしようということだ》（本書第五章参照）。

花森は、『暮しの手帖』という器を作ることが目的ではなく、《苦しいいまの暮しを少しでも、なんとかしようという》のが、目的であった。

花森の、この思いが、雑誌におけるジャーナリズム性である。ジャーナリズム性は、『暮しの手帖』のように、生活の問題を対象とすることもあり、政治や社会、経済、国際問題などを対象とすることもあるが、政治や社会の問題について雑誌は、新聞よりも優れたジャーナリズム性を発揮したという例を『文藝春秋』の「田中角栄研究」以外にも持っている。

例えば、本書の第二章でとりあげた『世界』の「講和問題特輯」は、新聞が単独講和論に傾斜していたことに対するアンチテーゼとして企画されたが、『世界』よりも古い歴史を持つ総合雑誌の『中央公論』が昭和二十年代後半から三十年代にかけて、新聞に出来なかったジャーナリズム性を発揮したことがある。

松川事件を通して

その頃『中央公論』は、ある一人の編集者の熱意によって、昭和二十四年八月に起った松川事件の裁判に対する広津和郎の批判を掲載し続けたのである。

松川事件とは、昭和二十四年八月十七日午前三時九分、福島県の金谷川—松川間で旅客列車の機関車と数車輛が脱線転覆し、機関士など三名が死亡した事件だが、この事件は、現場視察の結果、故意に誰かが脱線転覆を仕掛けたことが明らかになった。

この事件が起こった昭和二十四年は、占領軍の指示による人員整理のための定員法によって国鉄労働者が大量に馘首された年で、その発表があるたびに奇怪な事件が起った。まず第一次の発表が六月にあると、下山定則国鉄総裁が常磐線の線路上で轢死体となって発見され、第二次の発表が七月にあると、三鷹電車区で無人電車が暴走して死者が出るという事件が起き、八月に松川事件が起った。

これらの事件は、大量馘首に反対する国鉄労働者や共産党員が起したものとされ、松川事件では、この事件を仕組んだ者として、国鉄労働組合の組合員など二十名が共同謀議者として逮捕された。そして、第一審判決では五名の死刑判決、五名の無期懲役も含み全員有罪となり、第二審判決も三名が無罪となったものの、死刑四名、無期二名を含む厳しい判決となった。

しかし、このような厳しい判決を受けた被告たちは第一審判決後に『真実は壁を透して』という文集を製作、これを読んだ広津和郎が松川裁判に対する批判として『中央公論』の昭和二十八年十月号に「真実は訴へる——松川事件・判決迫る」と題して執筆した。それは松川事件の被告たちの無実を訴えるものだった。しかし、この年、十二月二十二日の第二審判決は前記のような内容であった。広津に松川裁判について書かせたのは『中央公論』編集者の笹原金次郎であったが、彼は、第二審判決が出た時、広津が仕事場にしていた東京・本郷の双葉館を訪ね、広津が部屋に閉じこもったきりになり、廊下の奥で号泣しているのを目撃する。その時、階下では、新聞記者たちが笑い声をあげていた。その時のことを、笹原はこう語っている。

《私、そのときは新聞記者って何ごとであるか、と思いましたな。節操がないといやあ、それっきりですけど、何か人間に対する思いやりだけでもいいじゃないか、と思いましたな。あるものに賭けた人間の姿に対して、ジャーナリズムは、もっと敬虔でかつ謙虚であってしかるべきじゃないか、と。そのときは新聞をうらんだですよ。新聞だけじゃありません。ラジオもそうですけど》（笹原金次郎「総合雑誌ジャーナリズム　わが軌跡」『週刊読書人』昭和四十九年三月十一日号）

広津は、この笹原に支えられて二十九年四月号から営々と松川裁判批判を『中央公論』に書き続けた。そして三十八年十月号に「私は九月十二日を待っている——松川最終判決を前にして」を執筆したが、雑誌の発売二日後の九月十二日、最高裁小法廷で松川事件の被告たちの「全員無罪」という判決が下った。事件発生から十四年の歳月が流れていたが、総合雑誌は、ジャーナリズムとして、このような役割を果たしたこともあるのだ。ジャーナリズムとして、このように輝かしい歴史を持つ総合雑誌の休刊が昨年来つづいているが、この問題について出版経営者としての立場から厳しい批判をしているのは、『世界』を発行する岩波書店社長の山口昭男である。

プロのジャーナリストは滅びない

山口は毎日新聞五月二十二日付の「インタビュー急接近」で、こう語っている。

《採算が取れない、広告収入が激減したという休刊の事情はどれも同じだ。ただ女性誌などが広告が入らないからやめたというのと、月刊論壇誌が採算が取れないからやめたというのは意味が違うと思う。どの論壇誌も単独の黒字は難しく、志でやってきたはずだ。権力・権威批判やノンフィクションなどそれぞれに特色を打ち出していた。出版社であれば、本来それは抱えるべきものだ。会社全体が厳しくなり不採算部門を切った形だが、それですぐ立ち直るものではない。自己規制というか、論陣を張ることからの撤退だと受け止めている》

そして、山口は総合雑誌をめぐるこんなエピソードも紹介している。

《少し前の時代には「文春」「中公」「世界」3誌の編集長が懇談会を開いていたこともあった。実現しなかったが、(「世界」初代編集長の)吉野源三郎が池島さんと一カ月編集長を交代しようとしたという話も残っている。論争が雑誌間で行われたこともしばしばあった。そういうことが今はない》

かつての総合雑誌の編集者には、こんな大胆な発想力があったのである。雑誌が危機と言われる時代、こうした試みをしてみることも必要である。

その前提には、山口の言う「志」が必要であることは言うまでもない。そこで、最後に昭和二十一年一月号から『世界』を創刊し、その年に間もなく亡くなった岩波茂雄が『世界』創刊号に書いた「『世界』の創刊に際して」という文章の中から第二章に引用した結びの言葉の前にある言葉を引用する。

《天地に大義あり、人間に良心あり、眞理に優りて強きものあるなし。我等母國の癌を自ら手術し得ず、武備を捨つるに到りしも、比無條件降伏は驕慢を粉砕する爲に我國人に興へられた昭和の神風となし、謙虚敬虔國家の理想に精進せん。道義を根幹とし文化の榮ゆる社會は人類の理想であらねばならぬ。權力は道義に勝てず。利剣も思想を斷つ能はず、ガンヂーを見よ。トルストイを見よ。日本國民は敗戰を確認するも、自ら卑しくせず、燃ゆるが如き情熱を以て眞理に直進すべきである。

私は明治維新の眞劔味を追想し、御誓文の精神に生きることが、新日本建設の根本原理であると考へる。御誓文は明治維新の指針たるに止まらず、天地の公道に基づくこの大精神は永久に我が國民の示標たるべき理念であると信ずる》

岩波は、このような思いで『世界』を創刊したのだが、岩波がこの思いを抱いたのは、第二章で述べたように、彼が反戦意識を持ちながら、戦争を阻止出来なかったという反省があったからである。そのことを、岩波は《「世界」の創刊に際して》の他の箇所で、こう述べている。

《年來日華親善を志してゐた私は、大義名分なき満州事變にも支那事変にも、もとより絶對反對であつた。また三國同盟の締結に際しても、太平洋戰爭の勃發に際しても、心中憂憤を禁じ得なかった。その爲に、自由主義者と呼ばれ、否戰論者とされ、時には國賊とかで誹謗され、自己の職域をも奪はれんとした。それにも拘わらず大勢に抗し得ざりしは、結局私に勇氣がなかったためである。私と同感の士は恐らく全國に何百萬か存してゐたに相違ない。若しその中の數十人が敢然蹶起し、恰も若き學徒が特効隊員となって敵機敵艦に體當たりを敢行した如く、死を決して主戰論者に反抗したならば、或ひは名分なき戰爭も未然に喰ひ止め得たかも知れず、たとへそれが不可能であつても少くとも祖國を慈に至らしめず時局を收拾し得たかもと思はれる。私に義を見て之に赴く氣概のなかつたことは、顧みて衷心慚愧に堪へない》

岩波茂雄という出版人が、このような反省に立って、『世界』を創刊したことは、総合雑誌をはじめとする雑誌が危機を迎えている現在、改めて思うべきことではないのか。坪内祐三が言うように、《パソコンのおかげで、レイアウトを含め雑誌は安く作れるようになった》のだから、器としての雑誌なら、活版印刷が主流の時代に比べて、はるかに安く簡単に雑誌は出来る。そんな時代に、雑誌が消えてゆくのは、要するに、今の雑誌編集者に、岩波茂雄や花森安治らの痛切な思いが欠如しているからである。もし、その思いをもう一度取り戻すことが出来たなら、坪内が言うように、《いよいよ雑誌の時代がやってきた》と言えるはずである。

あとがき

やっと「あとがき」を書ける段階に来たということで、今は大げさに言うと、感無量という感じである。これまで、何冊かの著書を出してきたが、「あとがき」を書けるということに、特別の思いを抱いたのは、今回が初めてである。それほど、苦労をしたということだが、新聞連載稿を加筆する段階で予想外の時間をとり、さらに最終章を何度も書き直した。結論の部分に苦労したのは、現在、この本がとりあげた雑誌というメディアが、昨年来、危機的状況を呈しているからだ。

この本で扱ったのは、主として昭和二十年代から五十年代にかけてで、その頃の雑誌界は元気だったので、興亡史の結末をその時期に限定すれば、あまり気を使うことはなかったのだが、今はそうも言っておられない。どのような結論にするか、苦慮した。

この本は、昨年九月末から今年二月にかけて、東京新聞夕刊の文化面で一〇四回にわたって連載した「戦後日本　雑誌の興亡」を母体としている。この連載は、その前に同紙で連載した「本は世につれ　戦後ベストセラー考」と対になるもので、「本は世につれ」が書籍のベストセラーを対象としていたのに対し、「戦後日本　雑誌の興亡」は、題名の通り、戦後の雑誌興亡史を意図した。

いずれも、東京新聞文化部長の後藤喜一氏に発表舞台を与えていただいた。そして、「本は世につれ」は、この連載が始まって間もなく、本にしたいとお申し出のあった水曜社の仙道弘生社長のご好意により、『本は世につれ　ベストセラーはこうして生まれた』という題名で今年三月、単行本として刊行された。このたび、刊行した『雑誌は見ていた　戦後ジャーナリズムの興亡』と合わせると、戦後の大衆的出版史を書籍と雑誌の双方からたどったことになる。

両書とも、書かれた資料に基き、物語風の記述で歩みをたどるという方法をとったが、今度の本では、筆者が『週刊読書人』で連載した「大宅マスコミ塾入門記」や「戦後出版ヒット企画史」の取材で得たエピソードも用いている。それらの連載では、大宅壮一、草柳大蔵、扇谷正造、梶山季之氏などのお世話になっており、また「雑誌文庫」として日本一の大宅壮一文庫の方々に新聞の連載時から、資料の面で便宜をはかっていただいた。また、参考文献として引用させていただいた著書や論文などの執筆者である塩澤実信氏を始めとする多くの人たちに感謝し、新聞連載時にアドバイスをいただいた後藤喜一氏にお礼を申し上げたい。そして、単行本化にあたって、いろいろとお世話いただいた水曜社の仙道社長並びに福島由美子さんなど編集部の方々に感謝し、また資料の所蔵で迷惑をかけた妻にもお礼を述べたい。

植田　康夫

平成二十一年十一月五日

植田康夫《うえだ やすお》
1939年広島県生まれ、上智大学文学部新聞学科卒。『週刊読書人』編集長を経て、上智大学文学部新聞学科助教授、教授を歴任。2000年～08年に日本出版学会会長。現在は上智大学名誉教授、『週刊読書人』編集主幹。主著に『本は世につれ』『現代マスコミ・スター』『編集者になるには』『売れる本100のヒント』『ベストセラー考現学』『新装版 現代の出版』『自殺作家文壇史』など。

雑誌は見ていた
戦後ジャーナリズムの興亡

二〇〇九年十一月三十日　初版第一刷

著　者　植田 康夫
発行者　仙道 弘生
発行所　株式会社 水曜社
〒160-0022 東京都新宿区新宿一―一四―一二
電　話　〇三―三三五一―八七六八
ファックス　〇三―五三六二―七二七九
www.bookdom.net/suiyosha/
印刷所　大日本印刷
制　作　青丹社

ISBN978-4-88065-225-2 C0095